ARCHAEOLOGY
AND
HISTORY OF
SCIENCE
AND
TECHNOLOGY

考古学
和科技史

夏鼐 著

社会科学文献出版社
SOCIAL SCIENCES ACADEMIC PRESS (CHINA)

夏鼐出席第三届国际中国科技史研讨会，与李约瑟在一起

1984 年

夏鼐《考古学和科技史》再版序

　　社会科学文献出版社李淼先生约我为即将再版的夏鼐先生《考古学和科技史》写序，我深感荣幸。我在做研究生时就读过夏鼐先生的著述，特别是他关于古代墓室壁画星图以及二十八宿的研究，当时对我的启发很大，在很大程度上促使了我从事关于中国古代星空的研究。现在有机会重新阅读夏鼐先生的著作，是我学习的大好机会。这本书初版于1979年，当年即入选首届全国科技史优秀图书，影响了一代科技史家。我读研究生阶段先后得到中外四位导师的指导，他们无不向我提起过夏鼐先生。夏鼐先生对我来说是无比崇高的存在。现在要我为他的著作写序，我又感到无比的惶恐。我深感自己的学识浅薄，不足以体会夏鼐先生的学行品格，所以只能借此机会谈谈我的一些感想。

　　中国古代科技史的研究从20世纪80年代开始可以说是进入了一个高潮。当时我的老师一辈的科学史家们，正在筹划和落实关于中国古代科学技术史的大部头专著编研项目，包括《中国天文学史大系》《中国科技史大系》等，涉及天文学史、数学史、冶金史、陶瓷史、纺织史、度量衡史、农学史、医学史等领域。他们在某种程度上是受英国学者李约瑟的激励：既然外国学者能写出鸿篇巨制的《中国科学技术史》（英文书名为 *Science and Civilisation in China*，即"中国的科学与文明"），那我们中国学者为什么不能写出自己文明中的科技史呢？综观此后几十年中的中国科技史研究成果，确实在很多方面超越了李约瑟的成果，其中突出的方面就是对科技史料的挖掘、整理和解释，而这其中最为突出的就是新的考古遗物和遗迹的发现和研究。夏鼐先生在建立中国考古学与科技史的联系方面，贡献极为巨大。我们阅读老一辈科技史家的著作，时时感到夏鼐先生著作的影响。

《考古学和科技史》初版收入了夏鼐先生的 10 篇论文。其中第一篇名为《考古学与科技史——最近我国有关科技史的考古新发现》，里边涉及天文和历法、数学和度量衡、地学、水利工程和交通工具、纺织、陶瓷和冶金、农业科学七个方面，其视野之开阔，方法之精到，论证之严密，向我们展示了科技在古代文明中存在的维度，证明了科学技术对人类的生产实践和社会文化发展的巨大影响，至今读起来令人兴奋，叹为观止。后面各篇更是篇篇出彩，新论迭出。

第二篇《沈括和考古学》，一方面介绍沈括在科技方面的贡献，另一方面介绍沈括在考古学方面的贡献，史料丰富，论证全面。特别是把沈括的从政经历和他的科技与考古研究活动结合起来考察，可以说是启发了科技社会史的研究新思路。我在美国读书时的导师席文（Nathan Sivin）先生为吉利斯皮（Charles Gillispie）主编的《科学家传记辞典》（*Dictionary of Scientific Biography*）撰有"沈括"（Shen Kua）条目，是一篇关于沈括的重要传记，其中就引用了夏鼐先生的这篇论文。

紧接着是关于星图的两篇论文。其中《从宣化辽墓的星图论二十八宿和黄道十二宫》不仅介绍当时发现的宣化辽墓壁画中的一幅星图，而且详细探讨了二十八宿及其起源问题，以及黄道十二宫传入中国的历史，为解读宣化辽墓星图提供了极为充实的天文学史背景。其中对二十八宿的起源问题探讨，比较综合诸家观点，而且画出了星图，从二十八宿的天文特征推测其年代，对于今天研究二十八宿的起源问题，仍有重要的参考价值。另一篇是《洛阳西汉壁画墓中的星象图》，对 1957 年在河南洛阳一座西汉壁画墓中发现的星象图进行了介绍，对全部 12 幅星图进行了详细的解读，并得出了重要的结论，认为这幅星象图既不是以12个星座来表示十二次，更不是象征十二时辰，而是更像从《史记·天官书》所描述的"五宫"体系分别选取几个星官以代表整个星空。夏鼐先生的这些论断，今天看来，依然是立得住的。

后面六篇论文，一篇关于阿拉伯数字幻方，三篇关于古代丝绸和纺织，一篇关于冶金考古，最后一篇关于汉墓出土的蚀花石髓珠。这些论文通过介绍和分析考古发现的铁板幻方、丝织品、金属、玉石饰等实物遗存，展示了中国古代丝绸、冶金等技术的发展历史以及中国与西方在"丝绸之路"上的文化交流和贸易往来的情况。其中丰富的内容和独到的观点，发人深思，读者可以自己领会，这里就不赘述了。读夏鼐先生的著作，就像欣赏艺术作品一样，获得的是启发、美和想象。

此次新版由王世民先生主持，除原来的10篇文章，又增补了夏鼐先生的6篇文章，分别是《中国考古学和中国科技史》《汉唐丝绸和丝绸之路》《另一件敦煌星图写本——〈敦煌星图乙本〉》《〈河北藁城台西村的商代遗址〉读后记》《湖北铜绿山古铜矿》《〈梦溪笔谈〉中的喻皓〈木经〉》。它们与《考古学和科技史》的主题和内容密切相关，不仅进一步阐述了考古学与科技史在研究方法和材料使用上的相互支撑，而且就古星图、冶金史研究中的具体个例进行了深入的研究，有的篇幅虽短，但观点鲜明，证据确凿，论证有力，可以说是考古学与科学史研究结合的范例。新版把原有10篇文章和新增6篇文章合在一起编排，大体上体现了本书的主题，篇目编排是合理的。

夏鼐先生的这本《考古学和科技史》，虽然是40多年前出版的，但是今天读起来仍不过时。它的重要性在于通过具体的案例研究，向我们展示了一套科技史与考古学相结合进行古代文明研究的方法。近年来，中国考古学迅猛发展，发掘了大量的遗址，出土了大量的实物，使得我们可以根据以实物为主的"物质文化"去探讨中国古代的科技与文明。比如就天文考古而言，我本人就参与了陶寺遗址史前天文台的研究工作，在研究过程中也是从夏鼐先生的著作中得到了启发。现在科技考古的手段越来越多，越来越先进，冶金考古、陶瓷考古、植物考古、残留物分析、同位素分析等，不一而足。而夏鼐先生是我国在考古研究中应用现代自然科学方法的重要开拓者。在他的领导下，考古所于1965年建成中国第一座碳-14断代实验室，对中国的科技考古研究起了重要的推动作用。因此在我看来，是夏鼐先生为我们打开了最初的科技史与考古学交叉研究的新视野。

夏鼐先生学识和品行，我自然是不具资格评论的。但是为了写这个序，我翻阅了《夏鼐日记》，他的学术经历，就令人钦佩不已。我看他在燕京大学读书期间，就大量阅读各种书籍，其阅读量是我不敢想象的。更为难能可贵的是，他作为一名历史学科班的学生，竟然还大量阅读天文学、地理学、生物学、人类学等科学著作。他在英国留学期间，学业更是突飞猛进，在田野考古和语言学习方面，都展示了极高的天赋和持久的耐力。这大概是他能够关注多学科研究并取得重大成果的原因吧。

翻阅《夏鼐日记》，我还有一点个人的收获。我发现我的导师有三位出现在他的日记中，分别是我的硕士研究生导师南京大学的卢央先生、我的博士研究生导师中国科学院自然科学史研究所的薄树人先生和美国宾夕法尼亚大学的席文先生。他们都已故去，但在他们学术研究的旺盛之年，都与夏鼐先生有过相当密切的学术交往。这样一来，我可以自豪地认为，我和夏鼐先生还有了一丝学术上的渊源。于是我渐渐觉得，我为《考古学和科技史》再版写序或许有了点理由。不为别的，只为先生的学术和精神，得以接力再传。

孙小淳

2023年4月8日于北京

目　录

考古学和科技史

——最近我国有关科技史的考古新发现*

在古代中国，像世界上其他的古代文明发达国家一样，自然科学很早便产生而且发展起来了。近年来，我们在考古发掘工作中，发现了不少有关古代科学和技术方面的遗物和遗迹。① 这些发现，证明了科学和技术的发展是与劳动人民的实践经验紧密地联系在一起的，证明了科学技术的发展对人们的生产实践乃至社会发展起着巨大的影响，也雄辩地证明毛主席关于"在中华民族的开化史上，有素称发达的农业和手工业，有许多伟大的思想家、科学家、发明家、政治家、军事家、文学家和艺术家，有丰富的文化典籍"的光辉论断。

一　天文和历法

依着自然科学各个部门发展的顺序，我们首先要谈的是天文学方面的。恩格斯指出："必须研究自然科学各个部门的顺序的发展。首先是天文学——游牧民族和农业民族为了定季节，就已经绝对需要它。"（《自然辩证法》）我国天文学的产生是比较早的。最近，1973

*　本文原载《考古》1977 年第 2 期。加补记后收入《考古学和科技史》一书（科学出版社，1979）。

①　希今：《文化大革命以来我国考古工作的新收获（下）》，《天津师院学报》1976年第 1 期。

年河南安阳的殷代废址中发现了殷代（公元前 14~前 11 世纪）的刻辞卜骨和卜甲 4800 余片。卜辞中有许多关于当时历法和天文知识的资料。① 同年在湖南长沙马王堆三号墓出土的帛书中，有一篇《五星占》，后面附有《五星行度表》。这表是根据实测的天象观测，记录下秦汉之际（公元前 246~前 177 年）70 年间三个行星（木星、土星和金星）在天空中运行的位置，并推算出它们的会合周期和公转周期。这是公元前 170 年左右写下来的。这里对于各行星的周期值的估计，很接近今日所推算出来的它们的真值。这些估计的精确性是值得注意的②。同墓另一件帛书《天文气象杂占》，绘有各种彗星和云气的图形，图下附以占卜意义的文字说明③。古代天文学和气象学是时常与迷信的占卜相联系的，科学的知识常常被占卜家、五行家等掺杂以迷信，后者是我们要加以批判的。

东汉光武帝于建武中元元年（公元 56 年）营建灵台于洛阳南郊（台在今河南偃师），这是当时的国家天文观象台，后来在曹魏、西晋时期一直沿用。我们曾于 1974~1975 年加以发掘。台用夯土筑成，现仍高出地面 8 米余④。至于天文观测用的仪器，我们最近鉴定了一件东汉中叶的铜制袖珍圭表。这是 1965 年出土于江苏仪征的一座汉墓中，发现时误认为是铜尺⑤。这是由一件长 19.2 厘米（汉尺 8 寸）的竖"表"和一根长 34.39 厘米（汉尺 15 寸）的"圭"所组成。后

---

① 中国科学院考古研究所安阳工作队：《1973 年安阳小屯南地发掘简报》，《考古》1975 年第 1 期，第 38 页。

② 马王堆帛书，《五星行度表》，见刘云友《中国天文史上的一个重要发现——马王堆汉墓帛书中的〈五星占〉》，《文物》1974 年第 11 期，第 28~39 页。

③ 顾铁符：《马王堆帛书〈天文气象杂占〉简述》，《文物》1978 年第 2 期，第 1~4 页，图版二、图版三。

④ 中国科学院考古研究所洛阳工作队：《汉魏洛阳城南郊的灵台遗址》，《考古》1978 年第 1 期，第 54~57 页（有图）。

⑤ 仪征汉代木椁墓，见南京博物院《江苏仪征石碑村汉代木椁墓》，《考古》1966 年第 1 期，第 16~17 页（有图）；南京博物院《东汉铜圭表》，《考古》1977 年第 6 期，第 407~408 页（有图）。

者刻有分度以标志尺寸，可以利用中午的日影的长度测定季节时间。另外一种仪器是铜制漏壶，近年来有三件分别出土于河北满城汉中山王刘胜（死于公元前113年）墓、陕西兴平县西汉墓和内蒙古伊盟杭锦旗的沙丘中①。漏壶是一种计时器。器身作圆筒形，近底部有一漏嘴。壶盖和提梁上都有一长方形小孔，作为穿插刻有分度的漏箭之用。漏箭将随着壶水的外流而逐渐下降。这三件漏壶的高度分别为22.4厘米、32.1厘米和47.9厘米，伊盟的一件，铸有铭文，知为河平二年（公元前27年）铸造的。

　　晴朗的夜晚，万里长空，星辰灿烂。古代人民很早便注意到这些星辰的星移斗转的现象，因为这和生产实践的季节性活动有密切联系。后来将观测星辰的结果绘成星图。近年来在北魏至宋辽时代（6～12世纪）的墓中发现壁画或石刻的星图好几处，都是位于墓室内的墓顶上。其中重要的有1974年发现的洛阳北魏元乂（死于526年）墓顶上所绘星图，图中有银河横贯南北，还有以圆圈标志的300余颗星辰，其中有些用直线联成星座②。最近又研究了前几年在杭州发掘的吴越王钱元瓘（死于941年）墓和他的妃子墓出土的石刻星象图。这两件是我国最古的石刻星图，比世界闻名的苏州石刻天文图（刻于1247年）要早300多年。所绘的星辰，主要是二十八宿和勾陈、北斗等星座，星数约200颗；又绘有"内规"（这范围内的星在观测地点夜间常见不隐）、天球赤道和"外规"（这范围以外的星在观测地点看不见）三重圆圈。因之可以依照它们的位置以推定这星

---

① 满城的漏壶，见中国社会科学院考古研究所、北京仪器厂工人理论组编写《满城汉墓》，文物出版社，1978，第73页；兴平的漏壶，见兴平县文化馆、茂陵文管所《陕西兴平汉墓出土的铜漏壶》，《考古》1978年第1期，第70页；伊盟的漏壶，见伊克昭盟文物工作站《内蒙古伊克昭盟发现西汉铜漏》，《考古》1978年第5期（都有图）。

② 洛阳博物馆：《洛阳北魏元乂墓的星象图》，《文物》1974年第12期，第50～60页（有图）。

图的观测地点（北纬 73 度左右）和观测年代（约 850 年，可能稍早）①。1974 年发掘的河北宣化辽墓（1116 年）中所绘星图，在我国传统的二十八宿的外边，又环绕以西方传来但已中国化的"黄道十二宫"的图像②。西安唐代几座大墓中的星图（7~8 世纪），是以二十八宿为主要内容，星数不多，所绘的位置也并不精确③。它们在天文学史上的价值便不及上述几幅星图了。

在中国古代，天文学知识主要是为了制定和调整历法。当时我国是一个农业国家，历法对生产活动是非常重要的。1972 年山东临沂银雀山的西汉墓中，出土了元光元年（公元前 134 年）历谱。这是我国迄今发现的最早的完整历谱。依照推算，这历谱采用颛顼历，与秦朝的历法相同。岁首也都是以十月为始。这是汉代继承秦代所创立的制度的一个例证④。

二　数学和度量衡

数学是和天文学紧密联系的。中国古代"畴人"这一名称兼指天文学家和数学家；事实上，中国古代许多科学家同时兼通这两种科学。数学可以解决生产实践中的许多问题，所以历来为人们所重视。

---

① 伊世同：《最古的石刻星图——杭州吴越墓石刻星图评介》，《考古》1975 年第 3 期，第 153~157 页（有图）。
② 宣化辽代壁画墓，见河北省文物管理处、河北省博物馆：《河北宣化辽壁画墓发掘简报》，《文物》1975 年第 8 期，第 31~44 页；又夏鼐《从宣化辽墓的星图论二十八宿和黄道十二宫》，《考古学报》1976 年第 2 期，第 53~56 页。
③ 例如章怀太子和懿德太子墓的星图，陕西省博物馆、乾县文教局唐墓发掘组《唐章怀太子墓发掘简报》《唐懿德太子墓发掘简报》，均见《文物》1972 年第 7 期，第 14、29 页；永泰公主墓，见陕西省文物管理委员会《唐永泰公主墓发掘简报》，《文物》1964 年第 1 期，第 18 页；李寿（神通）墓，见陕西省博物馆、文管会《唐李寿墓发掘简报》，《文物》1974 年第 9 期，第 75 页（石椁里面的星图）。
④ 陈久金、陈美东：《临沂出土汉初古历初探》，《文物》1974 年第 3 期，第 59~60 页（有图）。

1971 年陕西千阳县西汉墓和 1975 年湖北江陵凤凰山 168 号西汉墓中，都曾发现算筹①。千阳墓中发现的骨制算筹共 31 枚，每枚长 13.5 厘米，直径为 0.3 厘米，与《汉书·律历志》中所记载的算筹的大小尺寸，适相符合。江陵发现的，是和砝码、天平衡杆等一起放在竹笥中。算筹是我国在发明和使用算盘以前，普遍使用的一种帮助计算的工具，而我国的算盘要到大约 11 世纪才开始使用，15 世纪中叶才盛行。算筹的使用，可以上溯到春秋时期或更早，这几件算筹是迄今发现的最早的实物标本。

和数学有关的度量衡学方面，我们曾对历年湖南出土的天平和砝码作了综合研究。湖南出土天平和砝码的楚墓百余座，属于春秋末至战国晚期，可见至迟在春秋时期已经开始使用。当时每两的重量约为 16.3 克②。近几年在山东文登县发现一件秦代铁权，在吉林发现一件秦代陶量，都刻有秦始皇二十六年（公元前 221 年）统一度量衡的诏书③。这表明当时秦始皇统一六国后采取了有利于巩固统一的措施。汉代的铜尺和骨尺，以及铜量也都有发现④；并且汉代的青铜容

---

① 宝鸡市博物馆、千阳县文化馆、中国科学院自然科学史研究所：《千阳县西汉墓中出土算筹》，《考古》1976 年第 2 期，第 85~88 页（有图）。江陵汉墓算筹，见纪南城凤凰山一六八号汉墓发掘整理组《湖北江陵凤凰山汉墓发掘简报》，《文物》1975 年第 9 期，第 6 页。

② 高至喜：湖南楚墓中出土的天平和砝码》，《考古》1972 年第 4 期，第 42~45 页（有图）。

③ 文登铁权，见《文物》1974 年第 7 期"文博简讯"，第 94 页，图 1~图 2；吉林奈曼旗秦量，见王世民《秦始皇统一中国的历史作用——从考古学上看文字、度量衡和货币的统一》，《考古》1973 年第 6 期，第 368 页。

④ 例如 1972 年甘肃酒泉嘉峪关汉墓出土骨尺二件，长皆为 23.8 厘米，见嘉峪关市文物整理小组《嘉峪关汉画像砖墓》，《文物》1972 年第 12 期，第 29 页，图 6；1970 年山东曲阜西汉墓出土残铜尺，合 23.5 厘米，见山东省博物馆《曲阜九龙山汉墓发掘简报》，《文物》1972 年第 5 期，第 43 页，图 6；同年咸阳底张湾出土新莽铜龠，见咸阳市博物馆《咸阳市近年发现的一批秦汉遗物》，《考古》1973 年第 3 期，第 169 页，图 5；成都罗家碾出土铜斗，《文物》1974 年第 5 期"文博简讯"，第 92 页，图 2。

器，例如河北满城和江苏铜山的汉墓出土的，其中有的刻有铭文，记载它们的长度、容量和重量，可以推算出当时的度量衡的单位①。研究结果，知道汉承秦制，度量衡制度也大致相同。

三　地学

天文学和数学之后，现在我们可以谈谈地学。长沙马王堆三号墓帛书中的三幅地图，是中国地图学史上非常重要的新发现。其中最有意思的是一幅《长沙国南部地图》，长阔约 96 厘米。它的比例尺约为二十万分之一。上南下北，和现今地图的方向恰巧颠倒。图中有主要的城市、河流和山岭。这图已有一定的图例：县治用方框，乡里用圆框，道路用细的直线，水道用粗细不等的曲线，小山用线绘成轮廓，内填以平行斜线，大山用雏形的等高线。拿它和现代这一地区的地图相比较，可以看出这幅图的精确性相当高②。另一幅是长沙国南部的驻军图，绘有地市地点和它们驻军的名称③。第三幅为一幅县城的平面图，绘有城垣和房屋等④。从前我们所能看到的我国最早的地图是保存在西安碑林中的伪齐"阜昌七年"（即绍兴六年，1136 年）刻石的《华夷图》和《禹迹图》，比之我们这次发现的，要晚了 1300 多年。

---

① 天石：《西汉度量衡略说》，《文物》1975 年第 12 期，第 79~89 页（有图）。

② 长沙国南部地图，见马王堆汉墓帛书整理小组《长汉马王堆三号汉墓出土地图的整理》、谭其骧《二千二百年前的一幅地图》，《文物》1975 年第 2 期，第 35~48 页（有图）；谭其骧《马王堆汉墓出土地图所说明的几个历史地理问题》，《文物》1975 年第 6 期，第 20~28 页。马王堆汉墓帛书整理小组编《古地图》，文物出版社，1977。

③ 驻军图，见马王堆汉墓整理小组《马王堆三号汉墓出土驻军图整理简报》、詹立波《马王堆汉墓出土的守备图探讨》，《文物》1976 年第 1 期，第 18~27 页（有图）。马王堆汉墓帛书整理小组编《古地图》，文物出版社，1977。

④ 县城平面图，见晓菡《长沙马王堆汉墓帛书概述》，《文物》1974 年第 9 期，第 43 页；中国科学院考古研究所、湖南省博物馆写作小组：《马王堆二、三号汉墓发掘的主要收获》，《考古》1975 年第 1 期，第 53 页（这图尚未制版发表）。

四　水利工程和交通工具

至于有关水利工程方面的新发现，首先可以谈一谈 1974 年在四川灌县都江堰所发现的东汉建宁元年（168 年）石刻李冰像和 1975年所发现的另外一躯石人像①。李冰是秦时蜀郡太守（约公元前 256~前 251 年），执行了秦国政府的发展农业生产的政策，兴建了这座著名的都江堰，一直沿用至今。这石像不仅表示人民群众对李冰的怀念，并且它本身竖立水中也作为测量水位的标识。根据文献记载，这里的石人的肩部和足部，便是表示水位的上下准点。"水竭不至足，盛不没肩"。1967~1973 年在重庆以下的长江两岸作了考古调查，发现许多有关洪水和枯水的题刻②。其中最重要的是四川涪陵的石鱼石刻，有唐广德二年（764 年）以来 72 个年份的枯水记录。这里的题刻，除了年月日之外，有的还刻一石鱼图形，以表示水位。这些题刻不仅是水文学史上的资料，而且还可以供现代水利工程的建设作参考。

至于造船工程方面，我国造船有长久的历史，并且有独创之处（例如设置后舵、舱房互不渗水等）。但是除了木制、陶制的模型和石刻、绘画上的图形之外，古船实物发现很少。1973 年在江苏如皋县一条通长江的"马河"旁边，发现了一只唐代（7~9 世纪）木船。

---

① 李冰石像，见四川省灌县文教局《都江堰出土东汉李冰石像》，《文物》1974 年第 7 期，第 27~28 页；另一石像，见四川省博物馆、灌县工农兵文化站《都江堰又出土一躯汉代石像》，《文物》1975 年第 8 期，第 89 页（都有图）。

② 长江流域规划办公室、重庆市博物馆历史枯水调查组：《长江上游宜渝段历史枯水调查——水文考古专题之一》，《文物》1974 年第 8 期，第 76~90 页；长江流域规划办公室文物考古队水文考古研究组：《从石刻题记看长江上游的历史洪水——水文考古专题之二》，《文物》1975 年第 5 期，第 76~83 页；重庆市博物馆：《略谈长江上游"水文考古"》，《文物》1975 年第 1 期，第 74~78 页（都有图）。

现存船身实长约 17.3 米，最宽处约 2.6 米，用三段松木的木料榫合而成。两舷共用 7 根木料上下叠合钉成。这船用隔舱板分隔成九舱，舱深 1.6 米。船舱和底部用铁钉加固，夹缝填以石灰桐油。舱面有覆盖板和竹篷，有杉木的单桅杆，残长 1 米。船底平坦，没有龙骨，属于沙船一类。载重量约 20 吨。船中出土有日用的粗瓷和陶器，具有唐代特征。还出有开元通宝钱三枚①。

1974 年福建泉州（宋元时世界闻名的大港，即《马可·波罗游记》中的"刺桐城"）发现了一只 13 世纪的海船残骸。船身保存大致完整，长约 24 米，宽约 9 米，估计载重量当在 200 吨以上。船身隔成 13 个互不渗水的舱。船底有龙骨。船上有为了竖立前桅杆和中桅杆的洞孔和设置船舵的洞孔。船中还出土了一些构件和附属工具，例如绞盘、船桨等。这船结构坚固，稳定性好，适宜于远洋航行。船中所载的货物有香料木（包括降真香、沉香、檀香等），总共 4700 斤（湿的）。还有香料、药物，如龙涎香、乳香、槟榔、朱砂、水银等。至于瓷器和陶器，则为数不多，当为船上日常用品。又有木签牌 96 件，系以细绳，原来当扎在货物上。铜钱发现 504 枚，其中最晚的是宋度宗咸淳七年（1271 年）铸的。由于这艘海船的发现，可以想见当年我们祖先驾着海船，乘风破浪，和亚非各友邦进行贸易，和它们建立了深厚友谊的那种英勇气魄②。

至于新发现的船舶的模型和图像，新近发表的有四川成都百花潭十号墓发现的嵌错"宴乐攻战图"的铜壶。攻战图中的水战，似乎两方都乘楼船。下层舱有荡桨的划手，上层有执武器相战的武士。或

---

① 如皋唐代木船，见南京博物院《如皋发现的唐代木船》，《文物》1974 年第 5 期，第 84~90 页，图 1~图 3。

② 泉州海船，泉州湾宋代海船发掘报告编写组：《泉州湾宋代海船发掘简报》，泉州湾宋代海船复原小组、福建泉州造船厂：《泉州湾宋代海船复原初探》，均见《文物》1975 年第 10 期，第 1~18、28~35 页（有图）。

以为上层是岸上陆战，但画中似为两层①。1973~1975 年在湖北江陵凤凰山 8 号和 168 号西汉墓中，都曾发现木船模型一件。二者形制大致相似。以 8 号墓出土的为例，船身用一段整木雕凿而成，平面呈梭形，首尾两端平齐，全长 71 厘米。船底平坦，没有龙骨。舱内置横梁若干，上有盖板。船面上有一舱房，房的前后有山墙，上有悬山式房顶。舱房两侧外边有舷板，为撑篙荡桨者前后往来的通道。发现有木桨，但未见船舵②。汉墓壁画中的船只图形，有 1972 年内蒙古和林格尔东汉后期墓中"渭水桥图"和"居庸关图"二幅图中桥下的船只。船中坐三人，以桨划船。山东苍山汉代画像石中的船上则有四人③。四川郫县出土东汉画像石棺上刻的船，船上有三人：其中一人中坐，一人撑篙，一人掌大桨（梢桨）④。对于云南晋宁铜鼓上的船形纹，也作了研究。这些是滇族在江、湖上所使用的船只，可能是独木舟，用短桨划。船尾用大桨（梢桨），没有船舵，也未见帆和桅⑤。这些是水上的交通工具。

更重要的是 1976 年在广州首次发现一处规模巨大的秦汉之际的造船工场遗址。经过发掘和勘探，知道船场中心部分有三个平行排列

---

① 成都铜壶，见四川省博物馆《成都百花潭中学十号墓发掘记》，《文物》1976 年第 3 期，第 44 页，图版二。
② 江陵凤凰山 8 号墓，见长江流域第二期文物考古工作人员训练班《湖北江陵凤凰山西汉墓发掘简报》，《文物》1974 年第 6 期，第 48 页（有图）；168 号墓，见纪南城凤凰山一六八号汉墓发掘整理组《湖北江陵凤凰山一六八号汉墓发掘简报》，《文物》1975 年第 9 期，第 5 页。
③ 和林格尔壁画，见罗哲文《和林格尔汉墓壁画中所见的一些古建筑》、黄盛璋《和林格尔汉墓壁画与历史地理问题》，《文物》1974 年第 1 期，第 36~37、45~46 页（有图）；苍山画像石墓，见张其海《山东苍山元嘉元年画象石墓》，《考古》1975 年第 2 期，第 124~134 页（有图）。这墓的元嘉纪年，根据字体，当是东汉桓帝的年号，不会晚到刘宋时。
④ 郫县的石刻，见李复华、郭子游《郫县出土东汉画象石棺图象略说》，《文物》1975 年第 8 期，第 65 页，图 4（原文误以梢桨为舵）。
⑤ 冯汉骥：《云南晋宁出土铜鼓研究》，《文物》1974 年第 1 期，第 56~58 页，图 10~图 16。

的造船台。船台滑道的长度在 88 米以上。滑道由巨大滑板构成，下垫枕木。每组滑道上面搁置着一对对的架承船体的木墩，墩底有榫与滑板连接，形成了造船台。第一号船台，中宽 1.8 米。船台旁边是木料加工场，仍残留有造船剩下的余木，包括许多砍劈下来的小木片，分属于杉、樟、格、蕈四种乔木，并且还出土了铁制工具（锛、凿）和铁钉、铁条，以及画线用的铅块和木垂球、磨刀的磨石等；还有战国至汉初的印纹陶、绳纹瓦、秦代瓦当和半两钱。可以认为这船场是秦代统一岭南时期建造的，到汉初便废弃了。这处船场已采用船台与滑道下水结合的结构原理。据估计，这里可以造宽 6～8 米，长 30米，载重 50～60 吨的木船。这次发现，为研究我国古代造船技术，提供了十分重要的资料①。

陆上的交通工具主要是车子。近年来所发现的各时代的车马坑，殷代的有 1972 年发现的河南安阳孝民屯南地的一座，西周的有1972～1973 年发现的北京琉璃河的三座和 1976 年发现的山东胶县西庵的一座，战国时期的有 1972 年发现的洛阳中州路的一座。这些都是一车二马或四马、独辕两轮，辐条 18 至 24 根，车舆后边开门。车子的木质部分虽已全部腐朽，但黄土中仍能保留木痕。只要仔细剥剔，仍可搞清楚它们的形状和各部分的尺寸②。这些车子与"文化大革命"以前所发现的安阳大司空村（殷代）、西安张家坡（西周时

---

① 广州市文物管理处、中山大学考古专业 75 届工农兵学员：《广州秦汉造船工场遗址试掘》，《文物》1977 年第 4 期，第 1～17 页。
② 安阳的车马坑，见中国科学院考古研究所安阳工作队《安阳新发现的殷代车马坑》，《考古》1972 年第 4 期，第 24～28 页，图版二、图版三；北京琉璃河的车马坑，见中国科学院考古研究所、北京市文物管理处、房山县文教局琉璃河考古工作队《北京附近发现的西周奴隶殉葬墓》，《考古》1974 年第 5 期，第 318～320页，图 18—图 19，图版七；胶县西庵的车马坑，见山东省昌潍地区文物管理组《胶县西庵遗址调查发掘简报》，《文物》1977 年第 4 期，第 63～67 页，图 1—图5；洛阳中州路的车马坑，见叶万松《洛阳中州路战国车马坑》，《考古》1974 年第 3 期，第 1□～173 页，图版一。

考古学和科技史

代）、河南辉县琉璃阁（战国时代）等处的车马坑中的车子，形制基本相同。车上或近旁常有青铜兵器发现，可能是一种作战用的兵车。西汉时代埋葬诸侯王的崖墓中，曾发现了埋有车子和马匹的车马室。例如河北满城中山王夫妇两墓和山东曲阜九龙山的鲁王及其家属的四座墓。满城 1 号墓有车 6 辆、马 16 匹；2 号墓有车 4 辆、马 13 匹。车子的木质部分已腐朽无存，但仍保存金属零件和装饰。九龙山的四座墓中共有 12 辆车子、50 匹马。车子木质部分仍保存有痕迹。两处车子的铜饰中有镀（鎏）金银、错金银、错金银又镶嵌玛瑙和绿松石。经过仔细研究，这些车子可能有安车、猎车（兵车）和宫内乘游取乐的小马车①。

汉代壁画和画像石上的车子，大都是安车或轺车。河南唐河的东汉早期墓的画像石刻有车骑出行图三幅。其中第一幅（30 号）有轺车三、第二幅（17 号）有轺车二、第三幅（18 号）有鼓车和轺车各一②。山东苍山东汉晚期的画像石中的车子都是双辕一马。这里的车形有两种，除了车舆外露、车盖四角施以四维的轺车之外，还有一种形状相类似的车，但舆两侧屏蔽，有帷盖，可坐乘，当为辎车③。四川郫县出土汉代画像石棺刻一辎车，形同大车，驾以一马。车盖为卷篷式，中坐一妇女。这和上面所说的苍山画像石的辎车相比较，车厢和盖的形式不同④。内蒙古和林格尔汉墓壁画中，也有许多车子，似

---

① 满城汉墓的车，见中国科学院考古研究所满城发掘队《满城汉墓发掘纪要》《考古》1972 年第 1 期，第 9~10 页；曲阜九龙山的车，见山东省博物馆《曲阜九龙山汉墓发掘简报》，《文物》1972 年第 5 期，第 41~42 页，图 4。

② 河南唐河画像石，见周到、李京华《唐河针织厂汉画像石墓的发掘》，《文物》1973 年第 6 期，第 28 页，图 3、图 11。

③ 山东苍山画像石，见张其海《山东苍山元嘉元年画象石墓》，《考古》1975 年第 2 期，第 124~134 页（有图）。

④ 四川郫县画像石，见李复华、郭子游《郫县出土东汉画象石棺图象略说》，《文物》1975 年第 8 期，第 64 页，图 3。

· 11 ·

乎都是轺车一类①。嘉峪关魏晋墓壁画中则有牛车，两辕一牛，车盖为卷篷式②。车子模型是用各种不同的材料制成。铜制的有甘肃武威雷台东汉墓出土的14辆铜车，其中有斧车一、轺车六、大车七（驾马者六、驾牛者一）。斧车无盖，竖立一斧。大车不同于轺车，车厢前后较长，前边没有轼，乃用以载物③。至于木车模型，湖北江陵凤凰山8号和168号西汉墓都出土三件，其中两件为轺车（168号的两件，其一可能为安车），一为牛车④。武威磨嘴子48号西汉墓，出土木制轺车模型一，牛车模型三⑤。两汉时代统治阶级的贵族和大官僚，生前出行时，常是"车如流水马如龙"，前呼后拥，以表现他们的豪华。但是这些车子结构精巧，也体现了当时劳动人民的智慧。

汉代以后，南北朝和隋唐时代，墓中明器中车子便比较少见。最近出土的有南京象山7号东晋早期墓出土灰陶牛车模型一件⑥。唐代男女骑马的风气盛行。皇帝及贵族、官僚的仪仗队中的车子，多仅作为摆设，一般出行或狩猎，多是骑马的。唐代壁画中，唐初李寿墓中壁画有牛车二幅，一为栅栏厢，一为板厢（内坐一女），都是双辕无

---

① 和林格尔壁画，见内蒙古文物工作队、内蒙古博物馆《和林格尔发现一座重要的东汉壁画墓》，《文物》1974年第1期，第14页，图版二、图版三、图版五。

② 酒泉嘉峪关壁画，见嘉峪关市文物清理小组《嘉峪关汉画像砖墓》，《文物》1972年第12期，第26页，图17。

③ 武威雷台汉墓，见甘肃省博物馆《武威雷台汉墓》，《考古学报》1974年第2期，第91~96页（有图）。

④ 江陵凤凰山8号墓，见长江流域第二期文物考古工作人员训练班《湖北江陵凤凰山西汉墓发掘简报》，《文物》1974年第6期，第48页（原报告误依"遣策"作"轺车一乘"）；168号墓，见纪南城凤凰山一六八号汉墓发掘整理组《湖北江陵凤凰山一六八号汉墓发掘简报》，《文物》1975年第9期，第5页。

⑤ 武威磨嘴子汉墓，见甘肃省博物馆《武威磨咀子三座汉墓发掘简报》，《文物》1972年第12期，第13页，图7，图版四：1。

⑥ 南京象山7号墓，见袁俊卿《南京象山5号、6号、7号墓清理简报》，《文物》1972年第11期，第30页，图37。

盖，旁有御者。盛唐时期懿德太子李重润墓中壁画上仪仗队中的辂车
三辆都是双辕车，车厢前面有轼，两侧有辖，辖的上缘外卷。车上立
有圆形车盖。辂车队旁立马夫三人，牵马待发①。明初鲁王朱檀墓中
有木雕彩绘车子模型二件，车子有三辕，车厢两侧有屏，上有幅形圆
盖②。这是《明史·舆服志》所载的亲王所乘坐的"象辂"。

交通道路方面，最近调查了秦始皇为巩固国家的统一所建设的直
道，实即当时的驰道之一。这条道路，从当时首都咸阳北边的云阳县
林光宫为起点，北进甘泉山，越子午岭，经由草原而达九原郡（今
包头市西）。原来道路的一部分现仍保存。路面多呈凹形，两边接近
路旁的土坎处较高，愈至路中心愈低下。经过草原的道路有"堑山
堙谷"的痕迹。有的地方路面残宽约22米，有的高出两旁约1~1.5
米，为当地红砂岩土所填筑。山冈上宽约50多米的豁口，是人工开
凿的。可以看出当时筑路工程的规模和技术方面的造诣③。

五 纺织、陶瓷和冶金

上述两种工艺属于物理学的应用，而陶瓷学和冶金学，则是和化
学有关的工艺。至于纺织学这一工艺，则一部分（纺轮、纺机等的
使用）与物理学有关，另一部分（如漂白和染色等）和化学有关。

纺织学方面，关于殷代的蚕桑和丝织品，曾发表了一些综合研究④。

---

① 李寿墓，见《汉唐壁画》，外文出版社，1974，图62；发掘简报，见《文物》
1974年第9期，第73页。李重润墓，见《汉唐壁画》，图89；发掘简报，见《文
物》1972年第7期，第28页。
② 明朱檀墓，见山东省博物馆《发掘明朱檀墓纪实》，《文物》1972年第5期，第
30页，图23。
③ 史念海：《秦始皇直道遗迹的探索》，《文物》1975年第10期，第44~54页。
④ 胡厚宣：《殷代的蚕桑和丝织》，《文物》1972年第11期，第2~7页；夏鼐：《我
国古代蚕、桑、丝、绸的历史》，《考古》1972年第2期，第14页（有图）。

西周的丝织物和刺绣在 1975 年发掘的陕西宝鸡的两座西周墓中，有重要的发现，弥补了西周时代缺乏这方面实物材料的空白。这些丝织物和殷代的相同，有简单的平纹织物，也有斜纹显花（菱形图案）的变化组织的织物。后者需要提花的织具。刺绣是采用辫绣的针法。绣线的红、黄两色，据说可能是用朱砂和石黄来平涂上去的，不是作为染料①。长沙左家塘战国中期墓中所发现的织锦，是现今所能看到的我国织锦的最早的实物。这些织锦的染色，据云有"石染"（矿物染料）和"草染"（植物染料）二类②。长沙马王堆一号墓和三号墓中出土了大批西汉早期的丝织物。除了绢、绮、锦以外，这里还有过去很少发现过的一种高级锦，即绒圈锦，或称起绒锦。还有镂板印花的多彩花绢。织物的染色、涂色，是使用朱砂、茜草、靛蓝、铅白、绢云母等③。1972 年武威磨嘴子汉墓出土的丝织品，有平纹组织的方孔纱、素绢、可能是用纂组法编织的菱孔冠纱、用纠经法织成的花罗（即汉绮的一种）、菱纹绒圈锦、套色印花绢和"轧纹绉"，还有用手工编织的细丝带④。

汉代以后，重要的丝织物有敦煌石窟出土的北魏刺绣和唐代织物⑤，

---

① 李也贞、张宏源、卢连成、赵承泽：《有关西周丝织和刺绣的重要发现》，《文物》1976 年第 4 期，第 60~63 页（有图）。
② 熊传新：《长沙新发现的战国丝织物》，《文物》1975 年第 2 期，第 49~56 页（有图）。
③ 湖南省博物馆、中国科学院考古研究所编《长沙马王堆一号汉墓》，文物出版社，1973，第 46~65 页（有图）；三号墓丝织品，见中国科学院考古研究所、湖南省博物馆写作小组《马王堆二、三号汉墓发掘的主要收获》，《考古》1975 年第 1 期，第 57 页；两墓出土的绒圈锦，见上海市纺织科学研究院、上海市丝绸工业公司文物整理组《马王堆二、三号汉墓发掘的主要收获》，《考古学报》1974 年第 1 期，第 175~186 页（有图）。
④ 武威磨嘴子汉墓，见甘肃省博物馆《武威磨咀子三座汉墓发掘简报》，《文物》1972 年第 12 期，第 18~21 页（有图）。
⑤ 敦煌北魏刺绣，见敦煌文物研究所《新发现的北魏刺绣》，《文物》1972 年第 2 期，第 54~64 页；敦煌唐代织物，见敦煌文物研究所、敦煌文物研究所考古组《莫高窟发现的唐代丝织物及其它》，《文物》1972 年第 12 期，第 55~67 页（都有图）。

还有新疆吐鲁番、巴楚发现的北朝至唐代的丝织物①。其中唐代织锦，除了像汉锦那样平纹经线显花的以外，织法逐渐采用了斜纹纬线显花法，最后完全采用斜纹纬锦的织法。这后者似乎是受了波斯锦织法的影响。花纹方面如猪头纹、双鸭纹、双骑士纹、联珠纹等，也是由于波斯锦的影响。印染方面，唐代盛行绞缬、夹缬和蜡缬等制品。唐代还出现了用通经断纬技法织造的织花毛毯。巴楚发现的织花毛毯是迄今发现采用这种织法较早的一件②；后来推广这种织法于丝织品，便成为宋朝以来著名的缂丝，或称刻丝。我们根据汉代画像石上的图像，研究和复原了汉代的织机③。它的结构是比较复杂的，由木架、综、卷经轴、卷布轴、脚踏板所组成；但是当时用以织锦的是提花织机，其结构当更为复杂。浙江兰溪南宋乾道七年（1171年）墓中出土的棉毯，证明我国长江流域的棉织业在南宋初便已有相当发展，并不是到宋末元初才开始传播的④。

陶瓷工艺技术方面，陶窑结构是控制燃烧温度和窑中气氛性质的关键。1974年在河南温县一处东汉早期的铸造铁器的遗址中，发现一座烘范窑，结构大体和汉代一般砖窑相同。它的结构分为窑道、火

---

① 新疆丝织品，见新疆维吾尔自治区博物馆出土文物展览工作组《"丝绸之路"上新发现的汉唐织物》，《文物》1972年第3期，第14页；竺敏《吐鲁番新发现的古代丝绸》，《考古》1972年第2期，第28~31页；新疆维吾尔自治区博物馆《吐鲁番县阿斯塔那—哈拉和卓古墓群发掘简报（1963—1965）》，《文物》1973年第10期，第15~19页（有图）。

② 巴楚出土织物，见新疆维吾尔自治区博物馆出土文物展览工作组《丝绸之路——汉唐织物》，文物出版社，1972，第5页；新疆维吾尔自治区博物馆出土文物展览工作组《"丝绸之路"上新发现的汉唐织物》，《文物》1972年第3期，第16页，图版一〇。据新疆博物馆同志说，巴楚这件织花毛毯是晚唐物，不是北朝物。

③ 汉代织机的复原及其说明，见夏鼐《我国古代蚕、桑、丝、绸的历史》，《考古》1972年第2期，第20~23页，图13。

④ 兰溪出土棉毯，见汪济英《兰溪南宋墓出土的棉毯及其他》，《文物》1975年第6期，第54~55页（有图）；又见钟遐《从兰溪出土的棉毯谈到我国南方棉纺织的历史》，《文物》1976年第1期，第89~93页。

腔和窑室三部分。窑室近方形，长宽为 2.9 米和 2.7 米，可装 500 多套陶范①。这里设置有较完善的烟囱，是继续战国时代创始的那种陶窑形式。最近发表的 1966 年发掘的洛阳隋唐宫城内的烧瓦窑 7 座，是隋末唐初的。窑室作马蹄形，两侧壁有弧度，窑室后有烟孔五，和烟室相通。烟室有烟囱一道上通以出烟②。这比汉代陶窑是有所改进了。瓷窑方面，我们对于河南禹县钧台宋代窑址作了重要发掘。掘出的 11 座瓷窑，就地挖筑，全系土壁。有火膛和底部较高的窑室，室后壁有烟囱③。对于龙泉窑的结构，也做了研究。这里发现了宋、元、明的窑址 9 座，都是龙窑类型。其中明窑一座，在窑尾两室间筑有挡火墙两堵，应属阶级窑类④。此外，我们还调查了广东封开县都苗村北宋青瓷窑址、福建同安南宋至元青瓷窑址、河南新安十余处窑址（主要是元代均窑）、江西乐平明代青花窑址、浙江鄞县五代至北宋的越窑址等⑤。这些窑址中，除了大量瓷片之外，还发现许多匣钵、垫饼等窑具。在前三处还发现残窑。这些发现对于烧造瓷器的技术过程的研究，都提供了重要资料。

① 温县汉代烘范窑，见河南省博物馆、新乡地区博物馆、温县文化馆《河南省温县汉代烘范窑发掘简报》，《文物》1976 年第 9 期，第 66~75 页（有图）。

② 洛阳烧瓦窑，见洛阳博物馆《洛阳隋唐宫城内的烧瓦窑》，《考古》1974 年第 4期，第 257~259 页，图 2~图 3。

③ 赵青云：《河南禹县钧台窑址的发掘》，《文物》1975 年第 6 期，第 57~63 页，图2~图 3。

④ 龙泉窑的结构，见中国科学院上海硅酸盐化学与工学研究所《龙泉历代青瓷烧制工艺的科学总结》，《考古学报》1973 年第 1 期，第 146~147 页（有图）。

⑤ 广东封开窑，见何纪生、赵金顺《广东封开县都苗宋代窑址调查》，《文物》1975年第 7 期，第 92~93 页；福建同安窑，见李辉柄《福建省同安窑调查纪略》，《文物》1974 年第 11 期，第 80~84 页；河南新安窑，见赵青云、王典章《河南省新安县古瓷窑遗址调查》，《文物》1974 年第 12 期，第 74~81 页；江西乐平窑，见陈柏泉《江西乐平明代青花窑址调查》，《文物》1973 年第 3 期，第 46~51 页；浙江鄞县窑，见李辉柄《调查浙江鄞县窑址的收获》，《文物》1973 年第 5 期，第30~40 页。

关于陶器、瓷器本身的研究，首先对于"原始瓷"作了探索①。殷周时代的类似青瓷的器物，就其胎料、釉料、烧成温度及其各种物理性能而言，可以说是"原始瓷"或"原始青瓷"。它是与南方的硬陶似有直接的关系。江西清江吴城出土了大批原始瓷器，其中最早的属于第一期，相当于郑州二里岗上层，是商代中期。这里的瓷器不仅数量多，而且器形种类也多，有人以为它和这地区新石器晚期发现的"白陶"有关②。对于唐代瓷器的窑址的分布和烧造技术的逐渐提高的情况，连同唐瓷的分期问题，也作了些研究③。对景德镇湖田古瓷窑的窑具和瓷片、瓷器的研究，搞清了该地从五代到明中叶碗类装烧工具的演进④。更重要的工作是对于历代龙泉青瓷烧制工艺的科学分析，也做了仔细的工作。关于胎的配方，证明瓷胎曾掺加紫金土。五代、北宋时用石灰釉，釉面光泽较强。南宋、元、明的时候，采用石灰—碱釉，钾钠含量高，釉面光泽柔和。其他方面的分析结果，都证明古代龙泉窑在烧制工艺方面有相当高的技术水平⑤。

冶金学史的研究，主要是铸铜和炼铁两个方面。从前有人认为商代后期的安阳殷墟那种高度发达的青铜工艺是突然出现的。帝国主义分子和苏修所谓"考古学家"迄今还有人叫嚷：就此可证中国青铜工艺是由国外发展成熟后才输入的。解放后不久，我们发现了殷代中期的郑州二里岗文化中便已有青铜业作坊和许多青铜器。1974 年在

---

① 冯先铭：《我国陶瓷发展中的几个问题》，《文物》1973 年第 7 期，第 20～22 页；李知宴：《关于原始青瓷的初步探索》，《文物》1973 年第 2 期，第 38～45 页。

② 李科友等：《略说江西吴城商代原始瓷器》，《文物》1975 年第 7 期，第 77～83 页。

③ 李知宴：《唐代瓷器概况和唐瓷的分期》，《文物》1972 年第 3 期，第 34～48 页。

④ 刘新园：《景德镇宋、元芒口瓷器与覆烧工艺初步研究》，《考古》1974 年第 6 期，第 386～393 页；刘新园、白焜：《景德镇湖田古瓷窑各期碗类装烧工艺考》，《景德镇陶瓷》1976 年第 1 期，第 9～14 页（都有图）。

⑤ 周仁等：《龙泉历代青瓷烧制工艺的科学总结》，《考古学报》1973 年第 1 期，第 132～143 页。

郑州市发现两件大方鼎，虽然形制较朴实，技术较粗糙，但是大的一件通高1米，重达86.4公斤①。后来我们又发现了偃师二里头遗址，年代较二里岗更早，但这里也出土了少量青铜小件。最近发掘到青铜戚、戈、爵等中型的容器和武器，时代属于二里头三期，与该遗址早商宫殿遗址同时②，可见中国青铜工艺自有其发展的过程，并且铸造时使用多片合范法，也自具特点，不仅只成品的形状和花纹具有中国的特征而已。在采掘技术方面，1974年在湖北大冶铜绿山发掘了两处矿井。其中一处出土青铜工具，是属于春秋晚期的；另一处出土铁工具，当属于战国中、晚期。这是我国首次挖掘到这样早的矿井遗址。矿井的支架保存基本完整，出土了采掘工具（如铜制的斧、锛，铁制的斧、锤，木制的槌、铲、锹，淘洗的船状木斗），装载和提运用具（如藤篓、粗绳，竹制的筐、箕，木制的辘轳和钩）和排水工具（如木制的瓢、桶、水槽等物）③。这些发现，证明当时采矿的劳动人民在找矿选点，开采运输，井巷支持和井下排水等各方面，都有了丰富的实践经验。最近还在堆积古代矿渣的地点发现了三座炼炉（见《补记》）。这些发现对于研究我国矿冶发展史是具有重大意义的。对于侯马铸铜器的陶范又作了些研究工作，知道陶范造型材料，已依其在铸造过程中所起的作用和经受的温度不同而有所区别。陶范的结构有很巧妙的固定内范的方法和浇铸系统。脱模剂是用草灰和糠

---

① 郑州大方鼎，见河南省博物馆《郑州新出土的商代前期大铜鼎》，《文物》1975年第6期，第64~66页（有图）。

② 二里头铜器，见中国科学院考古研究所二里头工作队《偃师二里头遗址新发现的铜器和玉器》，《考古》1976年第4期，第259~263页，图版五，3~6。

③ 铜绿山矿井，见湖北省博物馆《湖北古矿冶遗址调查》，《考古》1974年第4期，第251~254页；铜绿山考古发掘队《湖北铜绿山春秋战国古矿井遗址发掘简报》，石文《湖北铜绿山春秋战国古矿井遗址是奴隶创造历史的光辉见证》，冶军《铜绿山古矿井遗址出土铁制及铜制工具的初步鉴定》，均载《文物》1975年第2期，第1~25页（有图）。

灰。铸造方面，这时采用了零件附铸法①。对于青铜器的错金工艺也作了初步的研究②。

恩格斯指出："它（指铁）是在历史上起过革命作用的各种原料中最后的最重要的一种原料。"（《家庭、私有制和国家的起源》）古代铁器方面，1973 年在河北藁城台西村的发掘中发现了一件铜柄铁刃的钺③。关于我国铁器发现和使用的年代，在古文献和过去发现的古器物中，最早的是春秋晚期的④。西周时代的，只有解放以前发现两件以陨铁为刃的铜柄兵器。藁城铜柄铁钺的发现，为研究我国铁器的使用时代提供了重要资料。最近经过有关部门分析研究，确认这铁刃的来源是陨铁，而不是冶炼的熟铁⑤。这当由于中国像近东的两河流域和埃及一样，在青铜时代便已进入奴隶社会；并且也像这些古代国家一样，在能够冶炼以前，曾经偶尔使用陨铁槌打成器。至迟在春秋晚期（公元前 6 世纪末），我国劳动人民创造了在较低温度（800℃~1000℃）下还原铁矿石的办法，得到比较纯净但质地疏松的铁块，可以锻造成器。最近江苏六合程桥 2 号墓（春秋晚期）出土了一件残长 5 厘米的小铁条，便是以这种块炼铁锻成的⑥。最近洛阳市水泥制品厂战国早期（公元前 5 世纪）灰坑中出土的铁锛，是迄

---

① 侯马陶范新研究，见张子高、杨根《从侯马陶范和兴隆铁范看战国时代的冶铸技术》，《文物》1973 年第 6 期，第 62~64 页（有图）。

② 史树青：《我国古代的金错工艺》，《文物》1973 年第 6 期，第 66~72 页。

③ 河北藁城铜柄铁钺，见河北省博物馆文物管理处《河北藁城台西村的商代遗址》，《考古》1973 年第 5 期，第 266~271 页，图版一：1、2，图 5。

④ 黄展岳：《关于中国开始冶铁和使用铁器的问题》，《文物》1976 年第 8 期，第 62~70 页。

⑤ 李众的科学鉴定，见李众《关于藁城商代铜钺铁刃的分析》，《考古学报》1976 年第 2 期，第 17~34 页；叶史：《藁城商代铁刃铜钺及其意义》，《文物》1976 年第 11 期，第 56~59 页。

⑥ 江苏六合程桥 2 号墓出土小铁条，见南京博物院《江苏六合程桥二号东周墓》，《考古》1974 年第 2 期，第 119 页，图版六：8。

今为止能确定的我国的最早的生铁工具①。上述的铜绿山发现的战国中、晚期矿井中出土的铁工具，不仅有一般熟铁锻件和铸铁件，还有经过柔化的可锻铸铁，也有铸件表面经过脱碳处理的。1973 年河北易县燕下都出土的战国晚期的铁剑中，还有块炼锻铁经过渗碳成为低碳钢，有的显然已经使用淬火方法以增加硬度。西汉中期刘胜（卒于公元前 113 年）墓出土的书刀和剑，使用了块炼铁表面渗碳的工艺。它们是经过反复加热、固体渗碳和多层叠打制成了的初级"百炼钢"。而刘胜墓出土的铠甲片和呼和浩特二十家子出土的同时代的铠甲片，则系使用块炼铁为原料；锻成片后，经过退火，进行表面脱碳，提高延性。1974 年山东苍山汉墓出土永初六年（112 年）铁刀发展了用生铁炒钢和"三十炼"（用炒钢为原料反复折叠锻打而成）的技术，并采用高碳钢淬火的办法，提高了刀的质量②。1974 年在河南渑池县发现了约北魏时代的窖藏铁器达 4195 件（块），其中有些可能是较早时代的遗留。铁器的种类：铸铁有白口、灰口和麻口三种，还有经过退火处理的可锻铸铁，也有熟铁。最引人注意的是这里出现了铸铁脱碳钢、低硅灰口铁和球墨铸铁③。前面谈到的河南温县发现的一处汉代烘范窑出土了许多陶范。这些铸铁器的陶范，有母模（母范）、外范和内范。这些范都是用黏土掺杂砂粒和草秸制成，并用草木灰为脱模剂。外范上有浇铸系统的设置，即浇口杯、直浇口和内浇口，但都没有冒口。浇口本身和加固泥空隙，就代替了冒口的作

① 洛阳水泥厂出土铁锛，见李众《中国封建社会前期钢铁冶炼技术发展的探讨》，《考古学报》1975 年第 2 期，第 5 页，图版一：1~3。
② 李众：《中国封建社会前期钢铁冶炼技术发展的探讨》，《考古学报》1975 年第 2 期，第 1~22 页；华觉明：《中国古代钢铁冶炼技术》，《金属学报》1976 年第 2 期，第 222~231 页（有图）。
③ 河南渑池铁器窖藏，见渑池县文化馆、河南省博物馆《渑池县发现的古代窖藏铁器》，北京钢铁学院金属材料系中心化验室《河南渑池窖藏铁器检验报告》，李众《从渑池铁器看我国古代冶金技术的成就》，均载《文物》1976 年第 8 期，第 45~61 页（有图）。

用。烘范火候约在 600℃，所以范的质地较硬。这种烘范窑也用作浇铸前"预温"陶范之用。这发现对于当时陶范的制作和烘烤以及浇铸系统的设置都提供了重要研究资料，充实了铸造工艺史的内容①。对于河北兴隆铁范也作了进一步的研究。这些范的形状和铸件外貌基本一致，并且已能使用铁内芯来形成锄柄孔。这证明当时铸造铁范的冶铁技术已达到较成熟的地步②。

其他有关冶金史方面的考古研究，最近曾根据 1970 年在西安市何家村出土的炼银渣块作了唐代冶银术的探究。当时可能用的矿石是方铅矿和辉银矿的共生矿。选矿后加以提炼，分两个程序：先炼结出含高成分银的"铅驼"，再用灰吹法提炼出纯银③。我们又对西晋周处墓出土的金属带饰作了重新鉴定。使用三种方法（密度法、X 射线衍射法、光谱分析法）检验的结果证明，全部 16 件较完整的金属带饰都是银，而不是铝。从淤泥中检拣出来的不辨器形的小块铝片（两三片，可能原是一片），虽是同一处出土，但后世混入的可能性很大④。最近又将这 16 件较完整的金属带饰，使用电子探针扫描，确定它们都是银制的。至于小块铝片，就其化学成分而论，含有约 3% 的铜，0.4% 的锌，1% 的铁，0.6% 的硅，0.2% 的镁。利用碳来还原铝矿石，需要较高温度；即使得到铝，也不会含有这样多的铜、锌、镁，而铁、硅则又偏低。所以它不是普通的纯铝。实际上，它的成分和某些早期的铝合金"硬铝"（发明于 1906 年）成分相似，并且是

---

① 河南省博物馆、新乡地区博物馆、温县文化馆：《河南省温县汉代烘范窑发掘简报》，《文物》1976 年第 9 期，第 66~75 页（有图）。
② 兴隆铁范新研究，见张子高、杨根《从侯马陶范和兴隆铁范看战国时代的冶铸技术》，《文物》1973 年第 6 期，第 64~65 页，图 4。
③ 一冰：《唐代冶银术初探》，《文物》1972 年第 6 期，第 40~44 页，图 1~图 3。
④ 夏鼐：《晋周处墓出土的金属带饰的重新鉴定》，《考古》1972 年第 4 期，第 34~39 页，图 1、图 3。

经过加工延伸的产品①。这个鉴定结果澄清了我国冶金史上一个重要问题。

六　医学和药物学

　　医药卫生方面，1972年甘肃武威的一座东汉墓中，出土了医方木简92枚，记载医方30多种，范围涉及内科、外科、妇科等疾病，并及针灸治疗。药物共约100味，其中一部分为后来的本草书所收载。药物的使用法，采用汤、醴、丹、丸、膏、散等方法②。马王堆三号墓西汉帛书中有几种医书和一幅《导引图》。医书约2万字，可分二部分：第一部分是几种已佚的医书，包括《却谷食气方》、《十一脉灸经》和两种诊断书，即《脉法》和《阴阳脉和死候》③。第二部分是药方，记录了为着治疗52种疾病的270余个药方。这些药方，像武威医方木简一样，涉及内科、外科、妇科等的52种疾病，每种都分别记载有各种不同的方剂和疗法。药名共约260味，包括矿物、动物、草木和器物类，其中约100种为《神农本草经》所记载④。《导引图》有各种运动姿态的图像40余幅，如屈膝抱腿、缓步徐行、

---

①　根据北京钢铁学院鉴定，报告尚未发表，承蒙见告，特表示谢意。

②　甘肃省博物馆、武威县文化馆编《武威汉代医简》，文物出版社，1975。又见甘肃省博物馆、甘肃省武威县文化馆《武威旱滩坡汉墓发掘简报——出土大批医药简牍》，中医研究院医史文献研究室《武威汉代医药简牍在医学史上的重要意义》，罗福颐《对武威汉医药简的一点认识》，均载《文物》1973年第12期，第18~31页。

③　马王堆帛书医书，见马王堆汉墓帛书整理小组《马王堆汉墓出土医书释文（一）》，唐兰《马王堆帛书〈却谷食气篇〉考》，中医研究院医史文献研究室《马王堆帛书四种古医学佚书简介》，均载《文物》1975年第6期，第1~5、14~19页，图版一。

④　马王堆帛书药方，见马王堆汉墓帛书整理小组《马王堆汉墓出土医书释文（二）》，钟益研、凌襄《我国现已发现的最古医方——帛书〈五十二病方〉》，均载《文物》1975年第9期，第35~60页，图版一一、一二。

振臂昂首、伏地伸颈等；人像旁侧都附有标题，常以动物的动作相比类，例如"猿呼（？）""熊经""鹤□"等题①。和帛书放在一起的，还有竹简189枚，木简11枚，共200枚。内容有黄帝和容成等问答的话，有的术语如"七孙（损）""八益"等，与《黄帝内经》中的相同。疑和《黄帝外经》及《汉书·艺文志》中《方伎略》的书有关②。至于针灸治疗用的金针和银针，以及其他医疗器具在河北满城的西汉刘胜墓中曾有发现③。这些都是我国古代医学方面光辉成就的见证。

最有意思的是古尸解剖工作，这使我们获得大量的解剖学、组织学和病理学各方面的资料；其中古病理学的研究尤为重要。马王堆汉墓主人的女尸解剖，证明她在世时曾患过许多疾病。她有动脉硬化症，肺部有结核病留下的钙化病灶，腹中有血吸虫、蛲虫和鞭虫等三种寄生虫的卵。脊椎骨有骨增生，可能导致背痛和腿痛。胆囊有结石。根据这些病症的诊断，可以推论她的死因可能是胆绞痛引起冠心病发作以致心肌梗塞而死④。另一具保存良好的尸体，1975年出土于湖北江陵凤凰山168号西汉墓中。这是男尸，全身无一根毛发，但皮肤和内脏基本完整。胆囊胀大，并有20余颗胆石。解剖后可见到胸膜炎、心包炎和胆囊炎等病变遗留。肝脏组织中检出较多血吸虫卵和

---

① 《导引图》，见钟益研、凌襄《我国现已发现的最古医方——帛书〈五十二病方〉》，《文物》1975年第6期，第6~13页，图1、图2。

② 湖南省博物馆、中国科学院考古研究所：《长沙马王堆二、三号汉墓发掘简报》，《文物》1974年第7期，第43页，图版一二；《考古》1975年第1期，图版五。

③ 满城汉墓医疗器具，见中国科学院考古研究所满城发掘队《满城汉墓发掘纪要》，《考古》1972年第1期，第13页；又见钟依研《西汉刘胜墓出土的医疗器具》，《考古》1972年第3期，第49~53页（有图）。

④ 解剖结果，见本刊通讯员《马王堆一号汉墓女尸研究的几个问题》，《文物》1973年第7期，第73~80页（有图）；湖南省博物馆、中国科学院考古研究所编《长沙马王堆一号墓》，文物出版社，1973，第31~32页。

肝吸虫卵，肠内有鞭虫卵和绦虫卵①。由于血吸虫卵出现于这两具古尸体内，说明两千年前我国两湖地区曾有血吸虫病流行。

马王堆一号墓中，有几种草药盛于绢囊中，包括花椒、肉桂、高良姜、香茅等②。上述武威和长沙发现的汉代医方，记载有一二百种药物的名称。这些发现对于药物学的研究，提供了很有价值的资料。

七　农业科学

恩格斯指出："农业是整个古代世界的决定性的生产部门。"（《家庭、私有制和国家的起源》）农业科学中，农业机械方面，1973年浙江余姚河姆渡遗址（距今六七千年）发现大批骨耜，是用以翻种农田的。这一批是我国迄今发现的最早的骨耜③。我国采用牛耕，可能开始于春秋时代；到了两汉魏晋便已广泛地推行到各地。最近发现有武威磨嘴子48号西汉晚期墓出土的木牛犁一组④，甘肃嘉峪关魏晋时代壁画墓的牛耕图及耙地图⑤，广东连县西晋永嘉六年

---

① 江陵凤凰山168号墓男尸解剖，见纪南城凤凰山一六八号汉墓发掘整理组《湖北江陵凤凰山一六八号汉墓发掘简报》，《文物》1975年第9期，第3~4页，图5。

② 湖南省博物馆、中国科学院考古研究所编《长沙马王堆一号墓》，文物出版社，1973，第35~37页。

③ 浙江余姚河姆渡遗址出土骨耜，见浙江省文管会、浙江省博物馆《河姆渡发现原始社会重要遗址》，《文物》1976年第8期，第9~10页，图版二：3，图7。华泉：《对河姆渡遗址骨制耕具的几点看法》，《文物》1977年第7期，第51~53页。

④ 武威磨嘴子木犁，见甘肃省博物馆《武威磨咀子三座汉墓发掘简报》，《文物》1972年第12期，第13~14页，图23。

⑤ 嘉峪关汉墓壁画，见嘉峪关市文物清理小组《嘉峪关汉画像砖墓》，《文物》1972年第12期，第26页，图版八：1；甘肃省博物馆、嘉峪关市文物保管所《嘉峪关魏晋墓室壁画的题材和艺术价值》，《文物》1974年第9期，第67页，图版一、图版三。

（312 年）墓中出土的犁田、耙田的陶制模型①。初唐李寿墓壁画中牛耕和播种图，牛耕用两牛，播种用一牛驾耧犁②。根据已有的文献和考古资料，对照着民族学资料，我们可以较清楚地了解西汉时期的牛耕的情况。它证明了当时农业机械方面曾取得了重大的发展③。至于农产品（粮食）加工的机械，满城汉墓出土了一盘石磨，是圆形的转磨④。这是这种类型的石磨的较早的实物标本。

关于农作物和家畜，上述的余姚河姆渡遗址出土了人工栽培的水稻，有由稻谷、谷壳、稻秆、稻叶等混在一起的堆积。这不仅是我国迄今发现的最早的人工栽培水稻，并且证明我国南方长江下游地区的农业文化的古老，并不较黄河流域的仰韶文化为晚。此外，河姆渡遗址还出土了菱壳、葫芦、酸枣、麻栎果等。家畜中有猪、狗的骨骸。它们是属于人工饲养的。还有可能是家养的水牛的骨骸⑤。河北藁城的商代遗址出土了桃仁和郁李仁。这些果仁可能作为药物之用，但也反映了当时果树栽培情况⑥。长沙马王堆一号墓中，还发现有五谷（稻、小麦、大麦、黍、粟、大豆、赤豆）和水果（梨、枣、梅、杨梅），还有大麻子、冬葵子、芥菜籽、生姜和藕。家畜和家禽有家犬、猪、绵羊和家鸡。另一座 1973 年在江苏海州发现的西汉墓中，

---

① 广东连县西晋犁田模型，见徐恒彬《简谈广东连县出土的西晋犁田耙田模型》，《文物》1976 年第 3 期，第 75～76 页，图 1。
② 李寿墓牛耕图，见陕西省博物馆、陕西省文管会《唐李寿墓发掘简报》，《文物》1974 年第 9 期，第 73 页，图 5、图 23、图 24。
③ 宋兆麟：《西汉时期农业技术的发展》，《考古》1976 年第 1 期，第 3～8 页。
④ 满城汉墓石磨，见中国科学院考古研究所满城发掘队《满城汉墓发掘纪要》，《考古》1972 年第 1 期，第 9 页。
⑤ 河姆渡出土稻谷等，见浙江省文管会、浙江省博物馆《河姆渡发现原始社会重要遗址》，《文物》1976 年第 8 期，第 10 页，图版三：2。
⑥ 藁城出土果仁，见耿鉴庭、刘亮《藁城商代遗址中出土的桃仁和郁李仁》，《文物》1974 年第 8 期，第 54～55 页，图 1～图 4。

曾出土黍、稷、粟、枣、杏和葫芦①。上面所提到的驾车的牛、马模型以及其他墓中出土的家畜和家禽的模型，对于研究当时它们的品种，都提供了重要资料。这些发现和研究，对于我国农业科学史的研究是很重要的；同时对于古动物学和古植物学的研究，也很有帮助。

　　上述各节，可以充分证明我国古代人民的高度智慧和创造才能，对于世界科技的发展，做出了卓越的贡献。我们考古工作者在考古调查和发掘中，时常发现有关科技史的实物资料。我国考古工作者和科技史工作者一起，对于这些资料作了深入研究，过去已取得了一定的成绩。今后将会有更多的发现，进一步解决科技史上的问题，充实科技史的内容，为科技史增添新篇章。

　　补记：本文冶金学史一节提到了湖北大冶铜绿山矿区 1976 年发现了三座炼炉。后来又发现了保存较完整的三座。现在这三座已有简报在《光明日报》上发表。据云：继那三座炼炉的发现之后，最近又发掘出三座保存基本完整的春秋时期炼铜竖炉。这三座的炉基、通风沟、炉缸、金门、通风口都保存完整。它们的结构是：通风沟横贯炉底，有石块支撑炉缸底部，其作用是保温防湿，防止炉缸内冻结。炉缸壁厚 30~40 厘米，整个炉高估计 1.2~1.4 米。金门是铜液和炼渣的出口，筑在炉缸壁的下部，鼓风口也设在炉缸壁上，呈喇叭形，口径约 5 厘米。竖炉旁设有工作台，用于加料和放置鼓风设置。每座炉旁都发现有石钻和石球，为砸碎矿石的工具。这为研究我国古代冶铜技术，提供了极为重要的实物资料（1978 年 6 月 23 日《光明日报》第 4 版）。

---

① 湖南省博物馆、中国科学院考古研究所编《长沙马王堆一号墓》，文物出版社，1973，第 35~37 页。江苏海州霍贺墓出土粮食及植物，见南京博物院、连云港市博物馆《海州西汉霍贺墓清理简报》，《考古》1974 年第 3 期，第 186 页；又见刘亮《关于西汉霍贺墓出土稷的鉴定》，《考古》1978 年第 2 期，第 90 页（有图）。

关于武器方面，《考古学报》1976 年第 1 期和第 2 期所发表的《中国古代的甲胄》，是一篇关于这方面比较全面的综合研究的文章。

1978 年 7 月 4 日

中国考古学和中国科技史*

我先要声明，我是搞考古学的。对于中国科技史，可以说是一个门外汉，完全外行。记得三年前我们研讨会的前次主席席文教授（N. Sivin），在他所主编的《中国科学》（*Chinese Science*）1980年第4期中，在我的一篇文章前面的编者按语中说：

Hsia's interest in technical history was largely responsible for the attention paid to it in China by archaeologists, and for the willingness of archaeologists and historians to collaborate in study of artifacts. I know of no precedent anywhere for the extent to which these trends developed.（p. 20）

他把中国大陆上的中国考古学家和中国科技史专家之间对于古代文物研究方面的密切合作和中国考古学家特别重视中国古物的技术史方面研究，都归因于我的对于技术史感兴趣。这未免过分夸奖了，使我受之有愧。

不错，我是很重视中国技术史的研究。这不仅是我个人的兴趣问题。更重要的原因是考古学和科技史，尤其是技术史，二者之间的关系的密切。在讨论这种关系之前，我先谈谈什么是科技史，什么是考古学。

---

* 本文是作者于1983年12月14日在香港召开的第二届国际中国科学史研讨会开幕日所作公开讲演。《考古》1984年第5期发表时，曾稍作修改。

当然，在这个会上，我不必讨论什么是科技史，大家都知道，科学技术史便是自然科学和应用科学的历史。我只谈谈科技史到底是一门自然科学或是一门历史。我们今天会中有好几位中国科学院自然科学史研究所的代表出席。这个所在 1977 年中国社会科学院从中国科学院分出来以前，是隶属于社会科学学部的，更早一些，是隶属于社会科学学部下面的历史研究所。所以这里便有一个"这门学科到底是历史科学或是自然科学的"问题。我们这个研讨会的前次会议的名誉主席李约瑟教授（J. Needham）青年时是生物化学家，曾被推选为英国皇家学会（Royal Society）会员。中年时改搞中国科技史，后来被推选为英国学术院（British Academy）的院士。英国从前最高学术机构是皇家学会，后来到了 1902 年社会科学和人文科学才由皇家学会分出来，独立成一个英国学术院，有点像中国社会科学院由中国科学院分出来一样。现今英国的学者兼有这两个最高学术机构学衔的，听说只有李约瑟教授一人。这件事表示科技史还是应该算作社会科学中的历史科学，而不是自然科学。科学史家要有专业性的自然科学的训练，但是他研究的对象不是自然现象，而是作为社会成员的人类对于自然界的认识的发展过程和人类关于这方面的知识的累积过程。

李约瑟教授在他的大作《中国科技史》第一卷的序言中说，要写出像他所计划的那样一部中国科技史的学者，必须具备下面六个条件，第一条必须是有一定的科学素养，第二条是熟悉欧洲的科学史，第三条是对欧洲科技史的社会背景和经济背景有所了解。以上三点，是一切科技史的研究工作者都要具备的。为了研究中国的科技史，他说还要具备另外三个条件：第四条他必须亲身体验过中国人的生活并有机会在中国旅行，第五条必须懂得中文，第六条要得到很多中国科学家和学者的指导。他带着当仁不让的口气说："所有这些难得的综合条件，恰巧我都具备了。"他确实都具备了。当然，一个搞中国科技史的研究而并不想写他所计划的那样"百科全书"式的 20 来本的

《中国科技史》的学者，并不一定要全部具备他所提出的六个条件。而中国的这方面的学者，所需要具备的条件可能也有些不同。这里暂且不去讨论它。李约瑟教授写这篇序言是 1951～1953 年。这 30 多年来，他多次来到中国。他每次来北京时，几乎都来考古研究所访问，打听有什么考古新发现可以收到科技史中去。他有一次对我说，要搞好中国科技史必须对于中国考古学有所了解。我想这是他的第七个条件了。这是因为中国考古学在解放后这 30 多年才长大成年的，才使搞中国科技史的专家感觉到有了解和熟悉的必要。我后来想，要像李约瑟教授那样要写出这样大部头的《中国科技史》，还有一个条件，便是必须活到 80 岁以上，能活到 100 岁更好。我祝愿在座的搞中国科学史的专家们，都能创造条件使自己具备这第八个条件，活到 80 岁以上。

现在再谈谈什么是考古学。现代的考古学不再是玩古董，欣赏古物的艺术性，也不仅只是鉴定古物的真伪和年代。现代的考古学是历史科学的一个部门，是利用古代留传下来的实物来研究古代人类的社会、经济、日常生活等各方面情况和它们的演化过程。考古学和狭义历史学不同，后者是利用文献资料来做研究。所以历史研究所的古代史和我所的考古学侧重点不同。年代越古老，留传下来的文献材料越稀少，考古学的研究越重要。到了没有文字记载的史前时代，史前考古学便是史前史，二者是一回事了。"史前史"这名词似乎有些不通，既称为"史前"，又说它是"史"，既称为"史"，又说它是"史前"。实则"历史"一名词，有广狭二义，狭义指文字记载，广义指人类历史。还有更广义的历史指一切"时间性的科学"，如地球史、天体史等。我们所说的历史一般是指人类历史。

考古学的特点是利用古代留传下来的物质遗存做研究。古代文化的面貌包括物质文化和精神文化两部分。前者指经济生活、生产技术、生产工具等，后者指社会组织、意识形态等。考古学特别适宜于对于物质文化的研究。所以苏联在十月革命后把考古学研究所叫作物质文化史研究所。但是考古学也研究精神文化的，不过只能研究古代人类精神生活的活动中那些能表现于物质遗存的某些方面。例如宗教和艺术活动中有些方面是有物质遗存传留下来的。科学思想也是这样。所以 1957 年起苏联科学院还是把物质文化史研究所改名考古学研究所。我们在北京的考古研究所在"文化大革命"期中也曾遵照红卫兵的意见，把招牌改为物质文化史研究所，以避免"厚古薄今"的指摘。"文革"高潮过去后，又仍改回来叫考古研究所。

我们了解到中国科技史是什么，中国考古学又是什么，以后我们便容易说明二者之间的关系。科技史的"史"字是广义的历史，包括利用文献记载的狭义的历史和利用实物资料的考古学。所以有人以为如果科技史的"史"字采用狭义用法，就需要有另一门叫作"科技考古学"（Archaeology of Science and Technology）的学科。我以为还是"合二为一"为妥，依照一般习惯笼统地都叫作"科技史"。这样的一门科技史，其中许多方面是要依靠考古学提供实物标本和涉及标本的有关资料（例如标本的年代和出土情况等）；有时候需要合作，共同进行研究。解放前搞中国科技史研究的学者们时常只知道向故纸堆中去找资料，现在的情况完全不同了。解放后 30 多年的考古工作，累积了大量可供科技史研究的可靠的资料。同时，科技史的专家也认识到考古资料的对于他们研究的重要性。前面引到李约瑟教授的例子，此外的例子也很多。我在下面再举两个例子。

从前上海硅酸盐研究所周仁所长（1892～1973），想研究古代陶瓷。解放后有一次在北京见面，我请他帮助我们对于我们考古发掘出来的陶片和瓷片，代做科学分析，提供我们以科学性的技术鉴定。周先生也说：我正想找这些可靠的陶瓷标本。他那时已 70 岁左右，又说："趁我还能工作的时候，你们多提供些标本。现在提倡配合生产，青年人对于古陶瓷的兴趣不大了。"1961～1963 年，我们考古所提供了陶片三批，共百余件，后来他和他的年轻助手一起写出了一篇关于中国新石器时代和殷周时代制陶工艺的科学总结（《考古学报》1964年第1期）。这篇文章连同另外几篇关于瓷器制作工艺的研究，现下仍是中国陶瓷史中技术史部分最重要的文献，也是周先生一生所写的科学论文中最有新贡献的几篇。1973年周先生去世后，1974年左右我们有一批北京元大都出土的元代瓷片，想请他的所中代做科学鉴定。他们负责科研管理工作的一位同志出来接见说：这个研究古陶瓷小组已经解散，工作人员分配到从事改进现代瓷器质量的那一组去。他们不再接受研究古陶瓷的任务。周先生的预言实现了。幸亏不久"四人帮"垮台，周先生的几位年轻助手又从事于古陶瓷的科学研究了。去年（1982年）11月，这个所还在上海召开过一个国际性中国古代陶瓷的科学研究的讨论会，我也去参加了。

再举一个例子，中国冶金史的研究是近年来中国科技史研究中成就最显著的一部门。1973年左右北京钢铁学院的柯俊教授在校中组织了一个中国冶金史编写组班子。因为那时候正在"文化大革命"后期，钢铁工业的工人从事革命斗争，并且原料缺乏来源，许多冶铁厂停工。冶铁技术的试验和研究当然更谈不上。但是当时要强调中国历史上的儒法斗争，要用这观点改写科技史。这个编写组成立后，柯俊教授来找我商量计划。他们校中原来便有一个编写组，从《古今图书集成》等古书中抄下来不少史料，但是根据这些史料无法编写一部科学性的中国冶金史，所以他来考古所乞援。我很同意他的想法。我说在30年代我们便曾请英国的冶金学家 H. C. H. 卡本特（Carpenter）替我们鉴定安阳殷墟出土的青铜器（见《安阳发掘报告》第四册，1933）。我们交换意见后，考古工作者提供了不少由考古发掘出土的铁器标本和青铜器标本。冶金史编写组在《考古学报》中分别发表关于中国早期铜器（1981年第3期）和早期铁器（1975年第2期）的科学研究成果。另外又替我们解决了河北藁城出土的商代的铜柄铁钺问题，这留待下面再介绍。总之，中国冶金史这方面的研究，可以说近年来已取得重大的突破。这次在西安的中国科技史学会上柯俊教授被推选为该会会长，这是很适当的。

不过，有一点我想说明一下，考古发掘中时常发现久已失传的文献资料，例如安阳殷墟的甲骨文，汉代墓葬和烽燧遗址出土的木简和竹简，其中有些便是与中国科技史有关的。但是这仍是古代文献的研究，而不是考古学的研究。考古学的研究本身是研究古代遗留下来的实物标本，就它们的质料、结构、功能等方面作研究，而不是考释文字，考证文献。历史时代的考古学可以也应该结合文献，但是单纯的古文献研究不管是传世的古书，或者发掘出来的佚而复出的文字资料，不能算是考古学的研究。有关中国科技史的新出土的文字资料，可以说是考古发掘工作中的新发现，但是似乎不能说是考古学研究的新创获。

中国考古学和中国科技史的另一方面的关系是，考古学有很多地方要依靠科技史专家来帮忙解决。我常向我们考古学界的同行们说：我们要想搞好考古学的研究，一定要对许多关系密切的学科有一定程度的了解，例如科技史、狭义的历史学（包括文献学和考据学）、民族学、地质学、体质人类学、生物学、化学等。科技史对于我们搞考古研究工作的重要性是不必多说的。一般说来，除了搞旧石器时代的以外，我们搞考古工作的缺乏自然科学的素养。有许多考古学上的问题，也便是科技史有关部门的问题，例如上面所说的冶金史和陶瓷史中的问题。这些问题我们考古工作者时常没有能力来自己加以解决，只能提供资料请科技史专家或科技专家来替我们加以鉴定和研究。但是有时考古工作者要明白提出想解决什么问题，以便别人好配合。我们提供实物标本时先要搞清楚出土的情况。如果科技专家科学分析的结果，产生难以解答的新问题，对提供的资料产生疑问，我们考古工作者便应重新核查我们的田野工作记录，是否当时有疏忽，是否有些情况并没搞清楚，或者不确切。最好我们能自己加以更正。

我现在举一个例子，便是西晋有铝的问题。1953年江苏宜兴的西晋周处墓的发掘工作中，在人骨架中部，发现了17件金属带饰（后来失落一件）。周处是元康七年（297年）死的，墓砖有"元康七年……周前将军砖"字样。这墓早年曾经盗掘。这次打开后，曾有人进去看过，还取出一部分文物，后加封闭了两个多月才进行正式清理。据发掘报告，这些金属带饰大部分压在淤土下面，而另有一片碎片是"从淤土中尽可能拣出来的"。其中一碎片经鉴定是铝（或85%铝合金）。发掘者认为全部金属带饰都是铝，并且说："像这样含有大量铝的合金，在我们工作中还是初次发现，为我们研究晋代冶金术提出了新的资料。"（《考古学报》1957年第4期，第94页）我当时审稿，便写信告诉主持发掘工作者说，这不仅在他们工作中是初次发现，并且是全世界范围内初次发现这样早的铝制品。铝是不容易提炼的。炼铝法是19世纪才发明的。所以我请他们寄一碎片来。我请应用物理所作光谱分析来鉴定，仍旧是铝。我们只好接受这种看法。但是1962年东北的沈时英同志对这批金属碎片的另一片作了化学分析，证明它是银。清华大学张子高教授加以调和，说铝制带饰中还出现银制的，二者并不矛盾。铝制带饰出现于西晋（公元3世纪末），这事仍应加以肯定。他还用化学方法而不用电解法，居然提炼出少量的铝。李约瑟教授不相信张教授这种化学方法古代能炼出实用的铝。但是李教授仍然相信中国考古工作不会有错误。我于1972年请人重新鉴定，结果证明现存的全部16件完整的金属带饰都是银制的。而小块碎片中，有银的，也有铝的。我根据技术发展史和发掘记录，认为这两三碎片（也可能原属于一片）的铝，很可能是近来这古墓打开后混进去的。另一座相毗邻的同一家族的西晋墓中，清理时还发现过塑料纽扣。这时候，西晋有铝说已传闻于海内外。外国科学性杂志中都刊登过这消息。有一位瑞士人叫作德尼克（Erich von

D. niken）在一本叫作《众神之车》（英文，1968 年出版）的书中大谈太空人（Spaceman）古代来过地球，带来过高度文明的产品。中国 3 世纪西晋墓中的铝制带饰，便是太空人带来的（1981 年上海科技出版社汉译本，第 27 页）。我的那篇重新鉴定的文章（见《考古》1972 年第 4 期，第 34~39 页）发表后，许多人都接受我的说法，周处墓的铝碎片，有重大的后世混入的嫌疑，不能作为西晋有铝的证据。但是仍旧有人相信西晋有铝，这也没有办法。就这件事而论，对我们考古工作者的教训是：我们做考古发掘工作的人，要工作细致，记录翔实。如果科技专家鉴定的结果提出疑问，我们便应重新检查我们的工作中是否有疏忽的地方。因为发掘工作中小疏忽的地方是时常发生的事。比利时的史前遗址中发现羊毛似的东西，经过鉴定是香烟滤嘴（Antiquity，第 189 期，1974，第 6 页）。所以这类事使我们今后在发掘工作要提高警惕，避免疏失。

　　另一个例子是 1972 年河北省藁城出土的商代铜柄铁钺的问题。这件铜柄铁钺的年代相当于安阳小屯早期，约公元前 14 世纪前后，比我们一般认为中国铁器开始于春秋战国之际（即约公元前五六世纪）几乎要早一千年。发现者拿到考古研究所给我看。我说：据我的肉眼观察，这是铁制的无疑。但是在人类能炼铁以前，人类有时利用陨铁制器。这件是陨铁或人工炼铁，要找科技专家来鉴定。二者在人类文化发展史上的意义是大不相同的。我并且告诉他，要特别注意其中的镍的含量，因为一般人工炼铁中很少含镍达 5% 以上，一般都是 1% 以下。后来他们请冶金部的冶金研究所做鉴定，结果初步认定是炼铁。因为它的含镍量虽然超过炼铁的常规，但是所含杂质中有石灰，而石灰在炼铁中作助熔剂，一般不见于陨铁中。我知道后，我劝他把结论说得灵活一些。这篇简报送到《考古》杂志上发表。我在校样时才看到，便加上几句编者附记。附记中说：这发现很重要，但是仍有可能是陨铁，因为含镍量高，而石灰可能是埋进土中所沾污上去的。编辑部同仁希望我署真姓名，不要含糊笼统地说是"编者"。我当时也同意了。谁知这一期《考古》（1973 年第 5 期）出版后，这发现很引起国内外的注意。国内当时还是"文化大革命"后期，所以我被当时"造反派"认为是"打击新生力量"，批评了一顿。但是我仍认为这是一个学术问题，所以我请柯俊同志抓这件事，重新再做一次鉴定。他的科学实验结果，证明这件铁器是陨铁制成的。它的含镍量可能达 6%（因为埋在地下年久，镍可能有流失），而他的取样的样品都没有石灰的痕迹。原先的那件可能后来偶有污染。柯俊同志的鉴定报告（发表时用"李众"笔名，见《考古学报》1976 年第 2 期）引起国内外的注意，美国弗利尔美术博物馆实验室主任蔡斯（W. T. Chase）坚决要求把柯俊同志这篇文章译成英文，在美国学术杂志《东洋美术》（Arts Orientalis）上发表（见 Vol. Ⅵ，第 259~289 页，1979，密歇根）。在这以前，国外有些专家根据原简报，例如郑德坤教授在英国《考古》（Antiquity）杂志第 49 卷（1975，第 30 页），日本学者在日本《考古学ジセーナル》第 90 期（1974 年 1 月号，第 32 页）上，都说殷代中期已能炼铁，不过都指出这还未能做定论，因为有人（指我）持异议。后来柯俊教授的文章一出来，立即受到普遍的接受。这为中国冶金史和中国考古学两方面都解决了一个重要的问题。

　　以上我拉杂地谈了一大堆话。我所讲的实际上都不是"科学"，而是"历史掌故"。现在把它写下来，或者可以作为中国科技史的研究过程的历史资料的一点滴吧！

新疆新发现的古代丝织品

——绮、锦和刺绣[*]

最近（1959~1960年）在新疆维吾尔自治区的和阗东面的尼雅遗址和吐鲁番附近的阿斯塔那墓地，发现了东汉（25~220年）和北朝至唐初（6~7世纪）的丝织品遗物①。古代的织物，通常很难保存下来。这次的出土物是由于当地干燥的气候才得以保持完整。它们质料良好，颜色鲜明，是很宝贵的文物。

这两处都位于新疆境内古代"丝路"的沿线。汉代的"丝路"从关中的长安开始，穿过河西走廊和新疆的塔里木盆地，跨越过帕米尔高原，然后经过今日苏联的中亚各加盟国、阿富汗、伊朗、伊拉克和叙利亚，直达地中海东岸的港口安都奥克（Antioch，当即《魏略》之安谷城），全长七千来公里。古代希腊罗马人称我国为"丝国"。罗马地理学家斯脱拉波（公元前64~21年）引希腊史家亚波罗多刺斯的记载，公元前3世纪大夏国王拓土至塞里斯（丝国）②，可能当时已有丝绸商队往来于这条路上，所以西方也知道丝国之名。大约一个多世纪以后，在汉武帝时，张骞通西域，元朔三年（公元前126

---

* 本文原载《考古学报》1963年第1期，后加补注收入《考古学和科技史》一书（科学出版社，1979）。

① 发掘简报见《文物》1960年第6期，1962年第7、8期和《考古》1961年第3期。

② 张星烺：《中西交通史料汇编》第一册，辅仁大学图书馆，1930，第27~28页；赫贞（G. F. Hudson）：《欧洲与中国》（*Europe and China*），1931，第58~59页。

年）回来汇报西域各国情况①。此后，武帝对西域采取了积极的政策，于是这条"丝路"才全线畅通。不仅商人沿着这条"丝路"做丝绸的贸易，并且汉朝的朝廷，也常以锦、绣、绮、縠、杂缯，赠予外国的君王或使节②。这些丝织品是为人们所喜爱的。他们不仅生时穿着，连死亡后还用以随葬。我们在这"丝路"的沿线以及附近好些地点（图1），都曾发现过我国古代的丝织品，有许多便是墓葬中出土的③。这次发现的两个地点，也不是例外。

图1 发现中国古代丝织品的地点和"丝路"简图（部分）

公元前64年，罗马人侵占叙利亚之后，中国丝绸也大受罗马人欢迎。公元后几世纪，罗马城内多斯克斯区（Vicus Tuscus）还有专售中国丝绢的市场④。罗马时博物学家普林尼（23～79年）不仅提到

① 元朔三年，据《资治通鉴》卷一八；参阅桑原骘藏《张骞西征考》。
② 例如《汉书》卷九四《匈奴传》和卷九六《西域传》，《后汉书》卷八八《西域传》和卷八九《南匈奴列传》，都有这种记载。
③ 有关考古发现各地点的文献，可参阅西蒙斯（P. Simmons）《中国纺织物研究的新发展》，《远东博物馆馆刊》第28期，1956，第20页注一；鲁博-雷斯尼钦科（E. Лубо-Лесниченко）《中国古代丝织品和刺绣》（俄文版），列宁格勒，1961，第59页注1～8；梅原末治：《支那古代绢织物》，《东亚考古学概观》，1947，第96～101页。
④ 赫贞：《欧洲与中国》，第75页。

塞里斯（丝国），还说到该国以丝织成绢、锦，贩运至罗马。史家马赛里奴斯（公元 4 世纪）谈到中国的丝绢时，说"昔时吾国仅贵族始得衣之，而今则各级人民，无有等差，虽贱至走夫皂卒，莫不衣之矣"[1]。意大利境内气候潮湿，古代织物不易保存下来。但在当时罗马属下的埃及境内的卡乌和幼发拉底河中游的罗马边城杜拉-欧罗波，都曾发现公元 4 世纪左右时候由中国丝制成的织物。第 5 世纪以后，在罗马属下的埃及和叙利亚各地出土的利用中国丝在本地织制的丝织品更多[2]。这样更显得尼雅出土汉代丝织物的重要。

一

尼雅古城位于今民丰县城的北面，当为汉代的精绝国[3]。这里的出土物多属于公元 2~3 世纪，可确定年代的最晚的一件是晋泰始五年（269 年）的汉文木简[4]，可见是在公元 3 世纪时废弃的。1959 年10 月，新疆博物馆派了一个考古队到这古城遗址，发掘出汉五铢钱、汉镜、"佉卢文"木简、木制和铁制的工具和一些毛织品。更重要的发现是在这个古城的居住遗址西北约 3 公里的一座墓葬。我们这里所描述的丝织品，便是在这座墓葬中发现的。

这座墓葬中有一对夫妇，合葬在一具木棺中。从他们所穿的昂贵的丝绸服装来看，他们是属于上层统治阶级的。男的有长袍、裤、袜

---

① 张星烺：《中西交通史料汇编》第一册，第 31、33、70 页。
② 福贝斯（R. J. Forbes）：《古代技术研究》（英文版）第 4 卷，1956，第 54 页；发尔克（O. von Falke）：《丝织艺术史》（德文版）第一章《古典时代晚期丝织品》，1921 年修订版。
③ 据《汉书》卷九六上《西域传上》，精绝国东距且末国二千里，西通扜弥国四百六十里，扜弥国西通于阗国三百九十里。尼雅遗址在今且末与和阗之间，里数与之相近。《后汉书》卷八八《西域传》，谓精绝国曾一度为鄯善所并。斯坦因曾在尼雅发现汉代"鄯善都尉"的封泥，也可作为佐证。
④ 斯坦因：《西域考古记》，向达译，中华书局，1946，第 66 页。

和手套；女的有内上衣、外上衣、衬衣、裙子、袜子和袜带。另外还发现绸衣一件，用"延年益寿大宜子孙"锦制成的枕头两个，刺绣的镜套和粉袋各一个，单色的盖尸绸二件和一些白地蓝印花的织物残片。

我只看到三片织锦的小块残片的原物，此外，还有一些实物的照片。在本文的修改过程中①。我看到武敏同志对于这批丝织品的研究②。她在新疆可以接触到全部的标本，就实物做观察，所以她的研究结果，对于我的修改工作，帮助很大。我这里只提出几件特别可注意的标本，加以描述，并探索它们的织造技术。

尼雅出土的裙子残件，是用原色（现已变黄）汉绮③裁制而成的（图2）。汉绮的地纹的织法，都是平纹组织。经线的枚数常是纬线的二倍或三倍左右（我们这件标本根据原大照片，每平方厘米有经六

① 本文的初稿，发表于《中国建设》（英文版）第11卷第1期（1962年1月），第40~42页。

② 武敏：《新疆出土汉—唐丝织品初探》，《文物》1962年第7、8期。

③ 这是一种暗花绸。有人根据元人戴侗《六书故》的解释，以为"织采为纹曰锦，织素为纹曰绮"，称这种暗花绸为"绮"。这是一个合理的假设。但这所根据的仍只是后人推测的话。许慎《说文解字》谓"绮，文缯也"。就是说，绮是有花纹的丝织品，并没有指明它是织素为纹。古书中有"七绮"（见《太平御览》卷八一六引《晋令》）及"七杯文绮"（见《太平御览》卷一四九、六九五、七〇七引《晋东宫旧事》）。汉刘熙《释名》卷四，释帛，说："绮，欹也。其文欹邪，不顺经纬之纵横也。有杯文，形似杯也。……其色相间，皆横终幅。"似乎汉时以为绮的特征，并不在单色或多色，而在于纹织的结构。日本人现仍称彩色花纹的斜纹织物为"绮"（如《世界美术全集》第13卷，图七一"双鱼纹绮"，角川书店，1962）。《释名》中所说的"其文欹邪"及"杯文"二语中的"文"字，都指花纹。前者指花纹的组织，即斜纹显花，后者指花纹的形状，其形似杯。汉绮的地纹，一般都是平纹组织（包括畦纹）或罗纹组织，没有作斜纹组织的。汉人常以"绮、縠"连称。后者似指绉纱或"方目纱"，即"素罗"，"绮"，可能指起花的"纹罗"。隋唐时代，以斜纹为地纹的花绫，逐渐盛行，取平织为地纹的花绮的地位而代之。这时"绮""绫"二字有时混淆使用。初唐颜师古注《汉书》，谓"绮、文缯也，即今之细绫也"（卷一《高祖纪》八年条和卷二八下《地理志下》齐国条）。没有花纹的素白的斜纹织物，便称为"白绫"。《唐书》的《地理志》中，各地土贡，有绫、花绫、文绫，也有绮，但绫多绮少。这文中虽沿用汉绮一名，但是这种暗花绸是否即汉代的"绮"，我以为还需要更多的证据，才能完全确定。

六枚、纬一八至一九枚）①。因为经线较细密，纬线较稀松，所以织物地纹表面便显呈由经线所组成的水平横行的凸纹，纺织学上称为畦纹②。

至于图案花纹的组织法，都是以经线起花（Warp Patterned）。它们和地纹的组织却不相同。汉代用素地起花的组织法，主要的是下列两种。

（1）类似经斜纹组织（Warp twill），便是将地纹平织的经线和纬线的交织，由一上一下，改成为三上一下（即 3/1 斜纹组织）。相邻的二枚经线，它们和纬线的交织点，像阶梯一样斜出，呈现了连续倾斜的对角线状态。而这一整片的斜纹组织，由于经线的浮长线关系，便由平织的地纹上突出来，构成了织物的花纹。织物的背面，便由纬线构成了同样的图案花纹［图3：甲（1）和甲（2）］。这种织物如果它的横幅面不宽，经线不多，或者花纹不复繁，是可以不用综框的，而用一根细杆以挑起经线形成梭口；否则，那便需要二片以上的综框了。以图中的织物为例，地纹是用第1、2两片，花纹是用第3~6等四片［图3：丙（1）或丙（2）的各横行］。后者是可以有两种不同的穿法和提起法，丙（1）的穿法是把地纹的和花纹的区分开

---

① 这件即武敏文中织绮标本第二号菱纹绮，但她的文中以为经六六枚纬三六枚（第75页），纬线枚数和照片上所看到的相差一倍，不知是否由于使用双纬，即每一梭口穿过两枚纬线。在照片上不容易识别出它们是双纬或单纬，我是暂定它为单纬来计算的。

② "畦纹"，俄文 penc，英文 rep 或 rib，日文畦纹、亩纹。现今多译为"重平组织"或"凸纹"。就织物的外观效应而言，表面显呈一道道平行的凸纹，形似菜畦。就组织结构而言，它可能是简单的平纹组织，也可能是平织变化组织中的重平组织。前者由于经纬线密度不相等，有时又加以经纬的粗细不同，使表面显现凸纹；后者由于将平纹组织加以变化，将经线或纬线的单独组织点（浮点）延长到两点或两点以上（浮长线），这样也形成了凸纹。二者的外观效应是一样的。也有人将"畦纹"一名的应用限于后者。依照凸纹的方向，又分为"经畦纹"和"纬畦纹"。前者纺织学上一般指依经线方向凸起的"经向"（纵向）畦纹；但是西尔凡（V. Sylwan）故意违背惯例，用以指由"经线"组成的横向畦纹。这一般是称为"纬畦纹"的［西尔凡：《额济纳河和罗布淖尔出土的丝织物研究》（英文版），1949，第92~93、112页］。这样在名词使用上造成一定的混乱。

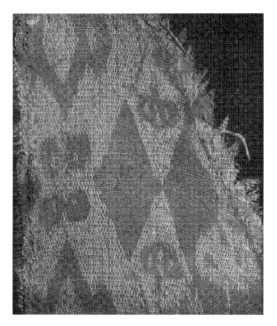

图 2　尼雅出土的汉代菱纹绮

来。起花纹时可以仅只提起第 3～6 等有关花纹的综框中的一片；丙
（2）的穿法，起花纹时便需要除了第 3～6 等的综框中的一片之外，
还要同时提起有关地纹的第 1、2 两片中的一片。为了构成所需要的
花纹，这二者的提起综框的顺序，却仍是一样的。以我们的图中花纹
为例，十五个梭口在提综图上提起的顺序应该是 1、2、3、4、5、6、
3、4、5、6、3、4、5、2、1（参阅图 3：丙，提综图说明）。在织法
上，这实际上仍是平纹组织，不过将一部分经线的浮点变成浮线，是
一种平纹的变化组织，并不是真正的斜纹组织。据现在我们所知道
的，殷商时代的丝织品中便已有了平纹组织的地纹上织出这第（1）
类的经斜纹的菱形图案的花纹（图 4）①。

①　西尔凡：《额济纳河和罗布淖尔出土的丝织物研究》（英文版），1949，第 107～
108 页，图五五；又论文《殷代丝织物》，《远东博物馆馆刊》第 9 卷，1937。

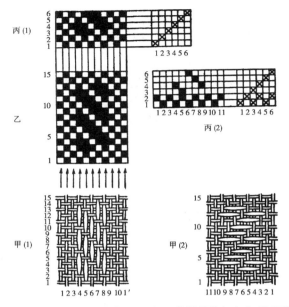

图3 汉绮第（1）类显花组织法（类似斜纹组织）的织造图

说明：甲——结构图（纵者为经，横者为纬）；甲（1）为正面；甲
（2）为背面；乙——组织图（每一黑格表示浮于纬线之上的经线）；丙
（1）——一种可能的穿综图和提综图；丙（2）——另一种可能的穿综
图和提综图。穿综图上每一横行代表一片综框，每一纵行代表与组织图
（即乙）中相应的一根经线。为了表示穿入某一片综框的各根丝线，便
将代表这综框的那一横行中的相应的经线格子填黑。提综图中每一横行
也代表一片综框，而与穿综图上相适应的那片综框相对应；每一纵行中
有×为记的格子，表示每投入一根纬线而形成梭口时所须提起的某一片
或某几片综框。提综图相当于近代织机的"纹板图"。

　　汉代盛行下面所说的第（2）类的"汉式组织"，但是第（1）
类的斜纹组织花纹的丝织品，在罗布淖尔（楼兰遗址）和额济纳河
（居延塞的烽燧）的汉代遗址中都仍有出土。唐时也还盛行①。蒙古
人民共和国的诺音乌拉汉代匈奴墓中和苏联克里米亚半岛上的公元第

──────────

① 西尔凡：《额济纳河和罗布淖尔出土的丝织物研究》（英文版），1949，第108页
（Lop. 35∶2；A. 41∶3, 18）；卫礼泽（W. Willetts）：《中国艺术》（英文版），第
244页，图版二〇（b），1958。

图 4　殷商时代的绮的组织图（依西尔凡）

1 世纪刻赤遗址中也都有发现（图 5）①。后者是在 1942 年出土的，可算是近世最早发现的汉代丝织品了。无论就花纹图案方面或者织造技术方面而言，都可看出它们是从殷代到汉代一脉相承的。有人以为这种用经斜纹起花是北朝至唐初的织纹组织的特点，汉绮都是用下面所说的第（2）类组织（"经畦纹"或"汉式组织"）起花，没有用这种第（1）类经斜纹起花的②。这种说法是不正确的。

（2）第（2）类组织可称之为"汉式组织"③。每一根组成斜纹

---

① 鲁博-雷斯尼钦科：《中国古代丝织品和刺绣》（俄文版），图版I，1 等（MP2111、MP1068、MP1403、MP1804、Л.，1842~1883）；星刻主编《技术史》（C. Singer, ed, *A History of Technology*），第 3 卷，第 8 章（J. F. 法拉内干撰），第 201~202 页，图 136。

② 武敏：《新疆出土汉—唐丝织品初探》，《文物》1962 年第 7、8 期，第 68 页，图五。

③ 这种组织，现代织物中很少使用。20 世纪 20 年代英人安德鲁斯（F. H. Andrews）研究斯坦因的新疆出土汉代丝织物，没有注意到这种组织的特点，只称之为"经畦纹组织"（Warp rib weave），说它地纹用短浮线，花纹用长浮线。显然楼兰出土的标本如 L. C. vii 09 等便是属于这一类（*Burlington Magazine*，第 37 卷第 210 期，1920，第 147 页）。30 年代法国人普非斯忒（R. Pfister）研究帕尔米拉（Palmyra）出土的汉代丝织物，才注意到它的特点，并定名为"汉式组织"（armure Han 或 Han weave），见查理斯顿（R. J. Charleston）《汉代暗花绸》，《东方美术》（*Oriental Art*）1948 年第 1 期，第 63 页脚注一。后来瑞典人西尔凡也注意它的特点，因为这组织的外观效应有点和她所谓"经畦纹"的相近似，所以她称它为"经畦纹"（warp rep），《额济纳河和罗布淖尔出土的丝织物研究》，1949，第 14、93、103~104 页，图五〇。武敏文中也采用这名词（《新疆出土汉—唐丝织品初探》，《文物》1962 年第 7、8 期，第 68 页）。这种组织和纺织学上一般所谓"经畦纹"的（见前关于"畦纹"的注），显然不是一回事。我以为似以暂用"汉式组织"一名为妥。如果为了把它与汉锦的组织相区分，我以为也许可以改称为"汉式绮组织"。

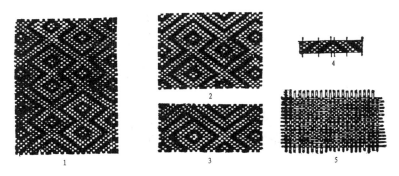

图 5 克里米亚半岛刻赤出土的汉绮

1. 主要花纹 2、3. 碎片上的花纹 4. 花纹的循环单元 5. 织物的结构图 （依据法拉内干）

组织上浮线的经线，它的相毗邻的另一根经线，都是一上一下的平纹组织，所以相邻的二根经线在织物表面显呈一系列的卜字形的单元。这可以说斜纹和平纹的混合，但实质上是一种平纹组织，不过提起一部分经线使成花纹而已。应该认为它是平纹的变化组织的一种。这似乎是由前一种改进而来的。这样增添一组平纹组织的经线，可以增加织物的坚牢度，但又不影响花纹的外观。在织物的正面，斜纹组织的经线因为浮线比平纹的约长三倍；这些较长的浮线有松散的余地，加之我们这些丝经线是弱拈的，所以便松散开来遮住两旁相邻的平织的经线［图 6：甲（1）］。粗看时，它们好像和上述的第（1）类的斜纹组织相同。但细加观察便可看出二者之间的区别。再就织物背面来看［图 6：甲（2）］，因为隔三根纬线的各对相邻的平纹组织的经线向中间靠拢（即向斜纹组织的经线的浮线后面靠拢），所以背面的纬线的浮线较短，不像第（1）类组织那样地在背面显呈和正面相同的但由纬线的浮长线组成的清楚的花纹。这样的织法也可以增加织物的坚牢度。如果使用综框，这种织法的穿综法应如图 5：丙。地纹部分相间地使用第 1、2 两片，花纹部分相间地或使用第 1 片，或同时使用第 2 片和第 n 片［图 6：丙（2）］。n 代表一片以上的不同的综框。每一织物所需要的片数，各片的穿综法，以及每次所须要提起的是第几片，这些都要依据织物的花纹图案来确定。以我们的图为例[图6：丙（1）]，除平纹组织的第1、2两片以外，还需要两片综框，即第3~4片。十四个梭口的提综的顺序是第1、2、1、2加3、1、2加4、1、2加3、1、2加4、1、2加3、1、2。如果全部是花纹，那么提综的顺序如图6：丙（2），即第1、2加n片，循环不已（n代表不同的综框）。

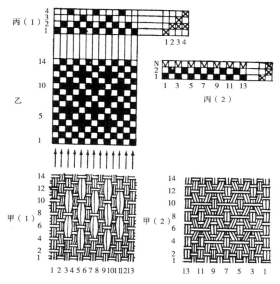

图6 汉绮第（2）类显花组织法（"汉式组织"）的织造图

说明（参阅图3的说明）：甲——结构图；甲（1）为正面；甲（2）为背面；乙——组织图；丙（1）——一种可能的穿综图和提综图；丙（2）——花纹部分一种可能的穿综图和提综图（N代表不同的综框；v代表有关的各经线，依照织物花纹图案的需要，决定提升与否；×代表所须提起的综）。

我们这一标本（图2），便是属于这第（2）类的组织。它的花纹可以部分地复原如图7。它主要的是大型的菱形，菱形内部又包含有树叶纹；而菱形之间的空隙处，又点缀以心形的树叶纹。

图 7 尼雅出土汉绮的花纹复原图

说明：每一长方形格子代表浮于三根纬线以上的经线。花纹部分两道经线之间原有一道平纹组织的经线，图中略去，以便使花纹显得更清楚。

花纹组织循环的每一单元（Pattern repeat），计高 3.9 厘米，宽度现存可复原的部分约 8.2 厘米。这样，每一花纹组织的循环单元 72 根，经线残留部分有 500 根左右（图中绘出 247 根×2＝494 根）。一般汉代素绢幅宽为汉尺 2.2 尺，即 50.38 厘米；实物资料证明为 45～50 厘米。有花纹的丝织物（包括汉绮和彩锦）是 35～48 厘米①。如果我们这一标本原来幅宽为 40 厘米，那么经线数当达 2500 根左右。这样的幅宽和经数，再加以花纹的繁复，织时是需要综框的，不能依靠手执一根细杆来挑起所需要提升的经线。经线的密度达每厘米 66 根，为了避免经线的纠缠，可能已使用筘子②。像我们这件标本，可能是每一筘齿穿过两根经线。在照片和复原图中，我们可以看出组成花纹的一系列经线中有时缺少了一根，只剩它的毗邻的一长列的平纹组织点。我们这一件标本有两处出现这种毛病。

这件标本的花纹循环单元包括有 72 根纬线。依照上面所分析过的组织图和穿综图，奇数的纬线都要穿过提起第 1 片综的梭口，偶数的纬线却是穿过那些提起不同穿法的各片综框的梭口。这样，这件标本除了第 1、2 两片之外，还需要 36 片，一共是 38 综。《三国志·杜夔传》注说，当时绫机有五十综或六十综的③。这么多的综框，是无法全数使用脚踏的"蹑"。除了地纹的第 1、2 两片（即"前综"）仍可由坐织者使用踏蹑来管理之外，其余的数十片提花综恐需要另一人站在旁边或花楼上，依着顺序提起所需要的综。虽不会已有像近代那样结构复杂的提花机，但当时一定已有简单的提花设备。后汉时王逸（2 世纪）所撰的《机妇赋》中所描述的织机便是一种提花机④。

---

① 西尔凡：《额济纳河和罗布淖尔出土的丝织物研究》（英文版），1949，第 94～96 页。
② 汉代文献中似乎已有用筘穿经打纬的痕迹，见孙毓棠《战国秦汉时代纺织业技术的进步》，《历史研究》1963 年第 3 期，第 157 页。
③ 《三国志·魏书》卷二九，百衲本，总第 4505 页。
④ 《机妇赋》，见《艺文类聚》卷六五。《太平御览》卷八二五也曾收入，但赋名脱落"妇"字。这段描写提花机的文字的诠释，可参阅前引孙毓棠文，第 158～159 页。

这种"汉式组织"的汉绮，曾在下列各处发现：罗布淖尔①、诺音乌拉②和叙利亚的帕尔米拉③。最后一处的发现，意义更大，因为它是在离地中海不远的地方，正是当时的"丝路"上靠近西端的一个贸易都市。1933年和1937年在这里所发掘的古墓中，出土了好几件"汉式组织"的暗花绮。这些墓葬的年代是公元83～273年。虽然曾有些人不同意这些是当时中国制成输出的，但是就制作技术和花纹图案而言，可以肯定是东汉或稍晚在我国制成后输出的。普非斯忒便是由于研究这批标本，发现了它们织法的特点而取名为"汉式组织"的。至于花纹方面，由附图（图8、图9）中便可以看得出它们和我们这次尼雅东汉墓出土的，实属风格相同，题材也类似（尼雅出土也有鸟兽纹的)④。这些图案中一个重要的组成元素是菱形纹。因为花纹部分的"汉式组织"是和斜纹组织相似，交织点成一斜线，所以这种组织适合于利用不同方向的斜线所组成的菱形纹。汉代菱形纹有各种不同的变体，比较常见的是一个菱形的两侧附加不完整的较小菱形各一个。这有些像汉代附有两耳的漆杯。古代文献中所谓"七杯文绮"⑤的"杯文"，或便是指此。这种复合的菱形纹，在信阳和长沙楚墓中出

① 西尔凡：《额济纳河和罗布淖尔出土的丝织物研究》，1949，第104～105页（34：40a，40b；34：47）；斯坦因：《亚洲腹地》（英文版），1928，第238、257页，图版XL（L. C. VII. 09）。
② 鲁博-雷斯尼钦科：《中国古代丝织品和刺绣》（俄文版），第9页（MP1013）。
③ 普非斯忒（R. Pfister）：《帕尔米拉出土的汉代丝织物》，《亚洲美术评论》（法文）第13卷（1939～1942）第2期，第67～77页，图三、图五和图版X（S9，S39）；查理斯顿：《汉代暗花绸》，《东方美术》（英文）1948年第1期，第65、70页，图八至图版一〇（S 39）。
④ 武敏：《新疆出土汉—唐丝织品初探》，《文物》1962年第7、8期，第67、68页，图四"鸟兽葡萄纹"。
⑤ 《太平御览》卷一四九、六九五引《东宫旧事》（中华书局影印本，1960）。又刘熙《释名》卷四，释帛，"有杯文，形似杯也"（《万有文库》本《释名疏证补》，第223页）。

土的东周时代丝织物中便已有了①；同时，在战国和汉初的铜镜花纹中也是常见的。至于树叶纹或柿蒂纹也是汉镜花纹经常采用的②。

图 8　叙利亚帕尔米拉出土的中国汉绮花纹（标本号：S 9）

图 9　叙利亚帕尔米拉出土的中国汉绮花纹（标本号：S 39）

二

汉代的丝织物中更为令人喜爱的是五色缤纷的彩锦。这次尼雅发现的汉锦，最精美的是一件男人的锦袍。为了更好地了解汉锦的特点，我们先就它的织法作比较详细的说明。汉锦利用不同颜色的经线起花。它的组织技术是所谓"经线起花的平纹重组织"（Warp－

① 中国科学院考古研究所编著《长沙发掘报告》，科学出版社，1957，第64页，图版叁壹：3；图版叁叁甲：2；复原图见沈从文、王家树编《中国丝绸图案》，中国古典艺术出版社，1957，第一图；河南省文化局文物工作队编《河南信阳楚墓出土文物图录》，河南人民出版社，1959，图版一七〇、图版一七一。
② 中国科学院考古研究所编著《长沙发掘报告》，图版贰壹：4。

Patterned compound cloth weave)①，如果拿它和汉代暗花绮相比较，二者的相同点是：它们基本上都是平纹组织和都是采用经线起花（并且都是由卜字形单元组成）。它的主要特异点是：它采用"重组织"（即"复合组织"），由两组或两组以上的经线和一组纬线更迭交织而成。经线依其作用可分为表经和里经，表经的一组有长浮线遮盖住里经的浮点使不露于织物表面。为了配色起见，同一根经线依花纹的需要可以有时作为表经，有时作为里经。其次是：它的纬线虽只有一组，却可依其作用分为交织纬（binding weft 或明纬）和夹纬（interior weft）。另一特点是，不像暗花绮采用两种不同的组织分别织制地纹和花纹，汉锦只用一种组织而依靠经线颜色的配合来显呈花纹。纬线一般和织物的地色相同，原则上并不露出表面。所以论汉锦颜色的多寡，并不将纬色考虑进去。

现在先就两色的汉锦来说，它是由两组不同颜色的经线织成的。图 9 的甲和乙表示这种织物的结构图和切面图。纬线在图中为了表示

---

① 这种织法有不同的名称。安德鲁斯研究斯坦因在新疆所得的汉锦，首次注意到汉锦组织的这种特点，称之为"经畦纹"组织（Warp rib weave），因为它的经线由于经线密于纬线而起着畦纹的效应（*Burlington Magazine*，第 37 卷第 210 号，第 150 页，1920）。后来西尔凡在《丝织物研究》（1949）一书中称之为"复合组织的经畦纹"（Compound warp rep），因为它是一种复合组织（即重组织），地线以经线起畦纹效应（第 93、112 页）。武敏的《新疆出土汉—唐丝织品初探》（《文物》1962 年第 7、8 期）文中也采取"经畦纹"一名。本书关于"畦纹的注中"说过，纺织学上一般所说的"经畦纹"，和这并不切合。R. G. Shepherd 以为它是两面花纹的平纹组织（Double-faced cloth weave），而不是"重组织"，见《东方艺术》（*Arts Orientalis*）第 2 卷，1957，第 611 页。但是这种织物在交织纬的上面或下面是有表经和里经两层；所以仍应视为"重组织"。卫礼泽（W. Willetts）以为它是暗花绮一样的两面组织（double type），又以为两面组织便是"重组织"（compound type）《中国艺术》（英文版），1958，第 251 页）。这似乎将两种不同的组织混为一谈。暗花绮并不是"重组织"，和彩锦不同。劳利（J. Lowry）称它为"彩色的汉式组织"（Polychrome Han-weave），或简称为"汉式组织"［见其《汉代织物》，《东方美术》（*Oriental Art*）第 6 卷第 2 期，1960，第 67 页］，也是将二者混而为一。或可称为"汉锦组织"，以别于本书第 42 页注①所说的"汉式绮组织"。

它的两种不同作用而分作粗细不同的两种，实则可能是缠在梭子上的同一根线。在织物上，奇数的纬线（包括纬线 C）都是交织纬，在图中左下角可以看得出来，它们和各枚经线交织成平纹组织。偶数的纬线（包括纬线 D）都是夹纬，夹在正面的一组经线和背面的一组经线之间，在组织结构上不起交织的作用，只是便于提花，便是使不同颜色的两组经线互换位置为表经而组成花纹，同时也使花纹中同一颜色的经浮线加长而不失织物的坚固性，所以也称它为"花纹纬"。至于经线有 A、B 两组，在图中 A（1~8）为黑色，B（Ⅰ~Ⅷ）为白色。每组各一根（即 1 和Ⅰ 2 和Ⅱ等）成为一对。这一对除了在交换花纹的颜色处以外都是用一根作为表经，有三浮一沉的长浮线，而另一根作为里经只有一浮点，所以每一对的浮线和浮点成为卜字形的单元 ［图 10：丙（1）］，与上面所说的暗花绮的花纹部分的"汉式组织"的卜字形单元，实相类似①。由丙（2）和丙（3），可以看出底纹部分的表、里经的基础组织，虽显呈 3/1 和 1/3 的斜纹效应，但是它们的"飞数"（即两邻经线相应浮点间的隔离）是 2 而不是 1，所以在织法上不是斜纹组织，而仍是平纹组织；不过增加了夹纬（横行 2 和 4）使成为平纹的变化组织；如专就交织纬（横行 1 和 3）而言，那么仍是普通平纹。汉锦是"重组织"，里经的浮点被遮盖在表经的浮长线的下面。交织后，表经在织物背面仅有一浮点，而里经在背面却有三上一下的浮长线，遮盖住表经的浮点。所以二色配花的汉锦，它的背面和正面颜色相反，而花纹相同。在变换颜色的地方，有关的经线只浮过两根纬线；这种短的浮线或在织物正面 ［如图 10：乙（1），纵切面图第 7—Ⅶ行经线］，或在背面（同上，第 8—Ⅷ行经线），依花纹的需要而定。因之，每相邻的两行花纹经线相应组织点

---

① 劳利（J. Lowry）：《汉代织物》，《东方美术》（*Oriental Art*）第 6 卷第 2 期，1960，第 67~71 页。

间的隔离可以是 2，也可以是 1，不像暗花绮的"汉式组织"全部是
2。织成后的效果是，汉锦的花纹的轮廓线显得较为柔和平整，而汉
绮的轮廓线却显得较为生硬并且常显呈细锯齿线。汉锦大量采用流利
的流云纹和细部繁复的纹样，也由于这种技术改进的缘故。所以有人
认为汉锦的织法是在暗花绮的"汉式组织"的基础上进一步的发
展①。但是后来它们是同时存在的不同织法所制织的两种织物，而汉
锦似较为盛行。

　　两色汉锦的具体织法，可能是有如下述：两组不同颜色的经线各
取一根成为一对或一副（表经和里经）②，穿综时以"对"为单位。
综有起交织作用的交织综和起显花作用的提花综二种。前者可能用二
片综框（即所谓"前综"），将偶数的各对经线（2—Ⅱ、4—Ⅳ等）
都穿入第 1 片综框内，奇数的各对经线（1—Ⅰ、3—Ⅲ等）都穿入第 2
片综框内。提花综的数目和各片提花综的穿法，要依各织物的花纹来
决定。我们的图中是使用第 3 至 7 等五片提花综。提花综的穿法与交
织综的不同处，是每一对表、里经线中只有作为表经的一根穿过提花
综，而不论奇数或偶数的各对经数，都需要有一根作为表经穿过它。
至于哪一种颜色的经线作为表经，这里视花纹的需要而决定〔图 10：
丙（1）〕。织制时，交织综框（假定是二片），一般是放在提花综和
坐织者之间（所以也称为"前综"），可以由坐织者以脚踏控制；但
提花综一般都是片数很多，便需要另一人提花。提花综一般不用硬综
框，而使用提花线（drawcords），将有关的各提花线总为一束，其作
用和综框相同，所以我们在这里仍称它为"综"。当织入第一根交织

　　① 卫礼泽：《中国艺术》（英文版），1958，第 252 页；西尔凡：《额济纳河和罗布淖
　　　尔出土的丝织物研究》（英文版），1949，第 114 页。
　　② 武敏《新疆出土汉—唐丝织品初探》（《文物》1962 年第 7、8 期）文中称之为
　　　"一枚"，实则这是由几个个体组成的一组。"枚"字一般指一个个体，"组"又和
　　　依颜色和作用分组的组相混淆，所以这文中称之为"对"或"副"。二根表里为
　　　一"对"，二根以上为一"副"。

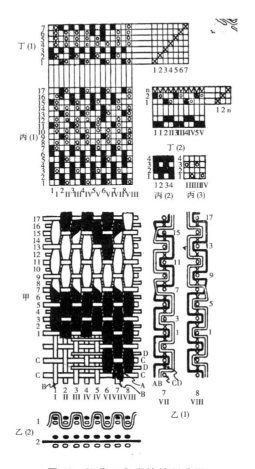

图 10　汉代二色彩锦的制造图

说明（参阅图 3 的说明）：甲——结构图（左下角切除去表经 A 或 B，以揭露夹纬 D、里经 B 或 A 和交织物 C 的关系）；乙（1）——纵切面（A 即黑经，B 即白经，C 即○、交织物，D 即×、夹纬）；乙（2）——横切面；丙（1）——组织图（1~8 为黑色经线，黑色方格代表浮于纬线上的黑色经线；I~Ⅷ为白色经线，小圆圈代表浮于纬线上的白色经线）；丙（2）——底纹部分表经的基础组织；丙（3）——底纹部分的里经的基础组织；丁（1）——一种可能的穿综图（左）和提综图（右）；丁（2）——另一种可能的穿综图（左上。1~2 两横行为前综，即交织综，n 代表不同的提花综，V 代表有关的经线，每对经线每次必须提起一根，依织物花纹决定提起哪根）和提综图（右）和穿筘图（左下，横行黑方格数等于一个筘齿内的经线穿入数。相邻的两筘齿用两横格来表示）。

纬时，提起第 1 片综框（交织综）。织入第二根交织纬（这是图中第 3 根；图中是依全部纬线计算，即包括夹纬一起计算），须提起第 2 片综框。每相隔三根纬线便使用同样的综框一次。图中第 1、5、9、13、17 纬线都使用第 1 片综；第 3、7、11、15 纬线都使用第 2 片综，这样便组成了平纹组织。就顺序而言，每一次织入交织纬之后，需要接着织入一根夹纬，这需要放下"交织综"，提升"提花综"。在整片单色的部分，织入夹纬时需要提起所有同色的表经，即提升第 3（黑色）或第 4（白色）综。图中第 2、4、6 纬在全部黑色部分，需要使用第 3 综；第 8、10 纬在全部白色部分，使用第 4 综。至于由不同颜色组成的部分，便须依照需要而提升不同的各提花综（如第 5 至 7 综）。提综图［图 10：丁（1）］中提综的顺序，参照组织图［图 10：丙（1）］，应该是（1、3），（2、3），（1、3）（2、4），（1、4），（2、5），（1、6），（2、7）。总括起来，可以用图丁（2）来表示，n 代表不同的提花综。提综顺序是 1、n、2、n。就提综的程序而言，一个"提花综"放下后，便要提升一个"交织综"，这将使前一步已成浮线的经线延长成为浮长线，同时将其余的经线和纬线作成交织。这"交织综"放下后，便提升另一"提花综"，这常常是提起了前一"提花综"所已提过的花纹经线，同时又提起新的一组花纹经线。这样便将前一步成为浮线的经线完成为三上的浮线而结束，同时又开始提升另外一系列新的浮线。如果当时已有筘，应将每对表、里经在穿综后再穿过同一筘齿，这样不但可以使经线排列得疏密均匀，并且也使里经易于隐藏于表经的底下，不会露出［图 10：丁（2）］。

三色汉锦的织法，基本上是和二色的完全相同。依照颜色的差异，可将经线分作三组（图 11 中的 1~6，I~Ⅵ，i~iv）。其中一组作为表经时，其他两组即作为里经。里经虽有两种颜色的经线，但在组织结构上，它们只是作为一层。换言之，这里仍只有表、里二层经线，并没有表、中、里三层①。在这种意义来讲，它们仍然是"经二重组织"。三组经线各取一根作为一副（例如图 11 中的 1—I—i 或 2—Ⅱ—ii 等），将奇、偶数的各副分别穿入第 1、2 片交织框中；又依花纹的需要将各副中提出一根穿入各提花综中。如果有筘，再将每副的三根穿入同一筘齿中。提综的顺序是 1、n、2、n。这些都是和二色汉锦相同的，观图自明（图 11）。它和后者的主要异点是：①织物的背面因为露在背后表面的经浮线是由两组不同颜色的经线组成，所以颜色杂乱，轮廓线模糊，不像二色汉锦的背面也是花纹清楚，仅和正面的相反而已。有人以为汉锦都是背面也有清楚的花纹，并认为这是汉锦比汉代暗花绮较进步的优点之一②。这种说法只适用于二色汉锦，对于三色或三色以上的汉锦而言，这是不正确的。②这里作为表经的经线，因为和"交织纬"隔着两根里经，不像二色锦只隔着一根，故显得松懈一些，不像后者的紧凑，因之有时遮盖不住它下面的里经或纬线。

在理论上言，四色和四色以上的汉锦，可以采用四组和四组以上的不同颜色的经线来织制。但是因为表经只有一组，其余的都作为里经。里经的组数如果过多，便会使表经的浮线过于松懈。这样的织物不但不坚牢，并且因为隐藏不住过多的里经，花纹也变成凌乱和模糊。所以汉锦一般是使用二色或三色的组织法。如果需要四色或四色以上，便需要采用分区的方法。在同一区中很少使用四色，迄今未见四色以上的③。分区的方法是在整个幅面上将经线分为若干区，每区中一般有三种不同颜色的三组经线。就整个幅面而言，它便可以多达

---

① 武敏《新疆出土汉—唐丝织品初探》（《文物》1962 年第 7、8 期）文中说它们有三层经线；又说一层为地色，一层为图案边缘，一层为图案的花色（第 64～65 页）；似乎将结构层次和图案配色混为一谈。

② 卫礼泽：《中国艺术》（英文版），1958，第 252 页。

③ 西尔凡：《额济纳河和罗布淖尔出土的丝织物研究》，1949，第 112、172 页（西尔凡说，文献有"五色锦曰彩"，但实物未见）。

四色甚至于五色以上了。

我们这件标本①便是采用这种分区法的三色汉锦织法织制的。虽然一共有五色：绛、白、绛紫、淡蓝、油绿，但是每一区中却不超过三色。就图版中的那一部分为例，由右而左，依经线的垂直线条可分为十二区。每区都有绛和白二色，此外第三色分别为绛紫、淡蓝、油绿等。所以它的织法仍是每区采用三组不同颜色的经线。依原大照片来量，正面显现的经线密度每厘米约56根，纬线25至26根②。由于它是三组经线的"重组织"，所以实际上每厘米有经线168根。

这件标本的花纹循环（pattern repeat），纬线循环约3.9厘米，经线循环似横贯全幅，当在35厘米以上。我们知道，斯坦因在罗布淖尔所发现的"韩仁"锦（L.C.07a），连同幅边共宽45.7厘米，经线循环也是横贯全幅的③。就织法而言，我们这标本的每一纬线循环中约有100根纬，其中半数是提花纬（即夹纬）。所以除去使用二片交织综框以外，还需要提花综50综左右（"纬线循环"即每一花纹单元的高，是经方向的）。

花纹的图案，如果除去铭文"万世如意"四字，每一单元的经线循环约15.7厘米。就现存的部分而言，从右侧开始，有一组流利的云纹，主干作侧卧的Z字形，末尾又向上蜗卷。在这主干的两侧，凸出的部分附着以如意头形的卷云纹，而凹进的部分附着以叉刺形的"茱萸纹"。本文中所谓"茱萸纹"，是指轮廓线有点像茱萸叶子的一

---

① 又见《文物》1960年第6期，第5页，图一；第6页，图七；1962年第7、8期合刊封面。

② 武敏的《新疆出土汉—唐丝织品初探》（《文物》1962年第7、8期）一文中以为纬线26枚，经线38枚。后者颇有出入，不知何故。

③ 斯坦因：《亚洲腹地》，图版XXXIV。又见沈从文、王家树编《中国丝绸图案》，第二图。

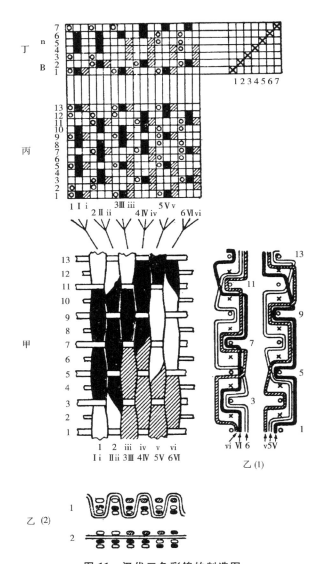

图 11　汉代三色彩锦的制造图

说明（参阅图 3 和图 10 的说明）：甲——结构图；乙（1）——纵切面图；乙（2）——横切面图；丙——组织图（1~6 为白经，白色圆圈代表浮于纬线上的白经；Ⅰ~Ⅵ为黑经，黑色方格代表浮于纬线上的黑经；i~vi 为红经，斜线方格代表浮于纬线之上的红经）；丁——一种可能的穿综图（左）和提综图（右）；B（即 1~2 横行）代表"前综"即"交织综"，n（3~7 等横行）代表不同的提花综。

种花纹①。它是由互相平行的三至四根上粗下细的曲线与一群二至四个螺旋纹所组成，形似叉刺，上端由一根叶柄般的短线和云纹的主体相连接。主体的尾部都有隶书铭文一字。这组云纹的左边，又是一组侧卧的 C 字形的云纹，末尾作箭头形，主干两侧附着一些螺旋纹和三个"茱萸纹"，后者有两个下垂、一个横放。再接着又是一组竖立的 S 形的卷云纹。这一组除了螺旋纹之外，末尾附着一个简化了的"茱萸纹"。图案的单元到这里为止，再向左，便循环重复一遍，不过隶书铭文的位置相同而文字有异。第一循环是"万世"二字，第二循环是"如意"二字，第三循环仅保存开端部分，似乎没有铭文。如果这件织物的横幅包括三个整个的花纹循环，再加上两侧幅边，它的幅阔当在 47 厘米左右。各个循环中彩条的配色，并不相同。

就配色而言，这件标本以绛紫色为地。《三国志·魏书·东夷传》所说的赐倭女王"绛地交龙锦五匹"②，似乎便是指这种地色。这是汉锦中比较常见的地色。花纹由其他四色组成。白色的特别作用是作为隶书铭文和一部分卷云纹的镶边，使文字和花纹突出显明，但它有时也单独作为花纹的线条。绛紫、淡蓝和油绿三色都是作为花纹的线条，有的两侧以白色镶边，有的没有镶边。它们的分布是依上面

---

① 《邺中记》(《说郛》本) 所列举的石虎织锦署各种锦名，有"登高""明光""茱萸""交龙"等，前二者当指织纹中的文字，后二者当指花纹。古人以为茱萸可以辟恶，或因此被采用为花纹。其叶形椭圆或蛋形而末尾尖锐，我们这种图案和它形近，可能便是古代茱萸纹。不能十分肯定，所以用引号以示慎重。安德鲁斯称它为"叉刺纹"(pronged element)。西尔凡称它为"叉形纹"(fork motif)，并且以很长的篇幅来讨论它的来源和意义，以为由"羽翼纹"(wing motif) 变化而来的 (《额济纳河和罗布淖尔出土的丝织物研究》(英文版)，1949，第 128～138页)。实则它仍以视为茱萸纹为较妥，因为它有时和别的植物纹在一起，但从来没有作为动物或羽人的羽翼 (补注：湖南省博物馆、中国科学院考古研究所编《长沙马王堆一号汉墓》上集，文物出版社，1973，第 62 页，及图四八：4，以茱萸纹指一种富于写生风格的花叶的图案。本文仍暂时保留"茱萸纹"一称，以名前人所说的"叉刺纹"）。

② 《三国志·魏书》卷三○，百衲本，总第 4529 页。

所说的经线分区，所以花纹的同一线条，到另一区时便突然变为另一颜色。各区的宽狭，0.9~2.7厘米不等。但就整个幅面而言，五色缤纷，十分绚丽。

这一种花纹的汉锦，最近于1959年在内蒙古扎赉诺尔的东汉墓群中也有发现。就所发现的纹样摹本（摹写似乎有点走了样）来看①，它和尼雅的这件标本，似乎大同中仍有小异；残存的部分，铭文有"如""意"二字，花纹主要是由卷云纹和"茱萸纹"组成。但似乎花纹主体只有两组卷云纹，即Z字形的和C字形的，而省略掉尼雅的第三组S字形卷云纹，花纹循环便重行开始了。并且"意"字铭文的左边便已达织物的幅边。虽然有这样小差异，但它们的相同处是达到惊人的程度。它们可能是同一织坊的制品，而输出到东西相距三千多公里的两个地方。右贝加尔湖南的伊尔莫瓦巴德的一座汉代墓中出土的汉锦，花纹和新疆罗布淖尔出土的一件，也几乎完全相同②。这是这种情况的另一例子。

另一种花纹的汉锦，即"延年益寿大宜子孙"锦，也在相距遥远的几个地方发现。在尼雅发现的男锦袍下摆的底襟一部分和男子锦袜及手套，都是这一种锦③。斯坦因在罗布淖尔也发现了几件（图12）④。更有意思的是远在苏联境内叶尼塞河畔的奥格拉赫提的公元

---

① 郑隆：《内蒙古扎赉诺尔古墓群调查记》，《文物》1961年第9期，第18页，图八。

② 前者见鲁博-雷斯尼钦科《中国古代丝织品和刺绣》（俄文版），第37页，图版XXIV；后者见斯坦因《亚洲腹地》，图版XXXIX，器物号L. C. 03。

③ 新疆维吾尔自治区博物馆：《新疆民丰县北大沙漠中古遗址墓葬区东汉合葬墓清理简报》，《文物》1960年第6期，第5页，图二、图四（左）；第12页。

④ 斯坦因：《亚洲腹地》，器物号：L. C. i. 06.7、7a；iii. 04.17~18，图版XLII。此外，另有一种"延年益寿"锦，如L. C. 031. c，见同书图版XXXIV、XXIX（即沈从文、王家树编《中国丝绸图案》第四图红地"延年益寿"锦），虽也有一部分细节相同，乃是另外一种花纹，不要混淆为一。

□(1) ▦(2) ▨(3) ■(4) ■(5)

图 12　罗布淖尔发现的"延年益寿大宜子孙"锦（L. C. i. 06. 7、7a；Ⅲ. 04. 17～18）

颜色标识：（1）淡棕；（2）棕黄；（3）深棕；（4）墨绿；（5）深蓝。

说明：依据斯坦因《亚洲腹地》，图版XLⅡ。

2 世纪的古墓中也发现了一片同样花纹的汉锦，还残存有"益""寿""大"三字（图 13）①，可见这些汉锦是被当时各地人民所非常欢迎的。

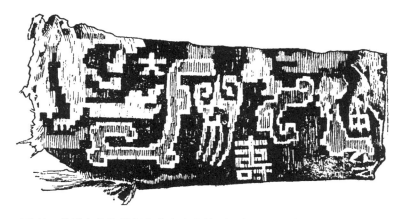

图 13　苏联奥格拉赫提古墓中出土的"延年益寿"锦（据塔尔格伦）

这些尼雅的标本（图 14），我曾就实物的二块残片加以观察，它的右侧的幅边仍保存，幅边宽 1.05 厘米。现存的幅面共宽约 40.75 厘米。幅边部分是畦纹平织加夹纬，由蓝、绛、白三色单色竖直条纹组成，各阔约 0.35 厘米。每厘米经线约 60 根，越接近边侧越紧密，蓝条处达 70 根。纬线每厘米 26 至 28 双。花纹部分是用分区的三色汉锦织法所织成的，每厘米正面显露的经线约 40 至 44 根。因为它是三组经线"重组织"，实际上每厘米有经线 120 至 132 根（整幅当在5000 根以上），但仍较上面所描述的"万世如意"锦为疏松。它的分区也没有像后者那么整齐，有时某一色的整区中间杂着另一区的颜色

①　塔尔格伦（A. M. Tallgren）：《南西伯利亚奥格拉赫提的汉代墓地》，《欧亚北部考古学》（ESA），第 11 卷（1937）。补注：又参阅里布（K. Riboud）和鲁博-雷斯尼钦科《奥格拉赫提的新发现》（法文），《亚洲艺术》第 28 卷（1973），第 139~164 页。

的经线一根或几根。各区也都有绛、白二色的经线，而另配以第三种
颜色，合为三色一副。这第三种颜色为宝蓝、浅驼（灰褐）或香色
（浅橙色）。它也是以绛色为地（这件的绛色较"万世如意"锦绛地
为深，并且带紫），白色为铭文或花纹线条的镶边。白色也有单独作
为花纹线条的，但是绝大部分的这种花纹线条是使用其他三色，或镶
白边，或不镶边。纬线黄褐色，是双线的（每一梭口通过两根纬
线），基本上并不显露于表面。

图 14　尼雅出土东汉"延年益寿大宜子孙"锦
（1959 年新疆民丰县北大沙漠东汉墓出土）

　　至于花纹的循环，它的经线循环是横贯全幅的，当达 40 厘米以
上。纬线循环约 5.4 厘米，包括约 150 根纬线，约需要提花综 75 综。
整个图案的结构，幅面横贯着断断续续的云纹，间或附着以"茱萸
纹"。在这些蜿蜒的曲线之间，满布着 7 至 8 个动物和隶书"延年益
寿大宜子孙"八字。具体加以分析，从右侧开始是一个隶书"延"

字，靠近幅边。它的左侧下首是个类似狗形的动物（和"韩仁"锦的图案相对照，这应是老虎），头向左侧，伸首张口。它的左首，隔着云纹，是一个鹧鸪形或鸭形的鸟，站立在云纹的向下直转的线条上，所以位置恰和幅面成直角。鸟的左侧的第三个动物（第二个兽）是一个长伸着颈部的豹形动物，身上有些斑点，举步向左行（"韩仁"锦上这兽的头上有双角）。背上有"年"字，前足下有"益"字。"益"字下是一个侧卧着的Z形云纹。这云纹的左侧上方是另一个Z字形云纹。后者末尾的上面是"寿"字，下面悬挂着一个"茱萸纹"。更左侧，隔着另一个云纹是第三个兽。这个兽的尾部向上，后足向右，全身蜷曲，头部又向右。前两足分别显露于肩部的上下。头部和后足之间有"大"字，臀部的上面有"宜"字。"宜"字左侧下边有一朵"云纹"（?），更左又是一个"茱萸纹"。后者的上面似乎是一个图案化了的鸟纹，头部向上，足部向左。足部与站架联合成为十字纹（"韩仁"锦这部分是卷云纹）。"茱萸纹"的左边，隔着一个"子"字，是第四个兽形。这兽的左后足较低，右后足和前足向上爬，踏在有阶级的云纹上。这怪兽的身部有斑点，肩部有钩状物。它的吻部下方有一"茱萸纹"。更左又是一组Z字形云纹，左侧上方是第五个兽。这兽有点像山羊，头部似有两角。尾部向上折而向右，左后足向右高伸，右后足和前足向左侧前行，头部转向右方后视，两角向左。两角的左边上方隔着云纹有一"孙"字。更左是一个云纹。它的左侧下方是第六个兽。这兽的肩部有翅膀，可能是辟邪兽。它的头部向左，四足似向左奔跑（"韩仁"锦中这就是带翅的飞龙）。它的左侧下方有云纹。整个图案的现存部分，到这里为止①。所缺的似乎并不多。这整幅图案中，奔走活跃的各种怪兽，陪衬着流

---

① 武敏的《新疆出土汉—唐丝织品初探》（《文物》1962年第7、8期）文中说这锦中有老鼠，大概指第四个兽，但老鼠没有体部有斑点花纹的；又说是昂首的雄鸡，大概是第五个兽。男锦袍上这个兽形较为清楚，确为四足兽而非雄鸡。

畅的云纹等，显得非常生动。和斯坦因发现的"韩仁"锦相比较，
铭文不同，而鸟兽图案多相近似。

1. 东汉斜方格纹锦

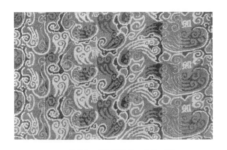

2. 东汉"万世如意"锦

图15　尼雅出土东汉织锦（1959年新疆民丰县北大沙漠东汉墓出土）

汉锦中除了这些有生动的鸟兽纹或卷云纹的花纹的标本之外，也
有比较拘谨的几何纹图案。这次尼雅出土的菱纹锦（即斜方格纹
锦），便是一例①。这是缝成女袜的（图15:1）。我曾就实物的残片
加以观察。它的右侧的幅边仍保存，宽约0.75厘米，是畦纹平织加夹
纬，由绛紫和白色二条纹组成，共有经线74至76根（即每厘米有经
线约100根），纬线每厘米34至36根。纬线是单线的，作黄褐色，并
不显露于表面。花纹部分是用三色汉锦织法织制的，它只有三种颜色

---

① 新疆维吾尔自治区博物馆：《新疆民丰县北大沙漠中古遗址墓葬区东汉合葬墓清理
简报》，《文物》1960年第6期，第5页，图四（右）。

的经线，所以不必采用分区法。这花纹部分的正面显露的经线密度是每厘米 50 至 60 根，因为它是三组经线的重组织，所以实际上每厘米有经线 150 至 180 根。靠近幅边的部分较为紧密。幅面满布菱纹，但在菱纹和幅边之间有一行白色的"阳"字和蓝色的四瓣花纹。花纹循环中，就菱纹部分而言，经线循环 1.5~1.8 厘米（约有经线 90 余根），纬线循环 2.3~2.4 厘米（包括纬线约 84 根）。这是指花纹循环而言，织制时纬线的循环可以减为一半。纬线的下半个循环可由于提综的顺序颠倒过来而织成。所以除了两片交织综框之外，这织物只需要提花综约 21 综。

这些标本的花纹的图案和配色，是以绛紫色为地；比前述两件的绛地，它带着紫色的色调较多。花纹便由这绛紫色和蓝色及白色（稍带黄色）相间配合而成。白色带黄可能为丝的原色，未经漂白。幅边的白色条纹却是纯白色的。菱纹以白色线条为界线。菱形依颜色可分为二横列，其中一列都是蓝地绛紫花，另一列是半数白地蓝花，半数全部绛紫色无花。第一菱形中的花纹是七至八行横条线或小三角组成的行列。整个幅面的花纹很是整齐有规则，但未免有点单调。

由于当时纺织技术条件的关系，不仅几何纹图案的图样很是规则严谨，便是鸟兽纹和云纹等的曲线的线条，有时也显得往复曲折如锯齿形一般。尼雅遗物中还包括一些汉代刺绣的标本。这些刺绣图样的线条比起织制的图样来，便看得出运用得更为流利生动，而且显得是一气呵成的①。

---

① 补注：就时代而言，最早的织锦出现于战国时代，长沙左家塘战国墓便有出土（熊传新：《长沙新发现的战国丝织物》，《文物》1975 年第 2 期，第 49~52 页）。中亚巴泽雷克 3 号墓出土的也是属于战国时代，6 号墓出有山字纹铜镜（C. И. 鲁金科：《论中国与阿尔泰部落的古代关系》，《考古学报》1957 年第 2 期，第 37 页，图版一：1）。1982 年江陵马砖一号战国墓，也出土了织锦（荆州地区博物馆：《湖北江陵马山砖厂一号墓出土大批战国时期丝织品》，陈跃钧、张绪球：《江陵马砖一号墓出土的战国丝织品》，彭浩：《江陵马砖一号墓所见葬俗略述》，均载《文物》1982 年第 10 期，第 1~15 页）。

三

汉代的刺绣是和织锦齐名的，常常是"锦""绣"并称。它们被视为珍品。汉高祖八年规定贾人"毋得衣锦绣"①。《后汉书》夸奖邓皇后的节俭，说"御府尚方织室，锦绣……之物皆绝不作"②。它们被作为珍贵的赠品，汉廷常遗赠匈奴以锦绣。文帝前六年的一次是"绣十匹、锦二十匹、赤绨绿缯各四十匹"。宣帝甘露三年赐"锦绣绮縠杂帛八千匹"。成帝河平四年"加赐锦绣缯帛二万匹"。元寿二年"加赐锦绣缯帛三万匹"③。两汉时，织锦的主要产地是襄邑，而刺绣是齐郡。东汉王充在《论衡》中说："齐郡世刺绣，恒女无不能；襄邑俗织锦，钝妇无不巧。日见之，日为之，手狃也。"④《汉书·地理志》说齐郡临淄县和陈留襄邑县都有服官⑤，可见西汉时便已如此。

刺绣与上面所述的织锦和暗花绮不同。它的花纹不是织成的，而是在已织好的织物上面用绣花针添附了各色丝线，绣出各种绚丽的彩色花纹。在高明的绣师的巧手中，绣针犹如画师的彩笔，可以绣出像绘画一般细致而流利的花纹，表达出绣师的技巧和个性。所以它的艺术性比织锦更高。又因为它不是由机械化的织机所制，而是完全由手绣刺出来的，同样花纹的一幅刺绣要比织锦费功夫多得多。所以绣比锦还要值钱。上引汉文帝赠匈奴的礼物，锦比绣多一倍。贾谊《新

---

① 《汉书》卷一《高祖本纪》，百衲本，总第 1236 页。
② 《后汉书》卷一〇上，百衲本，总第 2683 页。
③ 《汉书》卷九四《匈奴传》，百衲本，总第 2322、2338、2342、2345 页。
④ 王充：《论衡》卷一二《程材篇》，《四部丛刊》缩本，第 122 页。
⑤ 《汉书》卷二八上，百衲本，总第 1604、1609 页；卷七二《贡禹传》中也说："齐三服官作工各数千人，一岁费数巨万。"总第 2086 页。

书》说："匈奴之来者，家长已上，固必衣绣；家少者必衣锦。"[1] 这似乎表示刺绣比文锦更为珍贵，只有"家长以上"才穿服，一般"少者"只穿锦衣。就考古发现而言，汉绣虽没有像汉锦那样普遍而远及各处，但也发现得不少。除了这次尼雅的发现之外，在罗布淖尔[2]、诺音乌拉[3]、帕尔米拉[4]和怀安及武威汉墓[5]五处曾发现过汉绣。比汉代更早的实物，有殷代一个铜觯上所附粘的菱纹绣[6]，东周时巴泽雷克的凤纹绣[7]，和长沙楚墓和江陵马砖一号墓的凤纹绣[8]。

尼雅出土的汉绣有好几件，都有非常精美的花纹。它们都是在单色细绢上用锁绣法（chain stitch，或称辫绣法）绣上花纹的。刺绣的针法，现在有几十种之多，但锁绣法仍是基本针法之一[9]。这种绣法在古代希腊也是被采用过的，在苏联境内的克里米亚公元前 4 世纪的希腊遗址中便曾发现过用这种锁绣法的毛料织物。锁绣法的针法如图 16：甲、乙。当绣针由 a 点处刺出织物正面的时候，将绣线在针的前面绕弯成一环折，然后将针由 a 点附近的 b 点处刺回到织物背面去，再由绕成环折的绣线的环内中央偏左的 c 点处刺出织物正面。然后每

---

① 贾谊：《新书》卷四《匈奴篇》，《四部丛刊》缩本，第 32 页。宋淳熙八年长沙刻本，"少者"上无"家"字。

② 西尔凡：《额济纳河和罗布淖尔出土的丝织物研究》，1949，第 142～145 页；斯坦因：《亚洲腹地》，第 235 页。

③ 鲁博-雷斯尼钦科：《中国古代丝织品和刺绣》（俄文版），第 13～15 页，图版XX、XXI等。

④ 普非斯忒：《帕尔米拉出土的汉代丝织物》，图版 XI（S 40）。

⑤ 马衡：《汉代五鹿充墓出土的刺绣残片》，《文物》1958 年第 9 期，第 10 页，《怀安汉墓出土刺绣》（附彩色图）；武威磨嘴子汉墓出土的刺绣和织锦，见甘肃省博物馆《甘肃武威磨咀子汉墓发掘》，《考古》1960 年第 9 期，第 25 页。

⑥ 西尔凡：《殷代丝织物》，《远东博物馆馆刊》第 9 卷，1937，第 123～124 页，图 4。

⑦ 鲁博-雷斯尼钦科：《中国古代丝织品和刺绣》（俄文版），第 50 页，图版XLIX至图版L。

⑧ 高至喜：《长沙烈士公园 3 号木椁墓清理简报》，《文物》1959 年第 10 期，第 68～70 页，图 14～17，补注：《文物》1982 年第 10 期彩色版。

⑨ V. 俾累尔（Birrell）：《纺织艺术》（*Textile Arts*），1959，第 349～357 页；参阅顾公硕《顾绣与苏绣》，《文物参考资料》1958 年第 9 期，第 19 页。

针都由前一环折内中央偏右处刺入背面，在另一新的环折内中央偏左处刺出正面。这种锁绣法，由于 a、b 两点的密接或分开，使环折的圈子成为闭口或开口。闭口的锁绣多使用于花纹的镶边或较细的线条；开口的锁绣多用于填充花纹中的平面。汉代锁绣的变化针法，有将针刺入一根绣线的中间使它分离为两半，以取得环折的效果。这种变化针法较少见①。汉绣也有使用平绣法的（Surface satin-stitch or simple line stitch），例如诺音乌拉出土的一件花卉图案的汉绣②，但不多见。或以为到隋唐时才有平针绣，这是不正确的。上文提到的殷绣，似也属于平绣；至于长沙和巴泽雷克的东周时代的标本，是用锁绣法的。

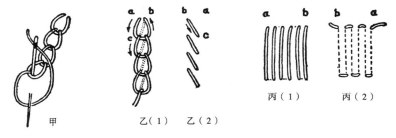

图 16　汉代刺绣法

甲：锁绣法（即辫绣法）用针示意图；乙（1）、乙（2）：锁绣的正面和
背面；丙：平绣法，丙（1）为正面，丙（2）为背面

这几件美丽的汉绣标本，首先要推男裤脚上作为边饰的那件绿地动物花草绣（图17）③。它是以草绿色的细绢为地，以锁绣法用绛紫、宝

①　西尔凡：《额济纳河和罗布淖尔出土的丝织物研究》（英文版），1949，第 142~143
　　页，图八八、图八九；鲁博-雷斯尼钦科：《中国古代丝织品和刺绣》（俄文版），第
　　14 页，图版Ⅱ（3）。

②　鲁博-雷斯尼钦科：《中国古代丝织品和刺绣》（俄文版），第 15 页，图版Ⅱ（6）、
　　图版ⅠⅢ（MP1207）。

③　新疆维吾尔自治区博物馆：《新疆民丰县北大沙漠中古遗址墓葬区东汉合葬墓清理简
　　报》，《文物》1960 年第 6 期，第 12 页，第 5 页、图三，第 6 页、图八；即武敏《新疆
　　出土汉—唐丝织品初探》（《文物》1962 年第 7、8 期）文中刺绣标本一。

蓝、湖蓝、正黄、藕荷、纯白等各色丝线，绣出成束的卷草、成丛的金钟花、菱形的涡旋纹、豆荚形的对叶，还有藏在叶丛中露出有大耳朵的兔头和带爪的前足。纯白和绛红两色常作为镶边和细线条。花纹既瑰丽奇离，又显得活泼生动。花纹的第一图案单元纵横 11～11.2 厘米，循环反复，但每一单位的细节都微有差异，不像织锦的花纹那样整齐划一。

1. 东汉刺绣之一

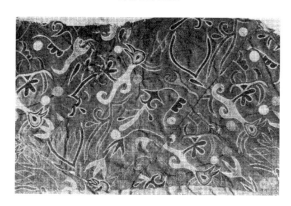

2. 东汉刺绣之二

图 17　尼雅出土的东汉刺绣

1959 年新疆民丰县北大沙漠东汉墓出土。

另一件汉绣是女内上衣袖的边饰的刺绣（图15：2）①。这是以翠蓝色细绢为地，用各色丝线绣出花草和小鸟。小鸟张口瞪目，头的上部耸立竖羽三根。翅翼向后转弯，尾部下垂内卷。它虽不是完全写实的，却也活泼可爱。在鸟嘴下和花草间点缀着一些圆点，也许是代表果子。

另一件标本是作为镜套的正面（图18）②。这也是用绿色细绢为地，用锁绣法以各色丝线绣出卷草和圆点。它和上述的小鸟花草纹中的花草有点相似。圆点纹也是用锁绣法由中心起作螺旋线向外绕成一个圆点。罗布淖尔的汉绣中也有同样方法所绣成的圆点纹③。

这些汉绣显示了高度的艺术想象力和熟练的技巧。在诺音乌拉出土的汉绣中，还有"茱萸纹"和写实的鸟兽纹④，并且还有在织锦上刺绣的⑤，可算是"锦上添花"了。

就纺织技术而言，汉代暗花绮和彩锦，较刺绣更为重要，因为它们代表当时世界上纺织技术的最高水平。上面已经说过，它们的那种精致繁复的图样，普通的简单织机⑥是不能胜任的。整幅的织锦所用的经线达5000余根。花纹的每一循环，繁复的需要50至75综。文献上也曾提到曹魏时的织机有50至60片综和56至60蹑的。更有多

---

① 新疆维吾尔自治区博物馆：《新疆民丰县北大沙漠中古遗址墓葬区东汉合葬墓清理简报》，《文物》1960年第6期，第12页，又第6页、图一〇；1962年第7、8期合刊，第5页，图二；武敏《新疆出土汉—唐丝织品初探》（《文物》1962年第7、8期）文中标本二。

② 新疆维吾尔自治区博物馆：《新疆民丰县北大沙漠中古遗址墓葬区东汉合葬墓清理简报》，《文物》1960年第6期，第11页，又第6页图一一（右）；即武敏《新疆出土汉—唐丝织品初探》（《文物》1962年第7、8期）文中标本四。

③ 西尔凡：《额济纳河和罗布淖尔出土的丝织物研究》（英文版），1949，图八六，图版I、图版D。

④ 鲁博-雷斯尼钦科：《中国古代丝织品和刺绣》（俄文版），图版XLIV、图版LI至图版LII。

⑤ 鲁博-雷斯尼钦科：《中国古代丝织品和刺绣》（俄文版），图版XXXVI。

⑥ 汉代的简单织机，可参阅宋伯胤、黎忠义《从汉画象石探索汉代织机构造》，《文物》1962年第3期，第25~30页。

图 18 尼雅出土东汉绣花绸镜袋

1959 年新疆民丰县北大沙漠东汉墓出土。

到 120 镊的①。这里的"蹑"或"镊",也有写作"篗"的,似乎泛指提花工具,可能是指举起提花综的提线束,并不一定指以脚践踏的。脚踏的蹑不能多到 60,甚至于 120。这种织物就须要有类似后世提花机的一种有提花设备的织机。当汉代丝织物传入罗马时,不仅丝质的光泽柔软为罗马等国人民所赞赏,它的"遍地循环花纹"(all-over repeat-patterned)的繁复美丽,也更引起他们的惊奇赞叹。西方虽想学会如何织制这种循环花纹的织物,但是很久以后才制成了简单的提花机。关于西方什么时候开始有提花机,现在还没有一致的意

---

① 见《三国志·魏书》卷二九,百衲本,总第 4505 页。"百二十镊"机,见《西京杂记》卷一(汉魏丛书本),可能是指晋时情况,伪托为西汉。晋博玄《博子》(叶德辉辑,观古堂刊本)卷二《马钧传》,据《太平御览》作"蹑",据宋本《意林》卷五作"篗"。

见。有人以为是 7 世纪以后，或以为 6 世纪①，或以为早到 3 世纪在波斯、拜占庭、叙利亚和埃及可能便已开始应用简单的提花机，直到 13 世纪末期才趋于完善②。但是都承认较中国为晚，并且可能是受到中国的影响。另一个可能的影响，是织机上踏蹑的设备。上面提到的汉代画像石上的简单织机已有这种设备，但是欧洲到 12 至 13 世纪织机上才出现踏蹑③。西亚和欧洲古代使用立机，埃及早期使用平机，后来也使用立机。我们知道在立机上是很难采用踏蹑的，所以很早便使用平机的中国可能是最先发明这设备，西方后来发展了平机，可能由中国的影响而采用了这设备。西方对于中国丝织品的需求和仿制是刺激近东纺织技术发展的一个重要因素。

在 6 世纪左右，中国的养蚕业也传入西方。在此以前，叙利亚织工往往由中国输入丝和丝织物。《后汉书》说，安息国（波斯安息王朝）以汉缯絮与大秦国交市。《三国志》裴注引《魏略·西戎传》说：大秦国"常利得中国丝解以为胡绫，故数与安息诸国交市于海中"④。这"大秦国"是指罗马所属的叙利亚等地，可见其当时还没有学得中国的养蚕法。《大唐西域记》卷十二说，约 5 世纪中叶，东国一个公主出嫁到瞿萨旦那（今和阗）时，把蚕种藏在她的帽里带去。另一故事说，约 550 年，两个波斯僧把蚕种藏在竹杖中，从中国

---

① 前者见西尔凡等《公元五~六世纪的希腊晚期花纹的一件中国丝织物》，《东亚杂志》（*Ostasiatische Zeitschrift*），第 21 卷（1935），第 22 页。后者见劳利（J. Lowry）《汉代织物》，《东方美术》（*Oriental Art*），第 6 卷第 2 期，1960，第 69 页。

② 西蒙斯（P. Simmons）：《中国纺织物研究的新发展》，《远东博物馆馆刊》第 28 期（1956），第 22 页。福贝斯：《古代技术研究》第 4 卷，第 215 页。法拉内干（J. F. Flanagan）因为提花织物在拜占庭出现是公元 4 至 5 世纪，较波斯为稍早，以为提花机的传播可能是由西而东的（*Burlington Magazine*，第 35 卷，第 167~172 页，1919）。这是因为他当时不知中国的提花的锦绮较拜占庭更早几世纪。

③ 福贝斯：《古代技术研究》第 4 卷，第 214~215 页。

④ 《后汉书》卷八八《西域传》，百衲本，总第 3824 页；《三国志》卷三〇，裴注引文，百衲本，总第 4531 页。宋代安南还有将中国丝织物购去拆取丝线以自织的，见周去非《岭外代答》卷六《安南绢》条，《丛书集成》本，第 65 页。

带去进献给拜占庭帝国查士丁尼皇帝①。中国古代未必有禁止蚕种出口的事②，但这些传说可以表明到约 6 世纪，西方才由中国学得养蚕法（传到和阗可能稍早）③。

<h1 style="text-align:center">四</h1>

西亚古代纺织技术的传统是斜纹组织（当然也有平纹组织），以及以纬线起花。他们由中国学去了养蚕法和提花机，但是不仅花纹图案常保留他们自己的传统，便是织锦的技术方面，也保留了他们的纬线起花和斜纹组织。中国为了满足西方市场的需要，在隋代和初唐，中国丝织品的图样有些便采用波斯的风格。在织锦的技术方面，有时也受到波斯锦的影响。

1959~1960 年，新疆博物馆在吐鲁番附近的 5 到 8 世纪阿斯塔那墓地④的发掘中，发现了大批那时期的各种丝织品。这里也有刺绣、暗花绮（图 19：1）和多彩的织锦。刺绣的针法，锁绣和平针绣都有。暗花绮的织法，据武敏同志的研究，都是"素地起二至三枚经

---

① 张星烺：《中西交通史料汇编》第一册，第 76~77 页。他所引的是 6 世纪的东罗马史学家普洛科匹阿斯（Procopius）和提奥方尼斯（Theophanes）的著作。

② 《汉书·汲黯传》注：应劭引汉律云："胡市吏民不得持兵器及铁出关。"《景帝纪》："禁马高五尺九寸以上，齿未平，不得出关。"（服虔曰：马十岁，齿未平）《昭帝纪》："（始元五年）罢天下亭母马及马弩关。"（孟康曰：旧马高五尺六寸，齿未平，弩十石以上，皆不得出关，今不禁也。）未闻有禁蚕种出关之事。

③ 再补注：M. Loewe 以为，查士丁尼时似未曾学会养蚕，拜占庭将丝绸工业国有化，其目的在压低丝的价格，减少商人的利润，丝织物都在国有工场中生产而已；8 世纪时情况有所变化，波斯可能已有养蚕，后西西里（12 世纪）、意大利半岛（14 世纪），最后法国里昂（16 世纪）也先后养蚕织绸（JRAS. 1971，No. 2，p. 178）。

④ 305 号墓中虽出有西秦建元二十年（384 年）的作为领衬里的纪年文书（新疆维吾尔自治区博物馆：《新疆吐鲁番阿斯塔那北区墓葬发掘简报》，《文物》1960 年第 6 期，第 19 页），但这墓可能仍不早于 5 世纪。斯坦因在这墓地曾发现 8 世纪的墓。

斜纹提花"，但据她所绘的组织图，实和汉绮第一种织法相同，是经线起花的平纹组织。花纹和北朝至唐初的织锦，风格相同①。织锦最引起我们的兴趣，下面作为重点来讨论（现已发表的丝织品遗存，主要的是属于 6 至 7 世纪的）。

北朝和唐初的织锦中，有织法和汉锦相同的重组织平纹的经锦；它们的花纹也近似汉锦，图案单位成行排列，题材多为禽兽纹（图版 20：1、2），也有树纹（图 19：2）。花纹多对称，禽兽纹常是相对而立，和汉锦上禽兽纹常用卷舒的花纹作背衬、翔动多变化者风格稍有不同。但它们仍可视为汉锦图案的继续。这一类织制技术和图案风格的彩锦，从第 6 世纪中叶起，逐渐消失。这时逐渐兴起以至于盛行的是一种重组织斜纹的经锦，花纹多为错落散布满幅的植物图案。这种花纹也有重组织平纹的，但以重组织斜纹为多。例如小团花锦（图 21）、菱花锦和规矩纹锦（图 22：1、2）。这些都出于 7 世纪的墓中。这时期中也发现了一些带有典型的波斯萨珊朝式纹锦的中国丝织品以及一些可能是波斯或中亚的丝织品。这里发现的各种丝织品很多，现正在研究中②。我们这里举一两件加以描述和分析，以为例子。

一件"球路对马"纹的织锦，是该地 302 号墓中出土的。原来同样花纹的有二件（但织法不同），分别作为女尸的覆面和胸饰。墓中有永徽四年（653 年）墓志，可以确定织物的年代③。斯坦因从前

---

① 武敏：《新疆出土汉—唐丝织品初探》，《文物》1962 年第 7、8 期，第 68~69、73 页，图 5、图 6、图 11，又第 3 页彩色图，第 5 页图 1，第 8 页图 7。

② 武敏：《新疆出土汉—唐丝织品初探》，《文物》1962 年第 7、8 期，第 65~69 页。故宫博物院魏松卿同志也曾赴新疆对实物作研究。

③ 新疆维吾尔自治区博物馆：《新疆吐鲁番阿斯塔那北区墓葬发掘简报》，《文物》1960 年第 6 期，第 16~17 页、第 18 页；这两件花纹虽同，而织法异。其中一件系"二枚经斜纹"，即武敏文中织锦第二二号，图见《文物》1960 年第 6 期，第 2 页图一；另一件是"经畦纹"。

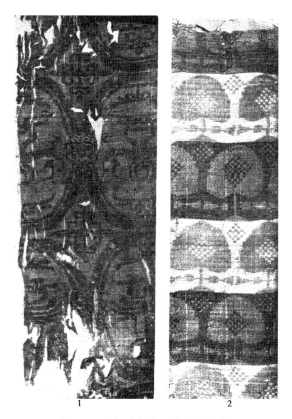

图 19　吐鲁番出土 6 世纪丝织物

1. 鸟兽纹绮 2. 树纹锦之二

［1959 年新疆吐鲁番阿斯塔那北区 303 号墓出土，
同出高昌和平元年（公元 551 年）墓志］

在这墓地中Ⅸ·3 号墓内，也曾发现同样花纹的"球路对马"锦，是
作为尸首覆面之用。那一墓也有墓志，系延寿五年（625 年），比我
们这 302 号墓早 28 年①。我们这件标本，橙黄色地，以深蓝、草绿

---

① 斯坦因：《亚洲腹地》，第 666、第 677、第 708 页，图版LXXX（器物号 Ast. ix. 3.02）。编
者注：此处疑误，延寿五年应为 628 年，则该墓比 302 号墓早 25 年。

图 20　吐鲁番出土 6 世纪织锦

1. 鸟兽纹锦之一（1959 年新疆吐鲁番阿斯塔那北区 306 号墓出土，2/3）
［该墓出高昌章和十一年（公元 541 年）字纸］
2. 鸟兽纹锦之二（1959 任何新疆吐鲁番阿斯塔那北区 303 号墓出土，2/3）
［该墓出高昌和平元年（公元 551 年）墓志］

和白色（微带粉红色）三色作为花纹。织法仍是汉代经线起花的三色织锦法，但是花纹的位置对于经线的方向而言，却作了九十度的倒转；使人容易误认为纬线起花。经线也是分区的，每区中除了橙、白二色之外，或是深蓝，或是浅绿，仍是只有三色。依照我所得的照片（比例约 9/10）来算，每区阔度约 0.9～5.4 厘米不等。花纹循环中，纬线循环 7.5 厘米，经线循环（如果是二个连珠圈的循环）当在 18 厘米左右。经线密度正面每厘米显露约 54 根，三组经线共达 162 根左右。纬线每厘米约 32 至 34 根。一个纬线循环需要约 240（32×7.5）根纬线。因为是两半对称的花纹，所以纬线循环只需要一半纬线（即 120 根左右），另一半可用同样的综，只要颠倒它们提升的顺序，便可织成整个循环。梭口一半是用交织综框二片，另一半是提花

图 21　吐鲁番出土小团花锦

（1959 年新疆吐鲁番阿塔那北区 302 号墓出土）［该墓出唐永徽四年（公元 653 年）墓志］

综若干片，总数只要 60 综左右便够了。

　　它的花纹图样，主要的是由两横列的圆圈组成。圆圈的边圈色蓝或绿，边宽约 0.8～0.9 厘米，边上布满 16 个白色的圆球。这种以联珠组成边圈的圆饰（Medallion with Pearl-border），是波斯萨珊朝的常见的图案。元人陶宗仪《辍耕录》说，唐宋书画所用锦褾，名目中有"毬路"纹，当即指此①。圆圈中是白身深蓝轮廓线的对马纹，但两组的马纹和陪衬的花纹都不相同。上面一横列各圆圈中的对马，马有翅膀，当为"天马"。昂颈相对，一前足向上腾起，作疾步前行的

---

　　① 陶宗仪：《辍耕录》卷二三，书画褾轴条。元费著《蜀锦谱》中也有"真红雪花球路锦"（宛委山房本《说郛》卷九八）。

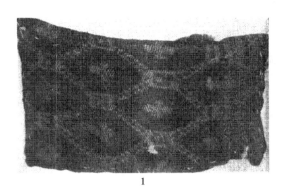

1

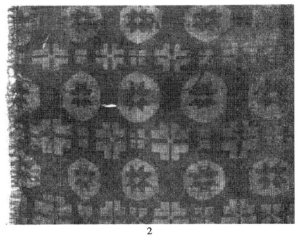

2

图 22　吐鲁番出土初唐织锦

1. 菱花锦　2. 规矩纹锦
（1959 年新疆吐鲁番阿斯塔那北区 301 号墓出土）［该
墓出唐贞观十七年（公元 643 年）契约］

姿态。马颈上有一对向后飘的绶带，四足也都扎缚有绶带。这种颈和
足有绶带的天马，在埃及安丁诺（Antinoe）的 6 至 7 世纪的丝织物
上也有发现，一般认为是受波斯的影响①。马头以上的空白处，有一

①　发尔克：《丝织艺术史》，图二三、图二四，第 5 页。

对蝴蝶结状物和两朵六瓣梅花纹。马脚以下是一组蓝色和绿色的花卉图案，由中央一个莲蓬形物，下垂三瓣莲花和两侧蔓生的卷叶组成的。下一横列各圆圈中的对马，俯首作食草的姿态，肩上也有翅膀。但颈部和四足没有绶带。两马中间有一竖直的树干，到马背以上分枝，有七丛绿色树叶，分为二列，上三下四。马脚以下是几朵仰着的莲花纹，白地深蓝色轮廓线。每两个毗连的圆饰之间，都以一朵八瓣的梅花纹相连。四个圆饰之间的空隙处，有四朵绿色或蓝色的忍冬花纹，由一个六点组成的中心，向四面射出。这些花卉图案，有的也是受了外来的影响。斯坦因所发现的那件花纹完全相同的唐锦，也说是"经畦纹"组织（warp-rib weave）。这件大概是中国织工采用西方图案在中国织制的。这使人想起了清代为了出口而制绘"洋彩"的瓷器①。

我们这次在同一墓（302号）中所得另一件花纹几乎相同的彩锦，却是采用另一种织法的（图23）。据武敏同志的观察，这是一种提二枚压一枚的夹纬的经斜纹织物②。依照片观察，经线密度每厘米表面显露约54根，夹纬和交织纬各约17根（共34根纬）。这件花纹仅有一种对马纹，即昂颈相向的一对，却没有俯首向地的一对。因之花纹循环中，纬线循环仍是7.5厘米，但经线循环仅有9厘米左右。

---

① 补注：古代中国织工采用中亚或近东的图案，最好的例子是1964年阿斯塔那18号墓中出土的一件锦覆面。花纹是图饰中牵驼图，但织有汉字"胡王"二字。这墓的年代，根据墓志应是公元589年。锦是以平织为地，经线起花。见新疆维吾尔自治区博物馆编辑《新疆出土文物》，文物出版社，1975，第53页，图八二；和新疆维吾尔自治区博物馆《吐鲁番县阿斯塔那—哈拉和卓古墓群发掘简报（1963—1965）》，《文物》1973年第10期，第16页，又图版一：2（《新疆出土文物》中误以为1962年出土）。

② 新疆维吾尔自治区博物馆：《新疆吐鲁番阿斯塔那北区墓葬发掘简报》，《文物》1960年第6期，第2页图一；也即武敏《新疆出土汉—唐丝织品初探》（《文物》1962年第7、8期）文中第二二号标本彩锦。组织图见武敏文中第66页图三。图中切面图的表、里二经交换位置时，黑色经线有时在白色经线的左侧，有时在右侧，似乎不合实际情况。

武敏文中附有经斜纹织纹结构图和切面图，但未作进一步的分析（可参阅本文图 24）。

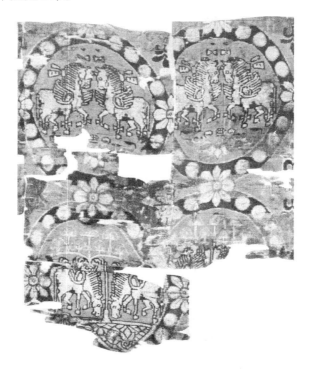

图 23　吐鲁番出土唐代对马纹锦

（1959 年新疆吐鲁番阿斯塔那 302 号墓出土，系经斜
纹织锦）［该墓出土永徽四年（公元 653 年）墓志］

最后，我想谈谈纬锦的问题。在罗马晚期和波斯萨珊朝时，西亚和中亚的织锦是纬锦，不是经锦，因为西亚的纺织传统是用纬线起花的。这种纬锦，经线有交织经和夹经（即暗经），正好像汉锦有交织纬和夹纬。夹纬不起交织作用，只是为了提花。地中海沿岸各国的纬锦中这种夹经是单线的，但是波斯是用双线，甚至于有三线的①。这

①　西尔凡：《额济纳河和罗布淖尔出土的丝织物研究》（英文版），1949，第 147 页。

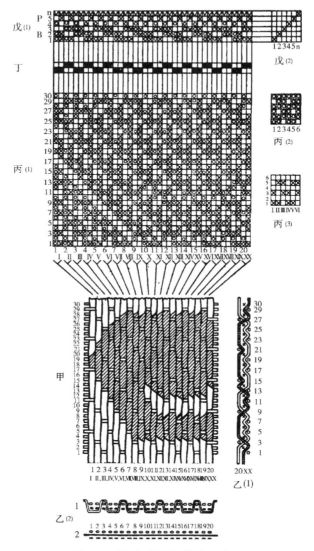

图 24　重组织斜纹经锦的织造图

说明（参阅图 3 和图 10 的说明）：甲——结构图；乙（1）——纵切面图（○为交织纬，×为夹纬）；乙（2）——横切面图（1 为交织纬，2 为夹纬）；丙（1）——组织图（1～20 为白色经线，I～XX 为黑色经线）；丙（2）——底纹部分的表经的基础组织（5/1↗斜纹组织，飞数为 2）；丙（3）——底纹部分的里经的基础组织（11/12↖斜纹组织，飞数为 2）；丁——穿筘图；戊（1）——一种可能的穿综图（B，即 1、2、3，为交织综；P，即 4、5、n，为提花综；V 代表可能有关的经线）；戊（2）——提综图。

种纬锦最初也是平纹的"重组织"，如果没有幅边，很容易被误认为与汉锦相同的经锦。西尔凡曾指出斯坦因和安德鲁斯便曾将罗布淖尔楼兰故址出土的二件平纹纬锦（L. M. 1.06 和 I . ii. 05）和阿斯塔那出土的 6 世纪的墓中一件平纹纬锦，都误认为平纹经锦（"经畦纹"）；其中阿斯塔那的一件（Ast. vi , I . 03），仍保存有幅边，可以看出确是平纹纬锦①。我们知道，西亚古代的织物原料，主要是亚麻和羊毛。彩色织物因为亚麻不易染色，所以基本上是使用羊毛。羊毛纤维短，必须拈成毛线，而毛线易于纠缠和松散，所以用它作经线，密度需要疏朗，而又需要拉紧。毛线的纬线拈得须较松，以便具有较大程度的屈曲，以绕着张得很紧的经线；并且纬线要以筘或刀打得较为紧密。这样便呈现纬面凸纹。如有花纹，它们也是纬线起花。我国古代高级织物使用丝线。丝线不但很长（缫丝可长达 800 ~ 1000 米）②，而且强韧光滑；所以在织机上经线虽很紧密，也不会纠缠，而且可用弱拈或不加拈的丝线作为经线，强韧均匀，是最好的经线材料。这样，我国的丝织物经线紧密，而纬线较疏而不显露，所以是经面组织。如有花纹，也是采取经线显花的方法。这是纺织技术上两种不同的传统③。后来西方也采取了我国的丝作为原料，也采用了简单的提花机，并且还有以汉锦的平纹"重组织"法织制的。但是由于传统习惯的关系，也由于未能彻底了解丝的性能的关系，他们对于丝经线常加紧拈，不像我国古代一般织锦以不加拈的或弱拈的丝作为经线。他们仍保留传统的纬线显花法，将汉锦的经纬关系颠倒过来。最初仍是平纹的纬锦，后来才有了斜纹的纬锦。

斜纹组织是中亚及西亚的纺织技术的另一个特点。他们虽然也用平纹组织，但较早采用斜纹组织。最初用手提经织制时，斜纹组织的

---

① 西尔凡：《额济纳河和罗布淖尔出土的丝织物研究》，1949，第 150 页，图九八。
② 西尔凡：《殷代丝织物》，《远东博物馆馆刊》第 9 卷，1937，第 123 页。
③ 卫礼泽：《中国艺术》（英文版），1958，第 226 ~ 229 页。

长浮线较多，交织点较少，提经较少，可以省事一些。后来用综框，要比平纹组织至少要多用一综框。斜纹的毛织物，在新疆曾发现于东汉时的遗址中①。在叙利亚的帕尔米拉，曾发现第3世纪纬面的斜纹毛织物，并且当时似乎已有三片综框的斜纹的织机。后来更有了斜纹的提花机。福贝斯以为前者可能起源于叙利亚，后者起源于波斯②。至于我国，在隋唐以前虽已有以经浮线作斜纹显花的，但织物的基本组织仍是平纹组织，只是平纹的一种变化组织。中亚和西亚的纬锦，最初是仿照我们的平纹组织，后来参照平纹织锦，加以变化，才发展为斜纹组织的织锦③。

按安德鲁斯和阿克曼的研究，斯坦因在阿斯塔那6至8世纪的古墓中所发现的许多波斯式的织锦，便是纬线起花的斜纹"重组织"的织锦④。图25便是这种织锦组织的一个例子。纬线依颜色的多少要有两组或两组以上不同颜色的纬线。织机旁须有一个小箱或盒子，以放置缠有单一的某一种颜色丝纬的各梭子。纬线中一组作表纬，其他组作为里纬。经线只有一色，一般是隐藏在纬线下不显露，但要分为交织经和夹经。表、里两纬采用不同的组织，在我们的图中，地纹部分表纬为1/5↗缎纹（实则缎纹只是斜纹的一变种，又如仅计算交织经，则为1/2斜纹）的纬面组织；为了使里纬不露于织物表面，里纬一般用经面组织，我们例子的里纬是3/1、1/1的复合斜纹。这

---

① 斯坦因：《塞林提亚》（Serindia），英文版，1912，第547页，图片VIVIII（M. X. 002a）。

② 福贝斯：《古代技术研究》第4卷（1956），第208、213页。

③ P. 阿克曼（Ackerman）：《波斯纺织技术》，见 A. U. 波普（Pope）主编《波斯艺术综览》（Survey of Persian Art）第3卷（1939），第702~714、2183~2184页。又参阅法拉内干，前引文。

④ P. 阿克曼：《波斯纺织技术》，第702~704、714、2184页，图七〇三；斯坦因：《亚洲腹地》，Pl. LXXVI。又太田英藏《"天工开物"中的机织技术》，载薮内清等《天工开物研究论文集》，章熊、吴杰译，商务印书馆，1959，第110~111页，图三。参考苏州丝绸工业专科学校编《织物组织设计》第五章第二节《重纬组织》纺织工业出版社，1960。

二者分别作为表、里两纬的基础组织［图 25：丙（2）、丙（3）］，二者的排列比为 1∶1，构成重纬组织图如丙（1）。我们的例子是"纬二重织物"，以黑、白二色纬线织成，组织图中梭口 1~4 是白色作为表纬，若将表、里两纬交换，白纬用经面组织，黑纬用纬面，使黑线具有比白色更长的纬浮线，则这长浮线升到织物的表面，遮盖住白线，织物这一部分便显呈黑色如图中梭口 8~10。为了织成花纹，有时每一副的表里纬中只有一部分上下交换如图中梭口 5~7，这样便呈现各种不同的花纹。

穿综的办法，交织经是依照 1/2↗斜纹组织的穿法，即提一根压二根的纬斜纹，一共有三片交织综框［图 25：丁（1）之 1~3］。夹经是依照图案花纹的需要而决定提花综的数量和各综的穿法。我们图中表示一个可能的穿提花综法，其中一综可以提升全部的夹经（图中第四综），其余的综（n 综）依照花纹决定如何穿法。提综的方法，在我们的提综图中，如图 25：丁（2），除了专提交织综的第 1 至 3 等提之外，有第 4 至 6 等三提将三个交织综（第 1~3 综）分别和第 4 综一同提起，此外则有 7~9 提等，将三个交织综与分别第 n 综一同提起。提综的顺序，在我们的图中表、里纬的排列比是 1∶1，所以投入每一副表、里纬时，必有一次是提升管辖交织综的 1~3 之一，另一次是提升兼管提花综和交织综的 4~9 中之一［图 25：丁（2）］。我们图［图 25：丙（1）］中提法的顺序，依照提综图［丁（2）］的号码，应该是（1，4），（2，5），（3，6），（1，4），（2+n1，8），（3+n1，9），（1+n1，7），（5，2），（6，3），（4，1）。每一括弧中代表一副表、里纬，即 1~Ⅰ 至 10~Ⅹ。每一括弧内所提升的经线，都是有一次和交织综 1~3 中之一有关，另一次和兼管提花综和交织综的 4~9 中（即 n）之一有关。

据阿克曼的研究，斯坦因所发掘的阿斯塔那墓地出土的猪头纹锦（Ast. i. 6. 01）和颈有绶带的立鸟纹锦（Ast. vii. 1. 01）等都是这种织

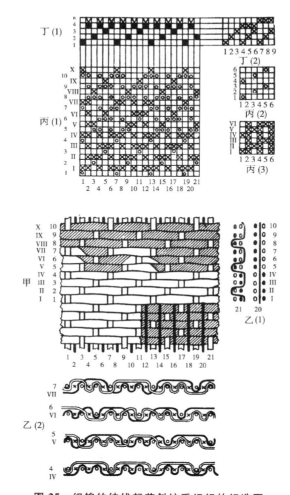

图 25　织锦的纬线起花斜纹重组织的织造图

说明（参阅图 3 和图 10 的说明）：甲——结构图（右下角切除去表纬，以揭露 12、14 等夹经、13、15 等交织经和里纬的关系；1～10 为白色纬线，Ⅰ～Ⅹ为黑色纬线）；乙（1）——纵切面图（第 20 道经线是夹经，第 21 道经线是交织经）；乙（2）——横切面图（小圆圈为交织经，×为夹经）；丙（1）——重纬组织图（小圆圈代表浮于白纬之上的经线，×代表浮于黑纬之上的经线）；丙（2）——地纹部分的里纬的基本组织；丙（3）——地纹部分的表纬的基本组织；丁（1）——穿综图（1～3 横行代表斜纹织机的交织综，4～n 横行代表提花综）；丁（2）——提综图（相当于近代织机的"纹板图"）。

法的斜纹纬锦，并且说它们可能是萨珊朝波斯东部即中亚地方所织制
的①。我们这次在阿斯塔那的发掘中，在325号墓（661）的出土物
中，也有猪头纹锦（图26：2）；在332号墓（665）也出土有颈绕绶
带的立鸟纹锦（图26：1）②。这些织锦的花纹图案自成一组，不仅
与汉锦不同，便和隋唐时一般中国织锦也大不相同，但是和中亚和西
亚的图案花纹几乎完全相同。例如猪头纹锦，在阿富汗巴米扬的壁画
中，便有这图案；在苏联乌孜别克的巴拉雷克-节彼遗址（公元5至
6世纪）的壁画中，一个伊朗人类型面貌的人物，便穿有满布猪头纹
织锦的翻领外衣（图27）③。颈有绶带的立鸟纹，也和我国旧有的鸾
鸟或朱鸟纹不同。它的颈后有二绶带向后飘飞，口衔有一串项链形
物，下垂三珠。颈部和翅膀上都有一列联珠纹。这些都是所谓萨珊式
立鸟纹的特征。新疆拜城克孜尔石窟的壁画上（图28），以及波斯萨
珊朝银器刻纹上，都有具有这些特征的立鸟纹④。这些动物纹，一般
都围绕以联珠缀成的圆圈（即所谓"球路"纹）中，这也是萨珊式
花纹的特点。

　　不仅花纹方面如此，便在纺织技术上，它们也自成一组。它们所
用的丝线，都加捻得较紧，不像汉锦的丝线多不加捻或加捻也很松。
它们的织法，都是采用斜纹的重组织。经纬线的密度较疏朗。"重组
织"的夹线（夹经或夹纬），常是双线的。此外，据我所知道的，前
人研究的结果，都认为这一组的斜纹重组织的织锦是"纬锦"，不是
"经锦"。武敏文中独提出异议，以为这一组也和其他的平纹"重组

---

① P. 阿克曼：《波斯纺织技术》，第706~714页。

② 武敏：《新疆出土汉—唐丝织品初探》，《文物》1962年第7、8期，第67、74页，
标本号：织锦二六号、三二号；第7页，图五、图六。

③ 阿尔拜姆（Л. И. Алъбаум）：《巴拉雷克-节彼（Балалык-Tепе）》（俄文版），塔
什干，1960，第145、182~183页，图一〇八、图版一〇九、图版一三五。

④ 普非斯特：《萨珊式鸡纹》（法文），《亚洲美术评论》（*Revue des Arts Asiatiques*）
第13卷第1期（1939~1942），第28~33页。

图 26　吐鲁番出土唐代纬锦

1. 鸾鸟纹锦（阿斯塔那 322 号墓出土）　2. 猪头
纹锦（阿斯塔那 325 号墓出土，唐显庆六年）

织"的汉唐织锦一样是"经锦"。我曾承武敏同志寄来一张带有毛边
的"大鹿纹锦"相片（似系 334 号墓出土的），武敏认为这"毛边"
是轴头，因之以为是经锦。但我细察照片，并和一些纬锦相比较，似
乎实属幅边，因之这织物似是纬锦。这是一个重要问题，希望能早日
加以解决（补记：我曾与现已去世的故宫博物院魏松卿同志讨论过
这个问题。魏同志曾专门为了鉴定吐鲁番这批丝织物去过新疆。他也

图 27　乌孜别克斯坦的巴拉雷克－节彼遗址壁画中的锦衣（依据阿尔拜姆）

图 28　新疆拜城克孜尔石窟壁画中的鸟纹图案（依据勒可克）

认为这种萨珊式花纹的织锦是纬锦，不是经锦。可以说和我在前面所说的意见，不约而同）。

纬锦较经锦的优越点是：①经锦靠经线起花，经线固定于织机上后，便难加改动。纬锦靠纬线起花，织制过程中随时可以改用不同颜色的纬线。②经锦如果一副的表、里经包括不同颜色的经线过多，密则易于纠缠，疏则表经只一根，里经占地位过广，不仅使织物太松，并且使花纹的颜色和轮廓线受影响。纬锦的每副的表、里纬虽包括不同颜色的纬线很多，因为它不必像经线那样先行安排于织机上，可以逐一穿入梭口，穿入后又可用箄打紧，所以既不会纠缠，也不会过疏。③各种颜色的经线，在经锦中因为表经和里经的屈曲度和长度的不同，常发生某种颜色的经线比别的先行使用完罄。如设计花纹及上经线时没有计算好，织到末尾时会发生困难。纬锦便没有这困难。唐代起，我国的织锦逐渐采用了纬锦的方法，后来几乎完全放弃经锦，专用纬锦，每幅中各区的配色也增加了颜色，不像汉锦限于四色以下。至于斜纹（包括锻纹）组织的优点，因为它们有长浮线，织物表面布满浮线，能充分显示丝线的光泽。所以后来我国花绫也采用斜纹组织。

总之，我国古代劳动人民首先发明了缲丝为织物原料，后来根据丝线的特点，在纺织技术上有了许多创造发明，在织物图案上也表现了高度的艺术水平。这些成就经过"丝路"传到西方，促进了西方在纺织技术上的发展，后来我们还吸收了西方纺织技术上的优点，也采用了西方一些美术图案，这使我国的丝织物更臻完美。新疆最近发现的丝织品，为我们研究纺织技术发展史以及古代中国与西方的文化交流和贸易往来，提供了新的资料。这是很可珍视的新发现。

我国古代蚕、桑、丝、绸的历史[*]

伟大领袖毛主席指出："中国是世界文明发达最早的国家之一。"在世界文明发展史上，我国人民的许多发明，曾经占有很重要的地位。就纺织技术来说，我国是世界上最早饲养家蚕（Bombyx mori）和织造丝绸的国家，并且在一个相当长的时期内是唯一的这样一个国家。在这篇文章里，我们将根据考古资料和有关的历史文献，讨论汉代和汉代以前我国蚕、桑、丝、绸的历史，说明我国古代劳动人民对人类文明的这一伟大贡献。

一

我们知道，蚕丝是由丝纤维（Fibroin）和丝胶（Sericin）组成的。丝纤维占总重量的70%以上，丝胶则仅占25%左右，丝胶包围在丝纤维的外面，可用沸汤或碱性溶液加以清除。没有清除丝胶的被称为"生丝"，清除后的被称为"熟丝"。蚕丝作为织物的原料，它的优质是基于丝纤维的下列特点：①纤维长，可达 800~1000 米[①]。

---

* 本文原载《考古》1972 年第 2 期，后加补注收入《考古学和科技史》一书（科学出版社，1979）。今依作者自存校正本加"再补注"。

① 这数字依西尔凡《殷代丝织物》，《远东博物馆馆刊》第 9 期，1937，第 123 页。《不列颠百科全书》（1964 年出版）以为丝的长度是 500~1200 米（卷 20，第 665 页）。二者都指除去首尾后剩下可缫的部分。

所以，它同麻、毛、棉等短纤维不同，不需要纺拈成纱。只有已出蚕蛾的破茧和残丝，才需要纺拈；但是，这种纺拈而成的纱，不仅线条不匀，而且丝线的光泽、韧性和弹性也要差得多。②韧性大，即抗张强度高。据科学测定，丝纤维的抗张强度为每平方毫米 35～44 公斤，与钢丝的每平方毫米 50～100 公斤的下界限，很相接近；而比较棉质纤维的抗张强度（每平方毫米 28～44 公斤）为优①。③弹性好。丝纤维拉长 1%～2%，放松后仍能恢复原状；要拉长到超过本身的20%，才会被拉断②。《天工开物·乃服第二》说："即接断，就丝一扯，即长数寸，打结之后，依还原度。此丝本质自具之妙也。"便是指蚕丝的弹性这一优点。

蚕丝的质量，包括它的韧性、弹性和纤维细度，主要依靠养蚕技术的改进，例如饲料的精选和加工、看护工作的细致等。我国古代的劳动人民在生产实践中，不但很早就发明了养蚕，而且逐步掌握了家蚕的生活规律，不断地改进养殖条件，以提高蚕丝生产的数量和质量；同时更发明了缫丝技术，这样就使茧子不致因蚕蛾钻穿而破损，因而能够获得长纤维的丝。缫丝技术是我们祖先的一个创造性的发明，在上古时期我国是唯一掌握这种技术的国家，汉代以后又传到国外。

蚕丝又有光泽新鲜、触手柔软、容易染色等特点，使它成为高级织物的好原料。织工们发挥他们的创造才能，多方设法改进织法和织机，使这种高级织物更为华丽美观。由于丝线是坚韧而有弹性的长纤维，尤其是表面的丝胶未被除去以前，韧性和弹力更强，最适合于用作织造时常受摩擦的经线。今日我国"线绨"一般是以丝线为经、棉线为纬的。我国古代的织工，特别重视丝线这种优级的经线，使织物的经线较纬线为密。在织成的织物面上，纬线很少显露，平纹织物

---

① 薛德炯译订《英汉化学辞典》，中国工业出版社，1964，第 1098 页。
② 卫礼泽：《中国艺术》（英文版），1958，第 225～226 页。

用经线显示畦纹，斜纹织物用经线作表面浮线，提花织物也用经线显花。又由于丝线是长纤维，而且有丝胶使之粘附，一般不用纺捻，所以织成后斜纹或提花的浮线都易于散开，尤其是涑帛以除去丝胶之后更是如此，花纹柔和而又丰满。

我国古代发明蚕丝生产技术的确切年代，目前我们虽然还无法确定，但至迟在殷商时代，我国劳动人民已充分利用蚕丝的优点，并且改进了织机，发明了提花装置，能够用蚕丝织成精美的丝绸。

古文字学方面的材料中，甲骨文有一个近似蚕形的象形字"🪱"，有人释为"蚕"字，也有人比较审慎地释为"虫字的初形"。甲骨文中又有"丝"和"糸"两个象形字，以及用"糸"字作偏旁的好几个形声字；还有"帛"字和"桑"字①。但是，这里的"丝"字，作两条由纤维扭成的线形，是否像后世那样专指蚕丝，尚难确定。至于以"糸"为偏旁的形声字，即便在后世，有许多也只是指与纺织有关的事物或活动，并不一定和蚕丝有关。而从"巾"、"白"声的"帛"字，甲骨文中仅一见，是地名，与后世作缯绢解者不同。甲骨文中的"桑"字，也多作为地名。

殷商时代蚕丝生产的情况，幸而有考古学方面的证据，可以得出明确的结论。殷代青铜器的花纹中有"蚕纹"，形象是"身屈曲蠕动若蚕"②。殷墓中发现的玉饰中又有雕琢成形态逼肖的玉蚕③。

---

① 《甲骨文编》，中华书局，1965，第876页，共收入11文，以为"疑虫字初形"。但丁山、闻一多等释为"蚕"字。"丝""糸"等字，见同书第505～507页；"帛"见第336页；"桑"见第269页。"桑""蚕"二字同在一句的唯一的一片（《铁》：185.3）原物"桑"字很是模糊不清楚，审慎的研究者多加阙疑不释。补注：参阅胡厚宣《殷代的蚕桑和丝织》，《文物》1972年第11期。

② 容庚：《商周彝器通考》，哈佛燕京学社，1941，第116～117页。

③ 例如1953年安阳殷墓发现的玉蚕，见马得志、周永珍、张云鹏《一九五三年安阳大司空村发掘报告》，《考古学报》第9册，1955，第55页，图版一七：7。前闻最近在山东益都苏埠屯的殷墓中也发现玉蚕，后见《文化大革命期间出土文物》第一辑的图（文物出版社，1972，第124页），是幼蝉而非蚕。

更重要的是一些由于粘附于铜器受到铜锈渗透而保存下来的丝绸残片。经过研究，其中有的是采用高级纺织技术织成的菱形花纹的暗花绸（即绮，本文以下皆称之为"绮"或"文绮"）和绚丽的刺绣①。根据这些考古材料所反映的殷代丝织技术的成熟程度而言，在它以前应该有一段发展过程，可惜我们对于这段历史还没有找到任何物证。

关于殷商以前育蚕织绸的历史，不但没有什么实物证据，而且也没有可靠的文献记载，只有后世才出现的某些传说。最通行的传说是：黄帝元妃嫘祖（西陵氏的女儿）始教民育蚕，治丝茧以供衣服。但是，在汉代和汉代以前的文献记载中，都找不到这种传说的痕迹。宋人罗泌《路史》引《淮南王蚕经》说："西陵氏劝蚕稼，亲蚕始此。"但这部《蚕经》是北宋初年伪托的书，与汉代的淮南王无关②。《史记·五帝本纪》和稍早的《大戴礼·帝系篇》，都只提到黄帝元妃西陵氏女嫘祖，没有说她和发明育蚕有关。《汉旧仪》（据《后汉书·礼仪志》刘昭注引）"今蚕神曰菀窳妇人、寓氏公主，凡二神"，也没有提到西陵氏。到南北朝后期，北齐（550~580年）忽以太牢祠先蚕黄帝轩辕氏，北周（557~581年）则以太牢祭先蚕西陵氏（见《隋书·礼仪志二》）。这大概由于传说黄帝创造发明了许多事物，便把育蚕也归到他的身上，后来觉得这本是妇女的工作，所以又改祀黄帝元妃西陵氏为蚕神。自此以后，蚕神也就成为西陵氏的专利品了。宋元时代的历史家，也把嫘祖作为"始教民育蚕，治丝茧以

---

① 例如 1950 年安阳殷墓铜戈上有细绢，见郭宝钧《一九五〇年春殷墟发掘报告》，《中国考古学报》第 5 册，1951，第 19 页。殷代丝绸和刺绣的研究，见《远东博物馆馆刊》第 9 期，1937，第 119~126 页。

② 参阅王毓瑚编著《中国农学书录》，"淮南王养蚕经"条，农业出版社，1964。按《授时通考》（中华书局，1956）卷七二，所引《淮南子》第 4 条"蚕经云：黄帝元妃西陵氏始蚕……"（第 1647 页），不见于《淮南子》，当亦引自伪托的《淮南王养蚕经》。

供衣服"的发明家写入史册①。实际上，育蚕治丝这项伟大的发明，是劳动人民在长期的生产实践中不断积累经验所创造的。

有关的原始社会考古材料，主要有西阴村和钱山漾的发现。1926年在山西夏县西阴村发掘的仰韶文化遗址，据说发现了一个"半割"的蚕茧，"那割的部分是极平直"②，后来有许多人便认为这证明当时已有了养蚕业。其实，这个发现是很靠不住的，大概是后世混入的东西。根据我们的发掘经验，在华北黄土地带新石器时代遗址的文化层中，蚕丝这种质料的东西是不可能保存得那么完好的；而新石器时代又有什么锋利的刃器可以剪割或切割蚕茧，并且使之有"极平直"的边缘呢？如果说是蚕蛾钻穿所致，但蚕蛾钻出前要分泌一种淡黄色的液体以溶解丝胶，茧上留有痕迹，极易识别，也不会形成"极平直"的割痕。因此，我们不能根据这个靠不住的"孤证"来断定仰韶文化已有养蚕业。1958年在浙江吴兴钱山漾发掘的新石器时代遗址，发现了一批盛在竹筐中的丝织品，包括绢片、丝带和丝线等③。经鉴定，原料是家蚕丝，绢片是平纹组织，经纬密度每平方厘米48根。这遗址紧靠河流，文化层深处低于水平面，夹杂有断断续续的灰白色淤土，所以动、植物纤维容易保存。但是，浙江地区的古代文化落后于中原，钱山漾遗址属于良渚文化，它的年代可能相当于殷周，

---

① 例如南宋罗泌《路史》后纪卷五，元人陈子桱《资治通鉴纲目前编外记》卷首。参阅周匡明《嫘祖发明养蚕说考异》，《科学史集刊》第八期，科学出版社，1965，第55~64页。
② 李济：《西阴村史前的遗存》，清华学校研究院，1927，第22~23页。
③ 钱山漾简报，见浙江省文物管理委员会《吴兴钱山漾遗址第一、二次发掘报告》，《考古学报》1960年第2期，第86、89~90页。补注：根据出土的稻谷的放射性碳素断代钱山漾下层为公元前2750±100年（半衰期5730年），见中国科学院考古研究所实验室《放射性碳素测定年代报告（二）》，《考古》1972年第5期，第57页。有人怀疑钱山漾下层"可能包括不同时代的遗存，甚至可能经过部分扰乱"，见安志敏《略论我国新石器时代文化的年代问题》，《考古》1972年第6期，第41页。

虽然其文化性质还呈现着新石器时代的面貌（补记：根据碳十四测定年代，良渚文化的时代约在公元前 3300~前 2250 年，比我们从前所推测的为早。见《考古》1977 年第 4 期中《碳-14 测定年代和中国史前考古学》一文）。另外，1959 年江苏吴江梅堰遗址出土的黑陶，纹饰有"蚕纹"①，这遗址的黑陶层也属于良渚文化。这花纹形似甲骨文的"蚕"字，但是不是蚕，仍难断言。

即使从殷商时代算起，我国育蚕织绸也已有三千多年的历史了。殷代的丝绸实物经过研究，知道已相当进步，主要有三种织法：①普通的平纹组织。经纬线大致相等，每平方厘米 30 至 50 根。②畦纹的平纹组织。经线比纬线多一倍，每平方厘米细者经 72 根、纬 35 根，粗者经 40 根、纬 17 根，由经线显出畦纹。③文绮。地纹是平纹组织，而花纹是三上一下的斜纹组织，由经线显花。花纹虽是简单的复方格纹，但已需要十几个不同的梭口和十几片综，这便需要有简单的提花装置的织机。三种织物的丝线都是未加绞拈的或拈度极轻的，这表示当时已经知道缫丝，利用蚕丝的长纤维和丝胶本身的粘附力，不加绞拈便可制成丝线，以供织造丝绸之用。这种不加绞拈的丝线，特别适合于刺绣之用，因为绣花后浮出的丝纤维稍为散开，使花纹更为丰满，花纹的轮廓更为柔和。浙江温州地区现在仍称刺绣用的丝线为"散线"，以区别于缝纫衣服用的丝线（"衣线"）。殷代刺绣的实物也有发现，花纹作菱形纹和折角波浪纹，仅花纹线条的边缘使用曾加绞拈的丝线。这些都表明，殷代已经知道利用丝线长纤维这一优点。

二

毛主席指出："人类总得不断地总结经验，有所发现，有所发

① 梅堰简报，见江苏省文物工作队《江苏吴江梅堰新石器时代遗址》，《考古》1963 年第 6 期，第 308~318 页。

明，有所创造，有所前进。"殷代以后，我国蚕桑和丝绸的技术继承了过去的优秀传统，并且继续有所发展。周代的金文中，有"帛"、"丝"、"糸"和以"糸"为偏旁的字①，像甲骨文一样，"糸"部的字不一定和蚕丝有关。《大盂鼎》和《毛公鼎》有"坙"字，郭沫若同志以为是"经"字的初文，"象织机之纵线形"②。这表示当时织机的经线上下垂直，两端各有横轴，下轴以绳索悬一三角形或圆锥形物，使经线下垂拉紧，是竖机的一种；但两轴似乎都不能旋转以卷经线或布帛。《克鼎》和《克钟》也有这字，经线笔直而不弯曲，更足以说明其为竖机。古代埃及和希腊罗马也使用竖织机，经线下垂，悬以圆锥形的坠子。周代的文献中，《尚书·禹贡》提到当时生产蚕丝和丝织品的地区③；《诗经》《左传》《仪礼》等书中很多地方，也提到蚕、桑、蚕丝和丝织品④。当时饲养家蚕已有蚕室，具备蚕架（栚或槌）、蚕箔（曲）和受桑器（篚、筐）⑤。丝绸已成为当时统治阶级的主要衣着原料。他们将"治丝茧"看作劳动妇女都应参加的

---

① 容庚编著《金文编》（科学出版社，1959 年增订本），帛（第 438 页），丝（第 681 页），"糸"和从"糸"的字（第 669~673 页）。

② 郭沫若：《金文余释》中的《释坙》（《金文丛考》本，人民出版社，1954），第 182 页；容庚编著《金文编》，科学出版社，1959，第 580 页。

③ 《尚书·禹贡》，一般认为是战国时著作。其中记九州土产：青、兖两州有丝，徐、豫、荆三州有丝织品（缟、纤、"玄纁玑组"）。扬州的"织贝"，有人以为便是"贝锦"，但可能是缀贝的织物，不一定是丝织品。

④ 周代文献中提到蚕、桑、丝、绸的例子很多。《诗经》中《豳风·七月》有"蚕月条桑"，《大雅·瞻卬》有"休其蚕织"，《卫风·氓》有"抱布贸丝"，《曹风·鸤鸠》有"其带伊丝"。《左传》中《襄二十九年》季札赠子产以"缟带"，《哀七年》有"束帛"。《公羊传》中《隐元年》也有"束帛"。《周礼》中《天官冢宰》有典丝一职，掌管丝绸的出入，《地官司徒·闾师》有"不蚕者不帛"，《考工记·氏》有"涷丝"和"涷帛"。《仪礼》中《聘礼》有"束帛"，"玄纁"，《觐礼》有"束帛"，《士丧礼》和《既夕礼》都有"玄纁"。《礼记》中《檀弓上》有"丝屦组缨"，《王制》有"布帛"。《论语·阳货》有"玉帛"。《尔雅·释虫》有各种蚕茧。《孟子·梁惠王上》有"树之以桑"和"衣帛"。《管子·山权数》有"民之通于蚕桑"。《荀子·赋篇》有《蚕赋》。

⑤ 见《吕氏春秋·季春纪》和《礼记·月令》。

副业生产①。同时，他们还假惺惺地叫统治阶级的妇女（王后、诸侯夫人）"亲蚕事"以示范②，像当时封建统治阶级头子每年举行亲耕典礼一样，用以欺骗劳动人民。

当时丝织物有罗、纨、绮、縠、锦、绣等③。其中最可注意的是东周时或西周末出现了"锦"字。《诗经·小雅·巷伯》有"贝锦"，郑玄注："犹女工之集采色以成锦文。"用不同彩色的丝线以织锦，需要采用先进的织法。锦的花纹五色灿烂，所以出现后便被视为一种贵重的高级织物。从前赠送礼物用"束帛"（普通丝绸），东周时常常改用"束锦"④。战国时"锦""绣"二字常连称以代表最美丽的织物，后来"锦绣"作为"美丽"的象征。直到今日，我们还以"锦绣山河"来形容我们祖国的美丽的土地。

实物方面，首先要提到的是五件战国铜器上的采桑图。这些铜器的时代，除钫的时代较晚外，四件壶都是公元前5世纪中叶至前4世纪的。

---

① 《礼记·内则》以为"执麻枲，治丝茧"是一切妇女应该学习的"女事"，《吕氏春秋·上农》也以"麻枲丝茧之功"为"妇教"。

② 例如《周礼·天官·内宰》，《穀梁传·桓十四年》，《礼记》中《月令》《祭义》《祭统》等篇和《吕氏春秋》中的《季春纪》《上农》。

③ 例如《战国策》中《齐策》（卷一一）有"縰罗纨"，"曳绮縠"，《赵策》（卷一九）、《宋策》（卷三二）都有"锦绣"。

④ 除上条所引《战国策》之外，"锦"字在东周文献中很多，例如《诗经》中《秦风·终南》有"锦衣狐裘"，《唐风·葛生》有"锦衾"，《郑风·丰》有"衣锦""裳锦"，《卫风·硕人》也有"衣锦"。《左传》中《闵二年》有"重锦三十两"，《襄十九年》有"束锦"，《襄二十六年》有"馈之锦与马"，《襄三十一年》有学制"美锦"，《昭十三年》有"与一箧锦"又有"杯锦"，《昭二十六年》有"锦二两"，《哀十二年》有"束锦"。《仪礼·公食大夫》也有"束锦"。《礼记》中《玉藻》有"缁布衣锦缘、锦绅"和"锦束发"，"狐白裘锦衣"，和"锦衣狐裘"，《丧大记》有"锦衾"，《丧服大记》有"锦冒（帽）"，《王制》有"锦文珠玉"。《周礼·秋官·小行人》有"璧以帛，琮以锦"。《论语·阳货》有"衣夫锦"。《墨子》中《辞过》和《公输》都有"锦绣"。《荀子·赋篇》有"杂布与锦"。《吕氏春秋·慎大览·贵因篇》（卷一五）有"锦衣"。但是有人根据《说苑·反质篇》引墨子语，以为商纣时已有锦。实则"锦绣"乃战国时常用语，以指高级丝织品。商殷未见有织锦的证据。

其中三件的桑树很高，采桑人要攀登树上采桑；其余二件，桑树和采桑人等高①。如果绘者是依照实物的比例，那么后二件表示当时已能培养出一种低矮的桑树，即后世所谓"地桑"或"鲁桑"。这种"地桑"不但低矮便利于摘采，并且叶多而嫩润，营养价值高，宜于饲蚕。我们在《左传·僖二十三年》中读到晋文公在齐国时和从者谋于桑下，"蚕妾"采桑于树上而没有被晋文公等所发觉。这段故事表示当时（公元前636年）在蚕桑事业最发达的齐国，似乎还没有"地桑"，桑树都长得很高大，采桑须登树上。只有好的饲料，才能生产优质的蚕丝。故宫所藏采桑猎壶，桑枝悬挂一筐，树下采桑人也手携一筐，使人想起《诗·豳风·七月》"女执懿筐，遵彼微行，爰求柔桑"的诗句（图1）。

图 1　战国铜器上的采桑图

1. 故宫藏宴乐射猎采桑纹铜壶 2. 辉县琉璃阁出土采桑纹铜壶盖

在考古发现方面，我们还曾在西周和春秋的墓葬中发现过玉蚕，即雕刻成蚕形的玉饰②。虽然后世文献如《三辅故事》《述异

---

①　前三件中，采桑猎壶和采桑猎钫（故宫藏品），见徐中舒《古代狩猎图像考》（史语所集刊外编第一种：《庆祝蔡元培先生六十五岁论文集》下册，1935）图版二、图版三，宴乐射猎采桑纹壶（故宫藏品），见杨宗荣《战国绘画资料》（中国古典艺术出版社，1957）图20。后二件都是壶盖，见郭宝钧《山彪镇与琉璃阁》（科学出版社，1959），第68页，图版壹零肆：2，和梅原末治《战国式铜器的研究》（日文版，1936），图版玖叁。

②　西周墓出土的玉蚕，见中国科学院考古研究所编著《沣西发掘报告》，文物出版社，1962，第126页，图版捌伍：10；西周卫墓出土的，见郭宝钧《浚县辛村》，科学出版社，1964，第64页，图版壹零贰：3和10；春秋墓出土的，见中国科学院考古研究所编著《上村岭虢国墓地》，科学出版社，1959，第22页。

志》《括地志》等书，曾提到春秋至秦朝的古墓有金蚕[①]；但是这些都是出于两晋南北朝时述异志怪的"小说家言"，似难凭信。金蚕实物，在宋代便有出土（见宋人楼钥《攻媿集》卷七五，《跋赵明可家藏三物记》）。近代公私收藏家也有收藏古代金蚕的[②]，但是观察它们的形状，似乎都是汉魏南北朝时物。我们在考古发掘中还没有发现过。

更重要的是，我们发现过周代丝绸的实物。解放以来，好几处的楚墓中都曾发现了丝织物：①1957年发掘的河南信阳楚墓。这墓的出土物《图录》中，图170、图171似乎是织有菱形花纹的文绮；图173~图174是方目纱。《图录》的说明很简单："丝织品的织法，与现在常见的棉织品相同，不过经线较粗而纬线较细。"[③] ②1965年发掘的湖北江陵望山的两座楚墓。一号墓有"提花丝帛"和"绫"，二号墓有刺绣、木俑的绢衣和丝质假发[④]。细观插图，"提花丝帛"似乎是文绮，刺绣是用丝线在绢上绣出一个包着四组卷曲纹的长方形花纹。所谓"绫"不知道是否系斜纹组织？有否花纹？③湖南长沙楚墓。解放以前，长沙楚墓曾出过"缯书"、"帛画"和其他丝织物[⑤]。解放以后，长沙的重要发现有下列几批：1952年五里牌406号墓，

---

① 《括地志》说，晋永嘉中发齐桓公墓，有"金蚕数十薄"（张守节《史记正义》卷三二引）。《述异记》说：吴王阖闾夫人墓中有"金蚕玉燕各千余双"（《图书集成·禽虫典》卷一六七引）。《三辅故事》说："始皇后葬，用金蚕二十箔。"（《太平御览》卷八二五引）

② 滨田耕作：《东亚考古学研究》（日文版，1943）中的《金蚕考》，第221~228页，图版十九，1~4。这文中误以齐桓公墓一事出于《邺中记》，又误以"数十箔"为"数千箔"。

③ 河南省文化局文物工作队编《河南信阳楚墓出土文物图录》，《序言》第4页，图170~图175。

④ 湖北省文化局文物工作队：《湖北江陵三座楚墓出土大批重要文物》，《文物》1966年第5期，第33~39页，图八（提花丝帛），图十一（刺绣）。

⑤ 《楚文物展览图录》，北京历史博物馆，1954，图12、图20、图21；湖南省博物馆编《湖南省文物图录》，湖南人民出版社，1964，图57、图58。

出土有残绢片（其中一片上有绣花），文绮（褐紫色，有菱形花纹），丝带（一件紫褐色地，有菱形花纹和犬齿纹，宽 1.4 厘米；一件用黑、褐二色丝织成，褐地，有黑斑节纹，宽 1 厘米），丝织网络（罗？），丝绵被①。1954 年左家公山 15 号墓和杨家湾 6 号墓，都出有残丝绸，前者又出丝绳②。1956 年广济桥 5 号墓出丝绳（捆缚棺椁），平纹绢（做成圆形袋），菱形花纹丝带（二件）和"织锦"，最后一件据图片和文字说明，是一件用"提花"方法织成的"内夹小花的两层菱形纹"的文绮，并不是彩色的织锦。1958 年烈士公园 3 号墓出有刺绣③。1971 年浏城桥楚墓出土的丝织品很细，每平方厘米经线 42 根，纬线 32 根④。更重要的是 1957 年左家塘战国墓中发现的织锦，是迄今发现的最早的织锦实物⑤。更引人兴趣的是远在苏联阿尔泰区的巴泽雷克的几座墓中，也出土了中国丝绸，有以彩色丝线绣出杂处于花枝间的凤凰图案的刺绣和由红绿二色纬线织出纬线斜纹显花的织锦。这些墓葬属于公元前 5 世纪，即相当于我国的战国初期⑥（西周实物，见本文篇末的"补记"）。

东周时代出现的织锦，在织法上是当时最先进的技术，并且也表

---

① 中国科学院考古研究所编著《长沙发掘报告》，第 64 页，图版叁壹~图版叁叁。《楚文物展览图录》，北京历史博物馆，1954，图 45~图 48。
② 湖南省文物管理委员会：《长沙左家公山的战国木椁墓》《长沙杨家湾 M006 号墓清理简报》，《文物参考资料》1954 年第 12 期，第 7、8、29、45 页；湖南省文物管理委员会：《长沙出土的三座大型木椁墓》，《考古学报》1957 年第 1 期，第 93~101 页。
③ 这二墓的丝绸，见湖南省博物馆编《湖南省文物图录》，湖南人民出版社，1964，图版五三~图版五六；其中广济桥 5 号墓简报，见湖南省文物管理委员会《长沙广济桥第五号战国木椁墓清理简报》，《文物》1957 年第 2 期，第 59~63 页。
④ 湖南省博物馆：《长沙浏城桥一号墓》，《考古学报》1972 年第 1 期，第 70 页。
⑤ 熊传新：《长沙新发现的战国丝织物》，《文物》1975 年第 2 期，第 49~52 页，图一至图三、图十五至图十八。
⑥ С.И. 鲁金科：《论中国与阿尔泰部落的古代关系》，《考古学报》1957 年第 2 期，第 37~39 页，图 1~图 2，图版一：1。文中说是纬锦，但残片有时很难确定是纬锦或是经锦。

示我国当时已有了先进的织机。我国古代使用竖机之外，可能也使用平放的织机，和古代希腊、罗马等国家专门使用垂直的织机不同。就技术来说，只有平放的织机，才能改进到使用吊综提花和脚踏，殷代的文绮需要某种提花设备，当时的织机当已有平放式的或斜卧式的。东周时添了织锦，更应该是一种有提花设备的平放织锦机。这时很清楚的已在织机的两端安装上可以旋转、调整的轴，以卷经线和织成的织物。《诗经·小雅·大东》有"杼柚其空"。朱熹《诗集传》解释说："杼，持纬者也，柚，受经者也。"杼便是缠上纬线的梭子，柚便是缠上经线的机轴，二者的轴端都要安装有棘齿（轴牙）以固定轴子。因为丝线做成的经线一般较长，有一大段卷在经轴上；绢缯织成一段后，将经线放出一段，而将已织成的一段绢缯卷到布轴上去。这种可旋转、调整的轴子是我国首先利用于织机上的。西方古代的织机，不论是竖直式的或是平放式的（古代埃及也有平放式织机），经线的两端都是固定的，经线长度有限，因之布帛的长度受到很大的限制。提花的织物，经线越长，那么牵经就织、入筘和穿综等的次数可以减少，也就是越省工。所以机轴之能旋转以卷经线和布帛是织机上一个重要的技术改进。至于刘向《列女传》（卷一）所记载的鲁季敬姜说织故事，虽然有来源于春秋或战国时期文献的可能，但经过汉朝人的加工渲染，所以这里略而不述，留待下面的汉代部分再加以讨论。

为了使丝帛更加美好，至迟在战国时期已知道"涷丝"和"涷帛"。《周礼·考工记》有㡛人一职，主管这事："涷丝以涗水。""涷帛，以栏为灰，渥淳其帛，实诸泽器，淫之以蜃"。目的不仅是漂白，也是除去蚕丝纤维表面的一层丝胶，使丝变得更富光泽，更为柔软。"涗水"是加灰的温水，"栏"即楝木，烧灰和水成浓浆为"渥淳"，"蜃"为蛎灰。今天涷丝的方法，是用沸水、热皂水或碱性溶液，以溶去丝胶。

三

毛主席指出："自周秦以来，中国是一个封建社会，其政治是封建的政治，其经济是封建的经济。"毛主席又指出："而在这样的社会中，只有农民和手工业工人是创造财富和创造文化的基本的阶级。"由于战国时代社会经济的巨大变革，以及秦汉统一局面的形成，大大地促进了封建经济的发展，因而我国古代的丝绸生产在当时手工业工人的努力下，到汉代便达到了一个高峰。这时我国织造丝绸的历史，至少已有一千多年了。

汉代丝绸的实物，在考古发掘中发现很多。根据实物的研究，结合文献记载，知道当时这方面的技术，有了显著的进步和提高。其中有些新发明的技术，可能在战国时期甚至早在春秋时期便已出现，不过我们现下掌握的材料只能追溯到汉代为止。现在分别叙述如下。

首先，改善家蚕的饲料。家蚕的饲料是桑叶，汉代对于栽培桑树的方法有所改进，关于"地桑"的培养已有明确的证据。西汉后期（公元前 1 世纪）的著作《氾胜之书》说："每亩以黍、椹子各三升，合种之。"北魏（公元 6 世纪）的《齐民要术》也说用黍或豆和桑合种，可收"益桑"之效；桑生长后，"锄之"，"桑令稀疏调适"，不使种植得过稀和过密；"桑生，正与黍高平，因以利摩地刈之"，这便是后世培植"地桑"（鲁桑）的方法，第一年到桑树长至与黍一样高时，将地面枝条靠地割下，这样桑树次年便不会长得太高，不仅易于采摘，而且枝嫩叶润，宜于饲蚕。据说"桑至春生，一亩食三箔蚕"。后世的农书也说，"地桑"次年即可饲蚕，不像"树桑"（荆桑）要连年剪条，至少要第三年才可采用[1]。汉代画像石和画像砖上

---

[1] 石声汉：《氾胜之书今释》，科学出版社，1956，第 31~32 页；参阅石声汉校释《齐民要术今释》本，第二分册，科学出版社，1958，第 281~295 页。

的采桑图，一种桑高与采桑人等，一种桑比采桑人高得多，这和战国铜器上的采桑图一样，可能前者代表"地桑"，后者代表"树桑"①。不过，汉代已有"地桑"，有上述文献为证。有了好的饲料，生产优质的蚕丝才能得到保证。

其次，讲究养蚕的方法。东汉时（公元 2 世纪）崔寔的《四民月令》提到"治蚕室，涂隙穴，具槌（阁架蚕箔的木柱）、栲（蚕架横木）、箔（养蚕的竹筛）、笼（竹编的罩子）"②。这里记述的养蚕方法，比前人更详细一些，除了像《吕氏春秋·季春纪》和《礼记·月令》那样提到养蚕的用具外，还提到整治蚕室，涂塞隙缝和洞穴，这样既防止鼠患，又易于掌握蚕室的温度。因为讲究饲养的方法，所以汉代便有了优良的蚕丝。根据实测，汉代蚕丝纤维的直径和近代各地生产的家蚕丝相比较如下（以毫米计算）：中国（汉代）0.02～0.03，中国（近代广州）0.0218，日本 0.0273，叙利亚 0.029，法国 0.0316，小亚细亚布鲁沙（Broussa）0.0317。此外，蓖麻蚕 0.03，樗蚕 0.04，柞蚕 0.04～0.08，印度野蚕 0.08～0.09③。这表示我国的家蚕丝，在汉代便已如此纤细，这是多年来讲究饲蚕法的

① 汉代采桑图，见容庚《汉武梁祠画象录》（考古学社，1936）总图三，分图48～图49、图55；又见刘志远《四川汉代画象砖艺术》，中国古典艺术出版社，1958，图版六；重庆市博物馆编《重庆市博物馆藏四川汉画像砖选集》，文物出版社，1957，第 12 页。冯云鹏等编《金石索》，"石索"三，万有文库本，商务印书馆，1929，第 58 页，三之七，董永故事，右侧一树，或即桑树，三之二（第48 页），则秋胡妻之右为桑树，可据《列女传》而确定，前者较后者为高，同治十年出土的"何馈"画像石第二层，亦有一树，与前二者形似《汉武梁祠画象录》新一至新三。

② 崔寔：《四民月令》，见《怡兰堂丛书》中唐鸿学辑本。

③ 卫礼泽：《中国艺术》（英文版，1958）第 210 页所引的普非斯忒《帕尔米拉出土的织物》中的数字。原田淑人：《东亚古文化研究》（1944）说现今普通家蚕丝涑去丝胶后为 0.012 毫米，汉代丝绸的蚕丝为 0.008～0.013 毫米，平均约 0.01 毫米（第 433 页）。二者数据，相差一倍。可能一指单根纤维，一指双根纤维组成的茧丝（天然丝缕）。每条蚕有一对丝腺，所分泌的一对丝纤维由于丝胶的作用便粘着在一起成为一根茧丝。

结果。

再次，织物的品种和织法，汉代丝织物的名称很多，文献方面可参考任大椿《释缯》（《皇清经解》卷五〇三）。由于各类丝织品的名称，各时代往往不同，常有同名异实或同实异名的情况，有些已不能确知其为何物；同时，古人对织物分类的标准和现在不同，加以古代脱离生产的文人滥用名词，这就造成了更大的混淆。现把重点放在考古发现实物的研究上，兼及有关的文献。

汉代总称丝织物为"帛"、为"缯"或合称"缯帛"①，犹今日泛称"丝绸"或"绸缎"②。生帛有"缟""素"等名称，有时不论生熟，笼统地用"缟""素"等名来指洁白的细缯。生帛的光泽和柔软都不及熟帛，熟帛特称为"练"。涑后的熟帛，或保留白色，或再加染色成为各色的缯帛。汉代的丝织物除"织采为文"的锦外，一般是织成后再用"涑帛"法除去丝胶，因为带有丝胶的丝纤维在织帛过程中耐磨损，但丝胶吸收染料性能特强，染色前又必须除去，将

---

① 《说文》（卷一三上）："缯，帛也"；《说文》（卷七下）："帛，缯也"。《急就篇》颜师古注："缯者，帛之总名，谓以丝织者也。"又说："帛，总名诸缯也。"《史记·西南夷列传》（卷一一六）："皆贪汉缯帛"。

② 汉代"绸"字一般写作"紬"，是指用废茧和残丝纺成粗丝线以织帛。《说文》："紬，大丝缯也"（卷一三上），今日的茧绸或绵绸，还保留原来的意义。而"绸"字在周、汉时作"绸缪"或"稠密"解，不像现今作为丝织物的通称。"缎"字作为缎纹组织的丝织物是后起字，唐宋时写作"段"。《说文》中有"缎"字是"鍛"字的或体，指"履后帖也"（卷五下），指鞋后跟的帮贴。缎纹组织也是后起的，似乎始于唐代。唐以前称布帛依一定尺寸分裁的一段为"段"。《新唐书·太宗诸子传》（卷八十）"所赐万段"，当指布帛万段。《旧唐书·太宗诸子传》（卷七六）作"赐泰物万段"可以为证。《图书集成·食货典》（卷三一八）把这"段"算为"缎"，收入《缎部》，是错误的。汉人张衡《四愁诗》的"锦绣段"也是指成段的锦绣，和下文"青玉案"对举成文，并不是"缎"。有人以《管子·立政篇》的"服绻"的"绻"即今日的"缎"，实则《管子》此句，较古的本子都作"绻（冕）"或丝，王氏《广雅疏证》（卷七）引误改为"绻"。曹魏张揖《广雅·释器》始见"绻"字，释作"紬也"，与"绖"等并列，乃是"大丝缯"，也不是今日的"缎"。后者是经、纬线的浮线的飞数在四数或更多的斜纹组织。

来脱胶时才不会脱色或斑驳不纯。

就织法而论，汉代丝织物中以平纹组织的"素"或"纨"（又合称"纨素"）为最普通。这便是今日的绢[1]。高级的细绢称为"冰纨"（见《后汉书·章帝纪》）。今日考古发现的汉代丝织物，绝大部分是这种平纹组织的绢。绢可分为二种：一种是经纬线根数大略相同的一般平纹绢，密度每平方厘米各为 50~59 根者居多，其次为 40~49 根和 60~69 根。另一种是经线较密的畦纹绢，经线以每厘米 60~85 根为最普通，一般较纬线多出约一倍，所以显出纬方向的畦纹。细致的畦纹绢如最近满城中山靖王刘胜墓所出，经纬线每平方厘米为 200×90 根[2]。汉代有一种丝织物叫作"缣"，较普通的素绢细密[3]。古乐府《上山采蘼芜》即以织缣比织素为慢，织造也较难。但"缣"（细绢）似乎兼指上述两种绢，并不专指畦纹绢，更不是指粗厚的绢。过去在敦煌曾发现过两侧幅边还保存的"任城缣"残帛，上面有汉文题记："任城国亢父缣一匹，幅广二尺二寸，长四丈，重二十五两，直钱六百一十八。"[4] 一般认为汉尺合 23 厘米。这件缣当时幅广当为 50.6 厘米，今标本实物幅广 50 厘米。由此可以推知汉代织机的大致宽度。

其次为罗纱。上文提到战国墓中已有疏织的方眼纱，但其织法似乎仍是平织而非"罗纱组织"（Leno weave），只不过经纬线的密度都

---

① 《说文》（卷一三上）："纨、素也。"《汉书·元帝纪》，"齐三服官"，颜师古注："纨素，今之绢也"，但是汉人称色黄如麦的缯为绢（见《说文》卷一三上）和后世的"绢"字用法不同。

② 中国科学院考古研究所满城发掘队：《满城汉墓发掘纪要》，《考古》1972 年第 1 期，第 14 页。关于汉绢的一般讨论，参阅鲁博－雷斯尼钦科《中国古代丝织品和刺绣》（俄文版），1961，第 7~8 页；西尔凡《额济纳河和罗布淖尔的丝织物研究》（英文版），1949，第 99 页。

③ 《说文》（卷一三上）："缣，并丝缯也。"刘熙《释名·释采帛》（卷四，毕沅《疏证》本）："缣、兼也，其丝细致，兼于绢。"《急就篇》颜师古注："缣之言兼也，并丝而织，甚致密也。"

④ 罗振玉、王国维：《流沙坠简》（1914 年刊本）卷二，第 43 页；斯坦因：《塞林提亚》（英文版），1912，第 701~704 页。

比较稀疏，露出方孔。汉代也有这种平纹组织的方孔纱，经纬线密度有疏到 23.5×20 根者。诺音乌拉出土的 MP937 号、MP1729 号标本便是这种平织纱。这种平织方目纱常出土在死者（男子）头盖骨的旁边，有时还带有涂漆的痕迹，当为冠帻的残片。它们可能便是汉代文献中作冠帻用的"缅"或"縰"①。更重要的是汉代出现了"罗纱组织"的提花罗纱。今日的罗纱织法，是以经线二根（地经和纠经）为一组（1~2、3~4 等），同纬线交织，其中纠经（2、4、6、8 等），时而在地经 1、3、5、7 的左侧，时而在地经的右侧。每织入一根纬线后，纠经便变换一次。这样织成后，经纬线都不易滑动，比平织纱为优（图 2）。现在知道，汉代罗纱组织有两种变化组织，与上述最原始的 1 纠 1 经的简单罗纱组织比较，已有了进一步的发展。甲种变化组织（图 3）：将纠经（图中 1、3、5、7 等经线）轮流同左侧或右侧的地经相纠；织时，除"豁丝木"（"分经木"）以外，需要两片综（A、B）；织成后，孔眼分布均匀，较简单罗纱组织的为胜。汉代的罗纱中，有全部用这种织法织成的素罗纱，例如诺音乌拉出土的 MP1093 号标本。乙种变化组织（图 4）：先用综 B 将偶数经组（图中 3~4、7~8 等）的纠经（如 4、8 等）拉至奇数经组（如 1~2、5~6、9~10 等）的左侧后向上提，过梭后再提后综（即平织综）A；再次过梭后再用 C 综将奇数经组的纠经（如 2、6、10 等）拉至偶数经组的左侧后再向上提，过梭后又提后综（即平织综）A。这种织法需要一片后综（A）和两组纠经综（B、C），它所形成的孔眼较大。汉代的花罗，常以乙种纠经法作孔眼较大的地纹，而以甲种纠经法作孔眼较细密的花纹。1959 年民丰出土的花罗便用这两种纠经法分别织成地纹和花纹。每平方厘米经线 66 根，纬线 26 根。1968 年满城

---

① 《汉书·元帝纪》（卷九），"齐三服官"条下，李斐注："春献冠帻为首服"，颜师古注："与同，音山尔反，即今之方目纱。"

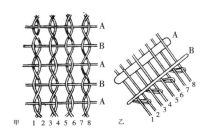

图2　简单的罗纱组织

甲．结构图（1~8经线）乙．纠
经法

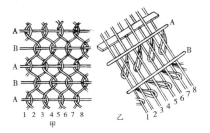

图3　汉代罗纱甲种变化组织

甲．结构图（1~8，经线；A、B
纬线）乙．纠经法

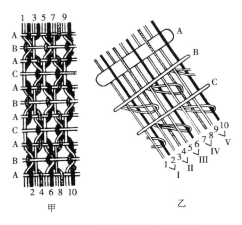

图4　汉代罗纱乙种变化组织

甲．结构图（1~8，经线；A、B、C纬
线）乙．纠经法

西汉墓出土的花罗的织法，和民丰的完全相同①。当然，如果要织成简单的菱形花纹，也要用多片提花综；每一综的各经线分别依照花纹的需要而采用两种纠经法中的一种。这样便可织出花罗来。战国晚期的文献中已有"罗"字，汉时还有"文罗"，可能便是指这种罗纱组织的丝织物②。后来《唐六典》的"织染署十"作中有罗作，又有纱作，可能是

---

① 鲁博-雷斯尼钦科：《中国古代丝织品和刺绣》（俄文版），1961，第10~11页；民丰东汉墓出土的罗纱，见武敏《新疆出土汉—唐丝织品初探》，《文物》1962年第7、8期，第69页，图7、图8。又参阅原田淑人《东亚古文化研究》（1944），第427~434页，其方目平织纱经纬密度每平方厘米为23.5×20根；又其花罗的乙种变化罗纱组织，稍有不同，纠经不是隔三条经线，而是隔二条经线即上提。

② 《楚辞·招魂》有"罗帱"，宋玉《风赋》有"罗帏"。《晋东宫旧事》有"绛具（或作'直'、作'真'）文罗"（《太平御览》卷一四九、六九五、七〇七等）。

罗纱组织和平纹组织的区别①。日本正仓院所藏的唐代"罗",便是罗纱组织的。

但是，汉代文献一般是将"罗"字当作鸟罟解（《说文》卷七下），可见当时的罗纱的"罗"和鸟罟一样，经纬线是纠结的，孔眼疏朗。古代文献上另有一种丝织物称为"縠"，也是指罗纱一类做衣服用的织物。但是，"縠"字在不同的时代似乎有不同含义。最初有时是指作冠用的罗纱，相当于平织方目纱即"䌷"，有时指细致的高级织物，相当于罗纱组织的"罗"②。"罗"字似乎又作为"绉"的同义语。而"绉"字本身最初也是细致织物的泛称，葛布和丝绸的细致者都可称"绉"，后来才专门用以称有绉纹的绉纱③。现代的绉（Crêpe）是用拈丝作经，两种不同拈向的拈丝作纬，拈度都较高，以平纹组织织成，表面起明显绉纹。汉代的绉纱实物，在额济纳河的汉代烽燧中曾经发现过，经纬线都是每平方厘米约 40~60 根，经线未经纺拈，纬线紧拈，拈向是正手拈，即 S 拈④。《新唐书·地理志》记载各地生产的丝织

---

① 《大唐六典》卷二二。按《新唐书·地理志》，各地出产的罗纱，有"平沙"（卷三九，怀州），又有"花纱"（卷四一，庐州、越州；卷四二，蜀州），罗有"罗"（卷三九，德州等），有"单丝罗"（卷四二，成都、蜀州）和各种花纹罗（卷三九，镇州；卷四一，越州），可见罗、纱二者的区别并非依其有否花纹而分。

② 《说文》，"縠，细缚也"。《战国策》（卷一一），王斗说齐宣王，以尺縠为冠为喻。《汉书》中《高祖本纪》（卷一）"贾人毋得衣锦、绣、绮、縠、纻、罽"，《江充传》（卷四五），"充衣纱縠禅衣"，颜师古注："纱縠，纺丝而织之也。轻者为纱，绉者为縠……《汉官仪》曰：武贲中郎将衣纱縠禅衣"（再补注：这是颜师古的解释，不一定是汉人的原意。《江充传》中的"纱縠"似为一种织物，并非两种织物）。《释名·释采帛》："縠，粟也，其形戚戚，视之如粟也。"（《玉海》本，王应麟《急就篇补注》，引作"縠，纱也"）顾野王《玉篇》（下篇卷二七）"纱，縠也"。

③ 关于"绉"字，《诗经·鄘风·君子偕老》："蒙彼绉絺"，毛氏传："絺之靡者为绉"。《说文》："绉，絺之细者也。"（卷一三上）后来指绉纱，《诗经·君子偕老》郑玄笺，"绉，絺之蹙蹙者。"《说文》（卷一三）绉，"一曰戚也"。

④ 西尔凡：《额济纳河和罗布淖尔的丝织物研究》（英文版），1949，第 102 页。补注：1972 年武威王莽时墓中出土一种"轧纹绉"，据云有断面波形的人字纹，可能是用模板对轧而成，见《文物》1972 年第 12 期，第 19、21 页。

物，除了上举的"纱""罗"以外还有"縠"，可能便是指绉纱①。

就织法而言，最引人兴趣的是绮和锦。现在先谈汉绮。绮是斜纹起花的绸。《说文》"绮、文缯也"（卷十三上），后来戴侗《六书故》说："织素为文曰绮，织采为文曰锦。"② 汉绮的织法，除了继承殷代的那种"类似经斜纹组织"（即底地平织而显花处是经斜纹）之外，还有一种特别的织法，为研究方便，可称"汉绮组织"③。这种组织不但底地平织，并且显花部分中，同每一根有浮线的经线相邻的另一根经线，也是平纹组织（图5）。这样增添一组平纹组织的经线，可以增加织物的坚牢程度，但又不影响花纹的外观。1959年在民丰发现的两件汉绮，每平方厘米经线66根，纬线26至36根④。汉帛一般幅广是45~50厘米，便说是，全幅有经线2970~3300根⑤。

---

① 《新唐书·地理志》卷三八，河南府；卷四十，兴元府，阆州；卷四一，越州，都产"縠"，最后一处的称为"轻容生縠"。

② 《晋东宫旧事》有"七彩杯（或缺'七'字，或缺'杯'字）文绮"（《太平御览》卷一四九、六九五、七〇七引）。如果"织素为文"，当是织后染成不同色彩的绮，每匹当仍是单色的。《汉书·高祖纪下》颜师古注："绮，文缯也，即今之细绫也"，以绮、绫为古今异名同实。但《唐六典》（卷二二）"织染署十"作中有绮作，又有绫作。我猜想前者可能继承"汉绮"那种以平织作底地，一般经线显花的织物，而后者指以斜纹组织作底地、纬线显花的花绫和全部作斜纹组织的素绫。《新唐书·地理志》记各地出产丝绸，同样地有绫又有绮。

③ 见查理斯顿《汉代暗花绸》一文，《东方艺术》（英文）1948年第1期；又见夏鼐《新疆新发现的古代丝织品——绮、锦和刺绣》，《考古学报》1963年第1期，第48~53页。

④ 民丰汉绮，见武敏《新疆出土汉—唐丝织品初探》，《文物》1962年第7、8期，第68页；夏鼐《新疆新发现的古代丝织品——绮、锦和刺绣》，《考古学报》1963年第1期，第52页。

⑤ 再补注：根据马王堆汉墓出土实物，似乎花罗也叫作绮，不限于我们这里所说的汉绮。宋玉《神女赋》称赞"绮罗纨缛盛文章"，则罗、绮乃二种织物（或者这里以罗指素罗，而绮指花罗）。又满城及马王堆两座汉初墓，都不见"汉式组织"的绮，马王堆墓有普通的绮（即类似经斜纹组织），则"汉式组织"似在西汉后期始创造出来。

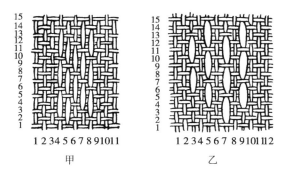

图5 中国古代文绮的结构图

甲．殷代（至汉代）的文绮 乙．汉绮特有的组织

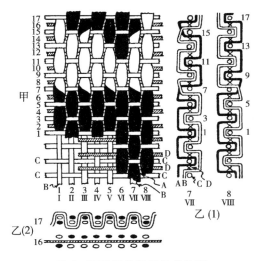

图6 汉代两色织锦的结构图

甲．平面结构图（1~8，Ⅰ~Ⅷ或 A、B，表经和里经；

1~17或 C、D，交织纬和花纹纬）

乙（1）．纵剖面（0＝交织纬，×＝花纹纬）

乙（2）．横剖面（17＝交织纬，16＝花纹纬）

汉锦是汉代织物最高水平的代表。它是五色缤纷的多彩织物。

汉锦的织法是"经线起花的平纹重组织"（图6）。它和汉绮的相同点是：基本平纹组织和经线起花。主要的异点是：①汉锦采用"重组织"（即复合组织），由两组或两组以上的经线（其中轮流有一组作为表经，其余为里经）和一组纬线更迭交织而成。②纬线虽只有一组（只有一种颜色），却可依其作用分为交织纬（即"明纬"）和花纹纬（即"夹纬"）。③二或三色的经线，每色各一根成为一副。利用夹纬将每副中表经和里经分隔开。前者是需要显色以表现花纹的经线，后者是转到背面的其他颜色的经线。这样便使表经成为飞数三的浮线（间有飞数二的）。汉锦的经线很稠密（汉朝以后较粗疏），每平方厘米约 120~160 根（以 2 或 3 根为一副，约 40~60 副），纬线约 23~30 根（包括明纬和夹纬）。交织纬和每副经线交织成一种纬方向畦纹的平纹组织。汉锦一般是使用二色或三色的组织法。如果需要四色或更多，便采用分区法，在同一区中一般也都在四色以下①。花纹的循环（即一花纹单元的大小），其长度（经线循环）常是横贯全幅（幅广约 45~50 厘米），一根纬线要和 5000 根以上的经线打交道。高度（纬线循环）不等，但都不过几厘米；便是这样，有时也需要提花综数达 50 综左右②（关于新发现的绒圈锦，见本文篇末"补记"）。

汉初，以"锦、绣、绮、縠、絺、紵、罽"为高级织物，不准商贾穿着（《汉书·高祖纪下》）。后三者为高级的葛布、苎麻布和

---

① 诺音乌拉出土的"山岳双禽树木纹锦"（MP1330），据鲁博-雷斯尼钦科的研究［《中国古代丝织品和刺绣》（俄文版），1961，第 51 页］，经线只有三色：金黄、黄、石榴色。梅原末治在《蒙古诺音乌拉发现的遗物》（日文版，1960）第 73~78 页误以为六色六层，实则即使六色经线，亦只能形成表经和底经各一层而已。梅原的"六色"为红、淡红、浓茶、黑茶、薄茶和茶色，大概有些是晕色。又经线据研究为每厘米 46 枚（副）三色共 138 根，和别的织锦相同。梅原误以为66 枚，六色共约 400 根，超过实数三倍。

② 夏鼐：《新疆新发现的古代丝织品——绮、锦和刺绣》，《考古学报》1963 年第 1 期，第 54~62 页。又参阅 K. 里布、G. 维亚尔《汉代丝绸》，《亚洲美术》（法文）第 17 期，1968，第 93~141 页。

毛织物，前四者都是丝织品。这四者中，锦、绮、縠上文已经讨论过，现在可谈一谈刺绣。刺绣是在已织好的织物上面，以绣针添附各色丝线，绣出美丽的花纹。汉代刺绣的实物，在怀安、武威、罗布淖尔和国外的诺音乌拉、帕尔米拉等处都有发现；最近（1968 年）在满城西汉中山靖王刘胜夫妇墓中，又有发现①。汉代绣法有"十字绣"、"影刺绣"、平绣和锁绣法，而以锁绣法较为常见。刺绣的花纹不是依靠机械化的织机，而是完全依靠手工，所以费工夫更多，市价甚至比织锦更为昂贵。

最后，再谈谈缯帛的染色。各种颜色的绢、罗纱、文绮，都可以织成后染色，而锦和绣则需要织或绣之前先把丝线染色。汉代继承战国时期的传统，先行"湅丝"或"湅帛"，然后进行染色。关于"湅"，《考工记》只提到用温水，汉代则已用煮练的方法。《释名》说"练，烂也，煮使委烂也"。这是增加温度使化学变化加速，以节省时日。汉锦有红、紫、绿、蓝、缁（黑）等各色。依照对于汉代丝织物所作的化学分析，我们知道染料中有茜草素（alizarine）和靛蓝（indigotin）②。前者当由茜草（Rubia tinctorium）而来，后者取自木蓝属植物（indigofera）。媒染剂当为铁盐和铝盐（矾石）。如果和茜草素相结合，前者成绿色（复原状态）或褐色（氧化状态），后者成红色③。

---

① 夏鼐：《新疆新发现的古代丝织品——绮、锦和刺绣》，《考古学报》1963 年第 1期，第 63 页；满城汉墓的刺绣，见中国科学院考古研究所满城发掘队《满城汉墓发掘纪要》，《考古》1972 年第 1 期。参阅梅原末治《蒙古诺音乌拉发现的遗物》（日文版），1960，第 79~83 页。

② 关于战国汉代染料的文献资料，参阅孙毓棠《战国秦汉时代纺织业技术的进步》，《历史研究》1963 年第 3 期，第 167~169 页。

③ 鲁博-雷斯尼钦科：《中国古代丝织品和刺绣》（俄文版），1961，第 23~24 页；卫礼泽：《中国艺术》（英文版），1958，第 241~242 页。

四

前面从改善家蚕的饲料、讲究养蚕的方法、织物的品种和织法三个方面，讨论了汉代栽桑、育蚕、缫丝、丝织的发展情况，现在再讨论汉代织机的改进。

上文提到的刘向《列女传》中鲁季敬姜一节，叙述了织机零件的名称和功能，这可以算是关于汉代织机的文献资料。据记载，当时的织机除卷布帛的"轴"和卷经线的"楀"外，已有："持交而不失，出入不绝"的"梱"（后世称"筘"，当时是刀形的，每穿梭一次后便用筘打紧纬线，随即取出，所谓"出入不绝"），"推而往，引而来"的"综"（这时的织机当同汉画像石上刻画的一样，织架斜放在织床上，"综"是单综，前后推引，与近代织机上下升降的双综不同），"主多少之数"的"均"（疑即后世织机的"豁丝木"或"分经木"，将奇、偶数的经线分开），"治芜与莫也"的"物"（"物"或为"构"字之误。当即曹魏张揖《埤苍》"凡织先经以构，梳丝使不乱"的"构"，见《玉篇》卷一二，木部引）。这里没有提到梭子（杼），也没有提到脚踏板（蹑）。前者或由于当时梭子插在刀筘内，不独立成一体；后者可能由于当时尚未采用。

此外，汉代文献中还有王逸《机妇赋》和散见于《淮南子》、《说文》等书的一些零星材料[1]，但都说得含糊不清。

东汉时代画像石上的几幅织机图，使我们对于汉代织机的形象有比较清楚的认识（图7）。一般而论，织机的主要部分是关于开梭口运动的安排。一种简单的织机，是用一根"豁丝木"（即"分经

---

① 参阅孙毓棠《战国秦汉时代纺织业技术的进步》，《历史研究》1963年第3期，第154~160页；王逸《机妇赋》，见严可均《后汉文》卷五七。

木")将奇数和偶数的经线二者分开，并形成一个梭口，使两组经线分别成为这梭口的底经（里经）和面经（表经）；另外，在这"豁丝木"的前面（即近织工的一面）配备一片综（heddle），将上述的底经每根分别穿入各综眼中。因之，将综提升时，即形成另一个梭口；将综放下时，经线又会由于"豁丝木"的关系而恢复原梭口。这样一升一降，每次投梭引渡纬线，奇数和偶数的经线轮流交替成为底经和面经，持续不断，便可交织成布帛。综眼在金属或木制的综上为小孔，在绳索制的综上为小环。根据汉人《仓颉篇》的记载，汉代的综是"屈绳制经，令得开合也"[1]，当用绳索制成。提综的方法，最初是用手提，织工一手提综，另一手投梭。后来进步了，发明了脚踏板，将提综的工作交给两足，织工可以腾出另一只手来做打筘的工作，或者两手轮流投梭，这样便可以加快速度，并且节省劳力。采用脚踏板是织机改进方面一个创造性的发明，我国至迟在东汉时织机上已广泛采用了脚踏板，这有画像石可以为证。这是世界上最早出现的脚踏织机，欧洲到第 6 世纪才开始出现，13 世纪才广泛采用，所以许多人都相信这是中国的发明，可能和提花机一起西传过去的[2]。

根据汉画像石的材料，参考后世和现今民间的简单织机，有人做过汉代织机的复原工作[3]，这对于汉代织机结构的研究，可以说是迈进了一大步。但是，依照原来的复原图，这织机是不能工作的。因为：①依照原图，当脚向下踏"脚踏"时，"马头"（名词暂依照《梓人遗制》）的前端并不能抬起，说明中没有告诉我们怎样使"力

---

① 《仓颉篇》："综，理经也。""谓机缕持丝交者也，屈绳制经，令得开合也。"《岱南阁丛书》中孙星衍辑本。

② 卫礼泽：《中国艺术》（英文版），1958，第 233~234 页，及其中所引 G. 舍斐的论文（1938）。

③ 宋伯胤、黎忠义：《从汉画象石探索汉代织机构造》，《文物》1962 年第 3 期。

图 7　汉画像石上的织机图（依照《文物》1962 年第 3 期）

1. 山东滕县宏道院出土 2. 山东滕县龙阳店出土 3. 山东嘉祥武梁祠 4. 山东肥城孝堂山郭巨祠 5. 江苏沛县留城镇出土 6. 江苏铜山洪楼出土

量沿着顺脚竿子传到操纵马头的杠杆部分"。复原图（原文图八）中脚踏是以绳索上连一横杆，横杆又经绳系于马头的尾端，并用织架"立颊"间的横桄托住，使不下坠。但是，横杆没有固定的支点，前后左右可以移动；它同马头几成直角，所以很难使马头一端抬起。②纵使像原复原图七之 5 那样，使马头前端抬起，但是所提的底经无法达到那样高，不能开一梭口。③纵使能开梭口，但是投梭后综丝和底经下降时，如果经线稍稠密，它们便要被面经所阻不能顺利下降到面经之下形成另一梭口。

　　我们依照汉画像石，主要是铜山洪楼发现的一件（图 8），多次讨论，反复试验和修改，重新绘制了一幅汉代织机的复原图。我们的主要修改是（图 9 至图 12）：①将脚踏板和"马头"前端之间的横杆固定于织架的框边木上，但可以上下半旋转。这样一来，脚踏下踏时便可使"马头"前端抬起。②将"豁丝木"与两"马头"间中轴分

图8　江苏铜山洪楼出土的汉画像石上的纺织图部分

而为二；使"豁丝木"下降，以便底经上提时可以与较低的面经形成一较大的梭口（"豁丝木"在面经之下，应不显露；洪楼汉画像石上露在面经外的横桄，应为"马头"间的中轴，而非"豁丝木"）。又将综片以绳索下连另一脚踏，这样可将综片拉得与斜卧着的织架成直角，而不致垂直下垂，也可使梭口开得大一些。"豁丝木"的位置，我们作了两个方案：方案甲（图9、图10）是"豁丝木"放在"立叉子"之间，试验结果，梭口开得似仍不够大。方案乙（图11、图12）是安装于"马头"后端，这样在"马头"前端抬起时，后端的"豁丝木"下降，使面经也相对地下降，梭口可以开得大些。③将各综眼的下首加上一段垂线，使各面经隔开，又于这垂线的下端（即各综线的下端）安一横木，形成综框。这横木与另一侧的脚踏板以绳索相连，下踏时便可将综连同底经一起拉下。方案乙的优点在于底经上提时梭口开得大些，"马头"不必过分增加长度，"马头"下距面经不必过大，缺点是它的面经最高处（即"豁丝木"所在处）似乎比较汉画像石织机图要稍后移一点。

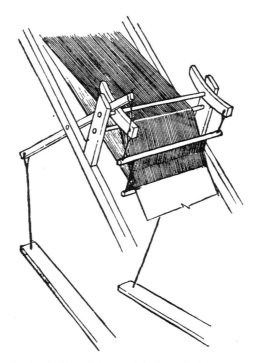

图 9　汉代织机主要部分的复原图（方案甲）

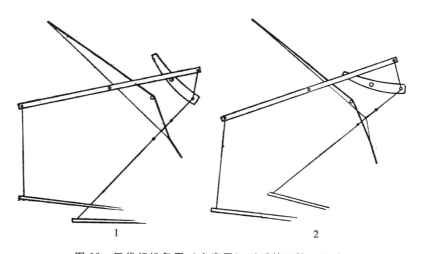

1　　　　　　　　　　　　　　　　2

图 10　汉代织机复原（方案甲）以后的开梭口运动

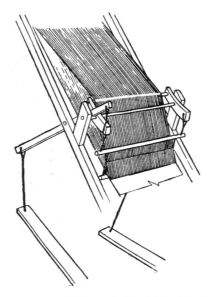

图 11　汉代织机主要部分的复原图（方案乙）

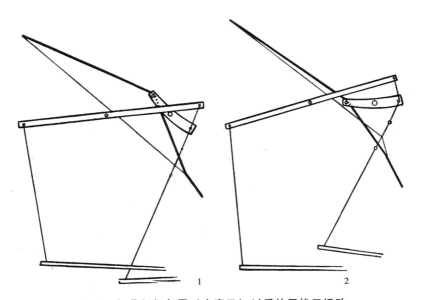

图 12　汉代织机复原（方案乙）以后的开梭口运动

此外，又作了一些小的修改：①将原来复原图的"压经棍"去掉。汉画像石中原来便没有"压经棍"，并且没有必要加上它。近代罗机的梭口，在未提综时是下开口，所以当提综以开上口时，如果在"豁丝木"和综片之间加上"压经棍"，可以有利于底经的提高；但是汉代织机两次开梭口都是上开口，"压经木"只好像原来复原图那样放在"豁丝木"的后面，这样对于底经的提高，不起什么作用。②"马头"的形状也加修改。原复原图上的"马头"前端小而后端大，现改为前端大而后端小。画像石中的"马头"，也是前大后小，或前后大小相同。汉王逸《机妇赋》描写织机有"两骥齐首"一语，可见汉代的"马头"和元人薛景石《梓人遗制》中提到的形状相同，前大后小，略似马头，两端翘起，易于前后摆动。前端较大还有一好处，放松时前端易于下坠。③踏脚二片长短不同，当是为了防止绳索纠缠。至于哪一片脚踏在哪一边，各织机似可不必一律。汉画像石中的长短二片脚踏的左右位置便并不是一律的。不过和马头相连的踏板要较长，可以使起杠杆作用的横杆长一些，"马头"抬得高一些，梭口也开得大一些。短板则和综框相连。这样，两板上系着的两根绳索，并不像原来复原图那样互相平行，而是作成一定的角度，与画像石也较为符合（图13）。

根据汉画像石，我们还知道汉代使用一种内含纬管的刀状的杼，可以兼作引纬和打纬之用；但是还没有看到专作打纬用的筘，虽然文献上已有"梱"的名称（见前引刘向《列女传》卷一鲁季敬姜说织）。机架是斜放在机床上，前后端分别有卷布帛轴和卷经线轴。汉时二者各有专名：前者称为榎（复），后者称为滕（胜）[1]。二者的轴牙的布置应稍不同。在织布帛的过程中，经轴上的经线，越织越少，布轴上的布帛，越织越多。因之，经轴上每次所放出的经线的长

---

[1] 《淮南子·汜论训》（卷一三）："伯余之初作衣也，麻索缕，手经指挂，其成犹网罗。后世为之机杼胜复，以便其用，而民得以掩形御寒。"《说文》（卷六）："滕，机持经者。""榎，机持缯者。"

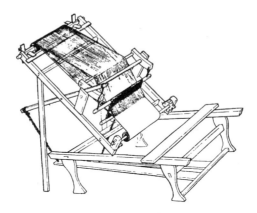

图 13　汉代织机复原图

度，并不和布轴上每次所卷起布帛的长度，完全相同。二者的轴牙如果数目相同，则织机上的经线会发生拉得过紧和过松的毛病。我们的复原图（图 13）中，二者的轴牙便采用不同的布置。这二者都见于《梓人遗制》的织机零件图中，称为"滕子"①。经轴的结构在汉代画像石中还依稀可辨。布轴的结构只好依《梓人遗制》中的小布卧机子的滕子加以复原。

关于双综的织机的材料，我们在汉代的画像石和有关文献中还没有看到。这种织机，双综悬于"马头"的两端，下连双脚踏。当双脚踏轮流下踩时，便牵动了双综和"马头"的两端。"马头"前后俯仰，所以俗名为"磕头虫"。双综织机可以不要"豁丝木"，或将"豁丝木"移放在双综的后面，且与经面相平，只起分经作用，不起开梭口的作用。

汉画像石的织机图旁边，常常附以调丝图和摇纬图。前者将已缫成的丝缕通过一横杆上的悬钩，再绕到籰子上；后者将籰子上的丝缕合并而绕于摇车（纬车或车）上（图 8）。这二者都是织帛以前的准

----

① 《永乐大典》，中华书局影印本，1959，新 172 册，第 8、16 页。

备工作，所以这些画像石对于汉代纺织技术的研究帮助很大。

汉代画像石上的织机，都是简单的织机，没有复杂的提花机。不过，我们根据汉代的锦、绮、文罗等实物，可以推测当时已有了提花机。按照幅广和经线密度（幅广 45~50 厘米），全幅经线要达 3000~5000 根之多。依照花纹单元的高度和纬线的密度，有的需要提综 40~50 片之多。所以，非有提花设备不可。提花设备最重要的是，除了交织综以外，要添上许多提花综。交织综在平纹织是两片，在斜纹织是三片（1/2 斜纹）至四片（1/3 斜纹）。汉代丝绸都是平纹织，只需要两个脚踏板。至于提花综的多少，便要视花纹的需要而定。晋代傅玄的《傅子》说：三国马钧时，"绫机本五十综五十，六十综六十，先生乃易十二"（见唐马总《意林》卷五，四部丛刊本）。《西京杂记》说：钜鹿陈宝光家织机（锦绫机），"用一百二十镊"（《汉魏丛书》本，卷一）。这里的"综"，当是"提花线束"（drawcord bundle）的形式，不是长方架子的"综框"形式。"篗"或"镊"可能是竹或金属制的用以夹挟"提花线束"以便向上举起的东西。《三国志·魏书·杜夔传》（卷二九）裴松之注和《太平御览》（卷八二五）引傅玄的话，"篗"作"蹑"。这如果不是由于误写，则当由于"蹑"字由"以踏板牵动杠杆提综"的意义，引申为一般用以举起提花综的设备。因为脚踏板绝不可能多到如此地步，五六十片脚踏板不但无法工作，并且脚踏的添置原是为了使坐织的织工腾出双手做投梭打筘的工作，如果添设了这样多的脚踏板，便失掉它的使用意义了。

欧洲什么时候开始有提花机，现下还没有一致的意见。有人以为是 7 世纪以后，有人以为是 6 世纪[1]。也有人以为早在 3 世纪，波斯、拜占庭、叙利亚和埃及可能便已开始应用简单的提花机，直到 12 世

---

[1]　前者见西尔凡等《公元五~六世纪的希腊晚期花纹的一件中国丝织物》，《东亚杂志》（德文）第 21 卷，1935，第 22 页。后者见 G. 劳利《汉代织物》，《东方美术》（英文）第 6 卷第 2 期，1960，第 69 页。

纪末期才趋于完善①。但是，都承认欧洲开始有提花机的时间，较中国为晚，并且可能是受到中国的影响。

综观上述，可以看到汉代和汉代以前我国丝绸生产技术水平的一般情况。我们只有充分了解我国古代丝绸生产所达到的技术水平，才能认识当时我国丝绸在世界的影响，也才能认识古代横贯亚洲大陆的"丝绸之路"的重要意义。

补记：1975年陕西宝鸡的两座西周墓中，发现了丝织物，弥补了西周时代缺乏这方面实物材料的空白。这些丝织物和殷代的相同，有简单的平纹织物，也有斜纹显花（菱形图案）的变化组织的织物。后者需要提花的织具。刺绣是采用辫绣的针法。绣线的红、黄二色，据说可能用朱砂和石黄来平涂上去的，不是作为染料（见《文物》1976年第4期，第60~63页，有图）。至于本文原来曾提及的故宫收藏的周代玉刀上的罗纱残片，据查对并不是罗纱组织，所以这次再行发表时删去不提。

汉代绒圈锦，或称起绒锦或起毛锦，是1971年长沙马王堆一号汉墓中初次发现的，1972年武威磨嘴子62号西汉墓又有出土。这是经线显花起绒的重经组织。经线分为三组：其中一组为绒圈纹经，一组为地纹经，一组为底经。这三组不同颜色的经线（也有采用二色的），配合一组单色纬线（包括明纬和夹纬），交织成锦。织时需要有一种织入绒圈经内起填充成圈作用的假织纬（即起绒纬）。这种起绒纬，织后抽去。绒圈锦不仅具有彩色花纹，还有高出锦面0.7~0.8毫米的绒圈，所以织物更显得厚实和美观，具有一种立体感效应。花

① 西蒙斯：《中国纺织物研究的新发展》，《远东博物馆馆刊》（英文）第28期，1956，第22页；福贝斯：《古代技术研究》（英文版）第4卷，第215页。李约瑟以为西方的提花织机是由中国传去，采用时代晚4个世纪，见其《中国科学技术史》第1卷（英文版），1954，第240~242页。

纹有菱纹、矩纹和其他几何形线条。这是一种高级的织锦（见《长沙马王堆一号汉墓出土的绒圈锦》，《考古学报》1974年第1期，第175~186页，附图；《武威磨嘴子三座汉墓发掘简报》，《文物》1972年第12期，第20~21页，图一八）。

1977年8月10日

吐鲁番新发现的古代丝绸[*]

　　我国是世界上最早饲养家蚕和织造丝绸的国家，并且在相当长的时间是世界唯一的生产丝绸的国家。早在三千多年以前的殷商时代，我国劳动人民就已掌握了相当成熟的丝织技术，能够用"斜纹显花法"织成美丽的文绮（平纹组织作底的暗花绸）和用辫绣法绣成多彩的刺绣。到了汉代，我国的丝绸生产技术已有很大的发展和提高，中国丝绸远销中亚、西亚和欧洲，受到各国人民的欢迎和赞许，尤其是当时罗马帝国的统治阶级不惜重金进行购买，于是我国便被人们称为"丝国"，而横贯亚洲大陆的贩运丝绸的商路后来也被称为"丝路"，即"丝绸之路"。

　　我国新疆维吾尔自治区塔里木盆地东北的吐鲁番，是古代"丝绸之路"上的一个重要中间站。从西汉时代起，吐鲁番在中西交通上的地位，一直是很重要的。公元前48年（西汉元帝初元元年），汉朝政府在这里设置了戊己校尉。公元327年（东晋咸和二年），前凉在这里建立了高昌郡。"丝绸之路"的兴旺，促进了高昌地区的繁荣。高昌古城（现名哈喇和卓）北郊的阿斯塔那，有一大片公元4世纪末至8世纪的墓地，埋藏在这里的随葬品中有许多这个时期的珍贵丝织物，生动地反映了当时这个"丝绸之路"中间站的繁盛景象，也为研究我国古代的丝绸工艺提供了重要的资料。本文介绍的是，最

---

　　* 本文原载《考古》1972年第2期，署名"竺敏"。

近几年特别是无产阶级"文化大革命"期间这里出土的部分丝织物。

吐鲁番最近发现的古代丝织物中，有一双前凉末年（公元4世纪后半叶）的织锦圆头鞋，是很难得的（图1）。这双锦鞋和东晋升平十一年（367年）、十四年（370年）的文书同出于39号墓，年代是明确的。鞋帮似乎是像编草履一样编织成的，而不是用织机织成的。鞋长22.5厘米，宽8厘米。鞋尖处的花纹有对狮，沿鞋缘分布有几列小菱形纹和云纹。鞋面有"富且昌，宜侯王，天延命长"等汉文。过去在罗布淖尔的汉代墓葬中，曾发现过类似的锦鞋①，但不像这一双色泽如新。汉代桓宽《盐铁论》和《汉书·贾谊传》提到的"丝履"②和曹操《内式令》提到的"杂彩丝履"③，大概便是这一类东西。唐代也有织锦云头鞋④，但与汉代的不同。汉代的鞋帮用特别织成（编成）的彩锦制成，而唐代则用普通衣着的织锦剪裁而成。

这次发现的北朝时代（公元5至6世纪）的丝绸，值得提出的有两件：

（1）套环"贵"字纹绮（图2：3）。1966年48号墓出土。与义和四年（617年）衣物疏等同出。长32.5厘米，宽24.5厘米。"汉绮"组织，即底地平织，经线显花。每平方厘米经线44根，纬线38根。浅紫色。花纹为连套的椭圆环，填以连续雷纹（旋涡纹）、菱形纹和散花，间以汉文"贵"字。

（2）蓝地兽纹锦（图6：2）。1967年88号墓出土。与延昌七年（567年）墓志同出。保存有幅边。长30厘米，宽16.5厘米。经线

---

① 斯坦因：《亚洲腹地》第七章"古代楼兰遗存"。

② 《盐铁论·散不足》提到"婢妾韦沓丝履"，又《国疾》也提到"婢妾衣纨履丝"。《汉书·贾谊传》提到"绣衣丝履"。

③ 见《太平御览》卷六九七引。《内式令》当为《内戒（诫）令》之误。

④ 例如吐鲁番最近发现的唐大历十三年（778年）墓出土的锦鞋，见《文物》1972年第1期，第90页，图二三。

显花，红、蓝、黄、绿、白五色，但每区只有三色。花纹为一怪兽（夔？）作卷云形，尾部下有一狮形兽和一菱形纹。

　　套环"贵"字纹绮的花纹，较汉代的文绮复杂，线条也较圆润。而兽纹锦的织法仍是平纹组织、经线显花的汉锦传统，近于卷云的兽纹也有汉代花纹图案的遗韵。但是，这个时候已开始采用波斯锦的斜纹组织纬线显花的织法，花纹也带有波斯萨珊朝的风格，例如鸟兽纹一般是绕以联珠圈的对鸟和对兽①，与汉代的花纹图案相比较，风格和母题都不相同。

　　到了隋和初唐时代（公元6世纪末至7世纪中叶），带有波斯风格的新织法、新花纹的斜纹纬锦出现更多，例如：

　　（1）"贵"字孔雀纹锦（图3：1）。1966年48号墓出土。与延昌三十六年（596年）、义和四年（617年）等的衣物疏同出。长18.5厘米，宽8.7厘米。经线每枚双根，每平方厘米25枚，共50根。纬线每副蓝、白、红色各一根，每平方厘米18副，共54根（本文中称复经或复纬同色的一组为"枚"，异色的一组为"副"）。花纹为对孔雀，尾部上翘，外绕联珠纹一圈。

　　（2）联珠对鸭纹锦（图4：2）。1967年92号墓出土。与延寿十六年（639年）和总章元年（668年）墓志同出。长19.8厘米，宽19.4厘米。经线每枚双根，每平方厘米11枚，共22根。纬线四色：黄、白、棕、蓝，但每区只有三色或两色，每平方厘米28副，即不到76根。花纹为对鸭，周绕联珠一圈。

　　但是，在7世纪时，也仍有经线显花的兽纹锦，例如：

　　方格兽纹锦（图5：2）。1968年99号墓出土。与延寿八年（631年）文书同出。长18厘米，宽13.5厘米。纬线每平方厘米30

---

① 例如1959~1960年发掘的303号墓出土的北朝时代的对兽对鸟纹锦，见《文物》1960年第6期封面。

根。经线五色：红、黄、蓝、白、绿，每区仅三色成一副，每平方厘米44副，即132根。保存有幅边，宽3厘米，为蓝色和白色的条纹各一。花纹单位，纬线循环为4.1厘米，即经方向每隔4.1厘米花纹即重复。每组狮、牛、象各一，象颈上有一骑者。

不过就花纹而言，汉锦中的卷云形图案和各兽前后连续的布局法已不见了；兽形比较写实，并且各兽互相分离地孤立起来了，可以说是汉代流利生动的卷云、仙山、走兽等花纹的退化。

盛唐时期（公元7世纪中叶至8世纪中叶），吐鲁番地区人口增加，生产发展，它在"丝绸之路"上的地位也就更显得重要了。阿斯塔那墓地发现的盛唐丝绸，品种增多，图案绚丽，反映了当时丝绸工艺达到了一个新的水平。这些丝绸中，保留经线显花的汉锦传统的有：

"王"字龟甲纹锦（图2：2）。1966年44号墓出土。和永徽六年（655年）墓志同出。长30.5厘米，宽31.5厘米。经线显花（？）。纬线双线，每平方厘米34根。经线黄、白二色为一副，每平方厘米16副，即32根。花纹单位，经方向每隔5厘米重复，纬方向每隔10.3厘米重复。花纹为龟甲纹，间以汉文"王"字（这件有可能为纬锦）。

另一方面，这时占重要地位的联珠鸟兽纹的斜纹纬锦非常流行，得到了发展。吐鲁番新发现的这种纬锦，可以提出的有以下三件。

（1）联珠骑士纹锦（图5：1）。1967年77号墓出土。盛唐时期。长13.5厘米，宽8.1厘米。经线每副3根，每平方厘米20副，共60根。纬线每副三色：蓝、绿、白，每平方厘米26副，共78根。花纹为骑士象，外绕联珠纹一圈。

（2）联珠猪头纹锦覆面（图4：3）。1969年138号墓出土。盛唐时期。锦的周围以平织白绢折口缝成一覆面。长16厘米，宽14厘米。经线单根，每平方厘米20根。纬线每副三色：红、白、黑，每平方厘米 23 副，共 96 根。花纹为野猪头，獠牙上翘，舌部外伸，脸上有田字纹贴花三朵，外绕联珠纹一圈。

（3）联珠鸾鸟纹锦（图 2：1）。1969 年 138 号墓出土。盛唐时期。保留有幅边。长 17.8 厘米，宽 15.5 厘米。经线每平方厘米 21 根。纬线红、白二色为一副，每平方厘米 21 副，共 42 根。花纹为一站立的鸾鸟纹，外绕联珠纹一圈。

这三件中，前一件组织细密，花纹精致；后二件组织粗松，花纹野犷。骑士纹的面型属伊朗型，而肩后的飘带则与波斯萨珊朝银盘、银币和石刻上王像冠后的飘带完全一致。猪头纹也是波斯萨珊朝织锦所经常采用的图案，过去吐鲁番曾有发现。这些具有波斯风味图案的织锦，虽然带有外国的情调，但都仍有可能是中国织工所织造的，有些花纹间有汉字，例如过去出土的一件织有汉字"胡王"的牵驼纹锦，可以为证①。这些中国织工采用波斯锦新织法和新图案织成的丝织物，是我国当时由"丝绸之路"向西方输出的。这是"丝绸之路"上文化交流的佳例。

盛唐时期和中唐初期的斜纹纬锦，还有两件值得提出介绍：

（1）晕繝彩条锦（图 2：4）。1968 年 105 号墓出土。盛唐时期。长 89.8 厘米，宽 22 厘米。这件为锦裙的一部分。经线以红、黄、褐、绿、白分别成行组成，每平方厘米 48 根。纬线双线，黄褐色，每平方厘米 24 枚（48 根）。纬线提花，在彩条底地上显出小团花。

（2）花鸟纹锦（图 1：1）。1968 年 381 号墓出土。与大历十三年（778 年）文书同出。长 37 厘米，宽 24.4 厘米。经线双线，每平方厘米 26 枚（52 根）。纬线显花，共有八色，但每区只有三色，每

---

① "胡王"锦，见新疆维吾尔自治区博物馆《吐鲁番县阿斯塔那—哈拉和卓古墓群发掘简报（1963—1965）》，《文物》1973 年第 10 期，第 16 页，彩色图版壹：2；又新疆维吾尔自治区博物馆编辑《新疆出土文物》，文物出版社，1975，第 53 页，图 82。

平方厘米 32 副，三色共 96 根。花纹以五彩大团花为中心，周围绕以飞鸟、散花等。锦边蓝地五彩花卉带。

晕锦的晕色条纹，华美犹如彩虹，又疏疏落落地散布有提花织成的棕黄色的小团花。这种锦似乎是唐代的一个新创造。花鸟纹锦也是唐代织锦中的杰作，它的图案布局紧凑而调和，色彩鲜艳而缛丽，反映了当时织锦技术的高度发展。

汉代丝绢中还没有发现染缬。迄今为止，我们所发现的最早的绞缬绢，是 1959～1960 年吐鲁番 305 号墓中与前秦苻坚建元二十年（384 年）文书同出的一件大红染缬。北朝末年又出现了蜡缬的丝织物①。唐代的丝绸生产，在这染缬方面也开辟了一个新的天地。当时的染织工人发挥他们的智慧和技巧，在染色方法上有不少创造。这次吐鲁番新发现的染缬丝绸，例如：

（1）绞缬菱花纹绢（图 4：1）。1969 年 117 号墓出土。与永淳二年（683 年）墓志同出。长 16 厘米，宽 5 厘米。平纹组织，经纬线每平方厘米 36×36 根。以浅黄绢（或原为白绢，年久变黄）为坯，折成数叠，加以缝缀，然后先行浸水，再投入棕色染液。染成后，菱花色彩有层次，显出晕效果，大方美观。

（2）树下鸳鸯纹蜡缬纱（图 6：1）。1968 年 108 号墓出土。与开元九年（721 年）调布同出。长 57 厘米，宽 31 厘米。平纹组织，经线 40 根，纬线 26 枚。纬线分二种，分别以 1 根或 3 根为一枚，每种穿梭两次后便改用另一种。淡黄地显白色花纹，图案主要母题是花树下一对相向的鸳鸯，另外点缀一些折枝花。

（3）绿地狩猎纹纱（图 3：2）。1968 年 105 号墓出土。盛唐时期。长 56 厘米，宽 31 厘米。平织纱，每平方厘米经线 24 根，纬线 42 根。纬线分二种，即 1 根或 2 根为一枚，每种穿梭两次后改用另

---

① 见武敏《新疆出土汉—唐丝织品初探》，《文物》1962 年第 7、8 期，第 71 页。

一种。花纹部分淡绿，丝线稍散开，底地深绿。图案为狩猎纹，画面生动。

第一件出土时，为绞缬而缝缀的线还没有拆去，可以据以看出当时折叠缝缀的方法。第三种绿地狩猎纹纱，是平织方目纱，比较疏朗，花纹的颜色较底地为淡，花纹部分的丝线松散开以显花。这件"蜡缬"，染色时似乎不是用蜡溶液，而是用含有碱性物质的涂料绘出或印出花纹，并且先行染色，涂料后加，干后再浸水中。碱性溶液溶去花纹部分的丝胶，所以未加拈的丝线纤维散开，颜色也变得浅淡，涂料洗掉后便显出花纹。纱上的狩猎纹图中，有骑士弯弓射兽、骏马奔驰、鹿兔逃窜等形象，又点缀以飞鸟和花卉，画面非常生动，同盛唐时代金银器和漆器上的狩猎图一样，代表了当时艺术的高度水平。汉代花纹的纱罗（花罗），是用两种不同的罗纱组织（leno weave）织出底地和花纹，与唐代这种缬染花纹的平纹组织的花纱不同。

毛主席指出："人类总得不断地总结经验，有所发现，有所发明，有所创造，有所前进。"我国劳动人民，在很早的古代便发明了育蚕缫丝和织造丝绸的技术，后来又不断发展和提高，对世界文明做出重要的贡献。这次吐鲁番新发现的古代丝绸，反映了我国古代劳动人民的智慧和技巧，对于深入研究我国悠久的丝绸生产历史，有很重要的价值。同时，这些古代丝绸说明了，通过著名的"丝绸之路"，我国人民和各国人民不仅互通有无，进行贸易，而且不断地互相学习，促进了文化交流；这对于进一步阐明我国人民和各国人民之间深远的友好关系，也有十分重要的意义。

1

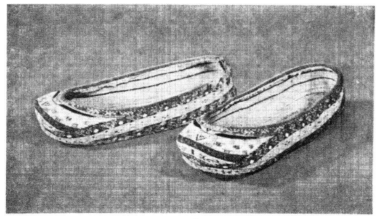

2

图 1　新疆吐鲁番出土的古代丝绸（一）

1. 唐代的花鸟纹锦 2. 东晋的织锦圆头鞋

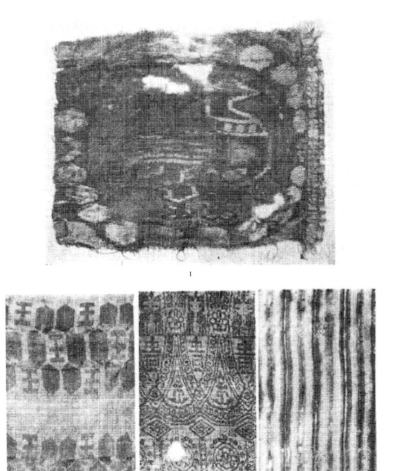

图 2　新疆吐鲁番出土的古代丝绸（二）

1. 联珠鸾鸟纹锦 2. "王"字龟甲纹锦
3. 套环"贵"字纹绮 4. 晕𦀰提花锦

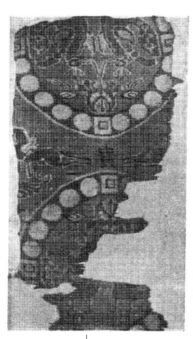

图 3　新疆吐鲁番出土的古代丝绸（三）

1. 隋代的"贵"字孔雀纹锦 2. 唐代的绿地狩猎纹纱

图 4　新疆吐鲁番出土的古代丝绸（四）

1. 绞缬菱花纹绢 2. 联珠对鸭纹锦 3. 联珠猪头纹锦

1

2

图 5　新疆吐鲁番出土的古代丝绸（五）

1. 联珠骑士纹锦 2. 方格兽纹锦

图 6　新疆吐鲁番出土的古代丝绸（六）

1. 唐代的树下鸳鸯纹蜡缬纱 2. 北朝的蓝地兽纹锦

汉唐丝绸和丝绸之路[*]

中国丝织物的出现

中国是全世界最早饲养家蚕和缲丝制绢的国家，长期以来曾经是从事这种手工业的唯一的国家。有人认为丝绸或许是中国对于世界物质文化最大的一项贡献。

根据近二十多年考古发掘的结果，一般认为中国丝织物开始出现于中国东南地区的良渚文化（约公元前 3300~前 2300 年）。到商代（约公元前 1500~前 1100 年），中国丝织物便已达到相当高的水平。当时除了平织的绢以外，已有了经线显花的单色绮和多彩的刺绣。到了战国时期（公元前 475~前 221 年），又添了织锦，色泽鲜艳多彩。最近（1982 年）我们在湖北江陵的一座战国墓中（约公元前 4 世纪）发现了美丽的织锦和刺绣。后来汉文中"锦绣"二字成为"美丽"的同义语。今天我们常说中国是"锦绣河山"，便是"非常美丽的国土"的意思。

---

* 本文是作者 1983 年 3 月应日本广播协会（NHK）的邀请在日本所作三次公开讲演中的一篇。讲演稿汇编为《中国文明的起源》一书，日文版 1984 年由日本广播出版协会出版，中文版 1985 年由文物出版社出版。现据该书中文版编入文集，但删去了日本考古学家为日文版撰写的提要和注释。

汉代的丝织物，继承了战国时期的传统。新疆发现最多。1972年长沙马王堆两座汉墓中出土的丝织物，除了绢、绮、锦、绣之外，又有了高级的绒圈锦、印花敷采纱和提花的罗纱（罗绮）。当时织造技术有了发展，所以能生产高级的丝绸销售到国内、国外的市场中去，为当时欧亚大陆上许多文明民族所喜爱乐用。因之，沿着当时新开辟的"丝绸之路"，汉代丝绸大量地向西方输出，一直销售到罗马帝国首都的罗马城中去。当然，丝绸也为国内的贵族、达官和富人所喜欢穿用，死后也被带到坟墓中去。近年来，我们曾在"丝绸之路"的沿途各中间站及其附近发现汉、唐丝绸。我曾绘制一地图，标出发现汉、唐丝绸的地点①。

汉代丝绸业发达的原因

汉代丝绸业发达的原因，主要是由于养蚕技术的改进和缲丝、织造、印染等技术的提高。而养蚕技术的改造首先要改良栽桑技术。

关于栽桑一事，战国时期的铜器上刻的采桑图便表示当时已有两种桑树：即高株的普通桑和矮株的"地桑"（或"鲁桑"）②。后者是人工改良的结果。栽桑者将普通桑树的主干的上部砍去一段，又使其他树枝都只能达一定的高度。这样一来，这种"地桑"低矮，易于采摘，并且枝叶茂盛，增加桑叶的生产量，而枝嫩叶阔，宜于饲蚕。东汉画像石中也有采桑图，便是这种"地桑"（图1）。汉代农书《氾胜之书》（公元前1世纪）中说："桑生正与黍高平，因以利镰摩地刈之。"这便是培植"地桑"的一种方法。有了良好桑树，才能养出良种的家蚕。

---

① 见本书《新疆新发现的古代丝织品——绮、锦和刺绣》一文之图1。
② 见本书《我国古代蚕、桑、丝、绸的历史》一文之图1。

图1　汉画像石上的采桑图

至于养蚕的方法，东汉崔寔的《四时月令》中说："治蚕室，涂
隙穴，具槌（支架蚕箔的立柱）、持（蚕架横木）、箔（养蚕的竹
筛）、笼（竹编的罩形器，让蚕在上面结茧）。"这里涂塞隙缝，是为
了防止鼠患，又易于掌握蚕室的温度。竹木制的工具是为了养蚕而特
制的。因为讲究饲养的方法，所以产生了优良的蚕丝。根据实测，汉
代蚕丝的直径是 20～30"穆"（一"穆"为 0.001 毫米），近代中国
广州丝是 21.8"穆"，日本、叙利亚、法国为 27.7～31.7"穆"。最
近长沙马王堆出土的丝，其原纤维（单丝）的直径为 6.15～9.25
"穆"，而近代的中国丝为 6～18"穆"。纵使由于年久老化而萎缩，
但是毫无疑问，汉丝是相当纤细的。这是中国人对于养蚕技术长期而
细心的考究饲养法的结果。

有了蚕茧，下一步是缫丝。西汉董仲舒（公元前 2 世纪末）

的《春秋繁露》中说："茧待缲以涫汤"（卷一〇《实性篇》）。缲丝是获得长纤维的蚕丝的一个秘诀。蚕丝的纤维，一根可达800~1000米的长度。在纺织业中，蚕丝纤维的长短可作为它的商品价值的标准。纤维越长，则成纱线的速度越快，而费用越低。蚕茧在沸汤中煮过后，蛹便被杀死。否则蚕蛹变成蚕蛾后咬孔钻出，便损坏了蚕茧的长纤维，无法缲丝。这种废茧的乱丝，只能作为丝绵以为衣服衬里之用。此外，沸汤溶解一部分丝胶，使缲丝工作得以顺利进行。沸汤缲丝法是一个窍门。如果外国人偷运蚕种出境而没有同时学得煮茧缲丝法，那仍是不能获得长纤维的优良蚕丝。中国传统的缲丝法，先将若干蚕茧投入沸汤中，然后拣起几个茧的丝头，并在一起，通过缲丝设置上的洞孔和钩，各丝纤维便粘合成一根丝线。然后将丝线卷到缲丝轴上去。这种方法操作起来并不困难，可能在汉代便已有类似的缲丝法，包括一些简单的设置。长沙马王堆汉墓出土的织锦的经线和纬线，是由10 至 17 根蚕丝纤维组成的。每根线的粗细是 16.9~30.8 但尼尔（每但尼尔为 9000 米长的线合若干克）。出土的罗纱的丝线较细，每根是 10.2~11.3 但尼尔。汉代的丝线似乎并未纺过，只是在几根蚕丝并合成线时稍有扭转而已。为了增加丝的抗张强度和弹性，缲过的丝线，当进行"调丝"的手续时，还使几根线并合为一根纱，作为经、纬线之用。在这过程中丝线虽或稍受扭转，但因为丝是长纤维，所以不必像短纤维的棉、麻、羊毛之类那样需要纺拈。上述的马王堆墓出土织锦的经纬线，每根纱由 4 至 5 根丝线组成，而每根线又由 10 至 14 根丝纤维组成，所以每根纱有时多达 54 根丝纤维。另一出土物的木瑟上的丝弦，是由 16 根多根丝纤维拼合的丝线所组成，拈度（扭转的数目）是每一厘米只有1.35 转。铜山洪楼出土的纺织图，一边是织机，另一边那个在"调丝车"旁边的妇女，似乎正在从事调丝的工作。

平织的织机和提花机的出现

我曾利用这洪楼画像石和其他几块汉画像石的织机图①，复原了一幅汉织机结构图②。这是为平织物用的较简单的织机。这种织机有卷经线的轴和卷布帛的轴。还有为开梭口运动的"分经木"和"综片"，分开经线以便投梭。织机下有脚踏板二片，用以提综片开梭口。有了脚踏板，提综的工作不用手而用脚，可以腾出手来以打筘或投梭。东汉（1~2世纪）画像石上的织机都已有脚踏板，可见至迟到东汉时中国的织机上已用脚踏板。这是全世界织机上出现脚踏板最早的例子。欧洲要到公元6世纪才开始采用，到13世纪才广泛流行。所以许多人相信织机上的脚踏板是中国人的发明，大概是和中国另一发明提花机一起输入西方。

这种简单的织机，一般只能织平纹织物。至于罗绮、平纹绮、织锦、绒圈锦等具有繁复花纹的丝织物一般便需要提花机。我从前曾根据我对于新疆出土丝织物的观察，推断有些丝织物需要提花综四五十片之多，因之推测当时织机已有提花设备，可能是"提花线束"而不是有长方架子的"综框"。最近我研究了马王堆汉墓的丝织物之后，我同意 H. B. 柏恩汉（Burhan）的意见，汉代提花织物可能是在普通织机上使用挑花棒织成花纹的。真正的提花机的出现可能稍晚。欧洲方面最早使用提花机的时间，各家的意见不一致。有人以为始于6世纪，有人以为7世纪或更晚。但是也有人以为早在第3世纪时，波斯、拜占庭、叙利亚和埃及各国便已使用一种简单的提花机，而真正的提花机要到12世纪才出现。他们对于提花机何时在欧洲开始使

---

① 见本书《我国古代蚕、桑、丝、绸的历史》一文之图8。
② 见本书《我国古代蚕、桑、丝、绸的历史》一文之图13。

用，说法虽然不一致，但是都认为要较中国为晚，并且认为可能受了中国的影响。

汉代丝织物的种类

其次，我们讨论汉代丝织物的种类和织法。汉代文献上丝织物的名目很多；但是因为各类丝织物的名称，各时代往往不同，常有同名异实或同实异名的情况，有些已不能确知为何物。同时，古人对织物分类的标准和现代的不同，加以古代脱离生产的文人滥用名词，这就造成更大的混淆。我这里把重点放在考古发现实物的研究上，而只是偶尔兼及有关的文献。

就织法而言，汉代最普通的丝织物是平织的绢。绢的经、纬线的数目，一般是大致相同，密度每平方厘米为 50～59 根。但是满城汉墓的细绢，有的达到密度每平方厘米为 200×90 根。这墓又曾出土平织的缣，经线单线而纬线双线。

其次为纱，有平织的方孔和罗组织的罗纱。前者常在墓中死者（男子）头部发现，有的带有涂漆的痕迹，当是冠帻的残片。这种绢的经纬线稀疏，有的密度是每平方厘米为 3×20 根。至于罗纱，它的罗纱组织使用纠经法。织成后，它的经、纬线都不易滑动，所以较平织的纱为优。汉代罗纱常常织有花纹，是提花的罗纱组织。织工利用罗纱组织中纠经的变化，用一种纠经法织出孔眼较大的底地，用另一种纠经法织成孔眼较细密的花纹。后者需要提花设备。这种提花的罗纱在马王堆汉墓中便有发现，在报告中称为罗绮。它是单色暗花，但是花纹清晰而优美（图 2）。

汉代丝织物中最重要的是单色暗花绸（也称为绮，或平织绮）和多彩的织锦。平织绮是一种斜纹起花的平纹组织。有花纹的部分，经、纬线的交织由"一上一下"改为"三上一下"。因经线的浮长线

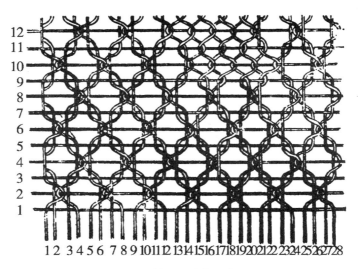

图 2　罗绮组织结构示意图

关系，花纹便由平织的地纹上浮突出来[1]。商朝便有这种织物。汉代仍继续采用这织法，马王堆汉墓中便有出土。另一种有人称为"汉绮组织"，是汉（东汉）时才出现的。这种组织不但底地是平织，并且显花部分，每一根有浮长线的经线同相邻的另一根经线，也是平织的。这样增加一组平纹组织的经线，可以增加织物的坚牢程度，但又不影响花纹的外观。这种"汉绮组织"在尼雅（民丰）、罗布淖尔和诺因乌拉，都有发现过。甚至于叙利亚的巴尔米拉遗址也有发现。

优质的织锦和绒圈锦

汉锦是汉代丝织物的最高水平的代表。它是五色缤纷的多彩织物。就织法而言，汉锦基本上是平纹重组织。它由两组或两组以上的

---

① 见本书《新疆新发现的古代丝织品——绮、锦和刺绣》一文之图 3。

经线（其中轮流有一组作为表经，其余为里经）和一组纬线更迭交织而成。纬线只有单一颜色的一组，但可依其作用分为交织纬（即"明纬"）和花纹纬（即"夹纬"）。二色或三色的经线，每色一根成为一副。织工利用夹纬将每副经线中表经和里经分开。表经是需要显色以表现花纹的经线，里经是转到背面的其他颜色的经线[1]。这样便使表经成为飞数三的浮线（在转换不同颜色的表经时，也有飞线为二的）。因为每副经线所包括的不同颜色的里经不能过多，如果一个花纹需要四色或四色以上，那便采用分区法，在同一区中一般是在四色以下。在中国，织锦最早发现于江陵和长沙的战国楚墓中。汉锦发现的地点便很多了。

又有一种高级的织锦，有人称之为绒圈锦。这是经线显花起绒圈的重组织。织时它需要有一种织入绒圈经内起填充成圈作用的假织纬（即起圈纬）。它在织后便被抽掉。这种线圈锦不仅具有彩色花纹，还有高出锦面约 0.7~0.8 毫米的绒圈。所以织物更显得厚实，而且花纹美观，具有一种立体感效果。这种绒圈锦的织机，由于起绒圈的经线用量较大，需要另配一经线轴。为了起绒圈又需要配备假织纬。这二者都是汉代的创新。

刺绣和印花的丝织物

除了上述各种不同织法的丝织物之外，汉代还有在已织成的丝织物上刺绣或印染花纹。刺绣的实物在殷代已曾发现过。汉代的刺绣，发现很多。有的保存完好，颜色鲜艳。它们是在平织绢、平织绮或提花罗绮上用各色丝线绣出花纹。在高明的绣师手中，绣针犹如画师的彩笔，可以绣出像绘画一样细致而流利的花纹，表达出绣师的技巧和

---

[1]　见本书《新疆新发现的古代丝织品——绮、锦和刺绣》一文之图 11。

个性，所以它的艺术比织锦更高。又因为它不是由机械化的织机所制成，而是完全用手绣出来的，同样花纹的一副刺绣要比织锦费功夫多得多，所以当时绣比锦还要值钱。因之，更被珍视。

马王堆汉墓中还发现几件印花的纱绢。印花技术似乎采用阳纹板（或凸板），但是镂空板印花也是可能的。其中一件（340-11）金银印花纱，是用三块凸板各印一种颜色，成为三色套板（图3）。另一件（465-5）是印花敷彩纱。这里先用凸板印出藤蔓作为底纹，然后用六种不同颜色的彩笔添绘花纹的细部，如花、叶、蓓蕾和花蕊之类。这几件是中国发现的最早的印花绢，时代在公元前2世纪之末。此外还有帛画，用颜色绘在绢上，长沙战国墓中已有发现。汉代的帛画，有马王堆汉墓中发现的几件，是艺术水平颇高的绘画。

图3　马王堆出土金银印花纱印花顺序

汉代染丝线和印染丝织物的染料，多用植物染料，例如靛青、茜红、栀黄等；也有采用矿物料的，如银朱（硫化汞）、绢云母粉末（白色）、硫化铜（银灰色）。由于矿物染料比较原始，质量较差，效果不及植物染料鲜艳，所以汉代使用的矿物染料已经不多，常只作为颜料在绢上敷彩或彩画。至于颜色的种类除了所谓"五色"的五种正色（红、黄、蓝、白、黑）以外，还有几种间色（如紫、褐、绿等），并且它们又各有不同的色调。全部色调当在二十种以上。媒染剂一般用铝盐（矾石）。

华美的纹样图案

总之，就织造技术而论，汉代除了继承商、周的传统之外，又有了创新，因而取得了较高的成就。当时中国的织工，利用丝纤维的强度和长度的优点，发展了以经线为主线的织法，与西方使用短纤维纺织成的麻线或毛线而以纬线为主线，传统不同。至于织机，汉代的是横卧式或斜放式，与西方的竖直式织机不同，所以汉代的织机比较容易利用脚踏板来提综。研究工作者一般认为织机上的脚踏板是中国的发明。丝纤维易于染色，所以汉代发展了彩锦和刺绣，又发明了绒圈锦和印花绢。这些织物都有华美的花纹图案。

至于汉代丝织物的花纹，它们是以装饰性为主的。《后汉书·舆服志下》中说："乘舆（皇帝）备文，日、月、星、辰十二章，三公诸侯用山、龙九章，公卿以下用华虫七章，皆备五采。"这些富有象征意义的花纹当是刺绣或绘彩的。但是一般做衣服之用的绮、锦等类丝织物，它们的花纹就考古发掘所得的实物来看，主要是装饰性的，并不一定有宗教性或象征性的意义。其中绮、锦之类使用织机织造，其花纹的题材和风格是和刺绣和印花绢不同。在织花的织物中，单色平织绮又和多色的平纹重组织的织锦，也不相同。织锦花纹中有些具有象征性的东西如芝草、神兽、仙山等，也是主要为着装饰美观，而不是专为它们的象征意义。花纹中有夹以吉祥文字，但是这些文字也是美术字，具有很大的装饰性。

织物的织造技术的特点，影响到花纹图案。织锦由于提花机所用的提花综不能过多，所以它们的花纹一定有重复，循环不已。若干提花综为一整个系列，织时依顺序逐一提综，到整个系列完毕之后，继续提综便要依原来顺序倒反过来逐一提综，这样便形成一个花纹循环单位。因之，单元的花纹都是左右对称的花纹宽带一条，由幅边到幅边直贯全幅。这样的花纹循环单元一个一个地继续织出来，一直织到一幅织物的辐头。

汉代的平纹绮和罗纹绮，由于织法的关系，它们的花纹是以菱纹、三角纹和回纹为最常见。菱纹出现最早，商代的平纹绮便已有之。这些织法是斜纹经线显花的。相邻的两枚经线和纬线的交织点，像阶梯一样斜出。花纹线条便成带锯齿的直线，不易织出圆滑的曲线或弧线。所以，它们的花纹以菱纹及其变体为最普通。所谓"菱纹变体"是指复合菱纹、回折纹组成的菱纹，开口的菱纹等。有种菱纹，它的两侧带有开口的小菱纹，当即文献上所谓"杯文（纹）"，因为它是耳杯形花纹由于斜纹显花的关系被扭曲成为这种花纹。简单的菱纹可能也是椭圆形扭曲而成。菱纹的框架内有时充填以图案化的动物纹或柿蒂纹，但是主纹仍是菱纹。

至于织锦，因为它是多色的重组织，它的花纹的轮廓是以颜色的变换来显示的，所以花纹可以比较流利，利用曲线较多，而且曲线的线条也较圆滑，例如云纹、藤蔓纹、"叉刺纹"，也有图案化的动物纹和山峦纹。后者是一群高低起落的山峦，上面奔驰着各种动物，包括怪兽。有时还添上"万世如意""长宜子孙"之类吉祥文字。织锦也有三角纹、菱纹及其变体，但是不多。西汉早期的绒圈锦的花纹都是几何纹或其变体，包括曲尺纹。这是因为绒圈锦每组的经线过多而且每个绒圈还突出于锦面之上，难以获得清楚的富于弧线的花纹。树木纹在汉锦中不常见，只作为花纹的附属元素。只有到了 6 世纪，才出现了以成排的树木充满幅面的花纹。汉锦中的卷云纹和"叉刺纹"，可能是由植物纹转变来的。

刺绣和印花绢的花纹不为织法所限制，可以用手工放手绣出或绘出花纹，所以线条流畅，轮廓清楚。上述织锦中那些富于弧线的花纹图案，如蓓蕾纹、藤蔓纹和"叉刺纹"也被绣工所采用，而效果更好，富丽而流利，深得当时人民的喜爱。

具有汉代特点的平纹绮、罗纹绮、织锦和刺绣，不仅在中国境内发现，并且在外国也曾在许多地方发现。有时在相距颇远的两处，其所发现的出土物，虽然花纹繁复，但花纹内容竟是几乎完全一样。显然它们是同一来源，可能是出于同一地方，甚至于是同一织坊的产品，而运输到各地去。王充《论衡》中说："齐地世刺绣，恒女无不能。襄邑俗织锦，钝妇无不巧。"（卷一二《程材篇》）。《汉书·地理志》也记载齐郡淄（今山东临淄）、陈留襄邑（今河南睢县）都有服官，管理这些丝织物的制造。

汉代丝绸流经丝绸之路

这些汉代丝绸，沿着汉武帝（公元前 2 世纪末）开辟的"丝绸之路"西运。由地图上可以看出来，这些发现古代中国丝绸的地点，是"丝绸之路"沿线的中间站或其附近①。

"丝绸之路"是一条以西汉都城的长安为起点向西方伸延一直通到地中海东岸的安都奥克（Antioch，当即《魏略》的"安谷城"），全长达 7000 公里以上。这条路的开辟至今已有两千多年的历史，但

---

① 见本书《新疆新发现的古代丝织品——绮、锦和刺绣》一文之图 1。

是"丝绸之路"这一专称是 1877 年德国地理学家李希霍芬（F. von Richthofen）第一次使用，到现在刚满 100 年。他铸造这个专词是为了强调这条路的开辟主要是为着运输中国丝绸到罗马帝国去。罗马帝国是当时世界上除了中国之外的另一个超级大国。

公元 64 年罗马帝国占领了叙利亚以后，中国丝绸很为罗马人所赏识。当时及稍后，罗马城中的多斯克斯区（Vicus Tuscus）有专售中国丝绸的市场。那时候的罗马贵族不惜高价竞购中国丝绸。罗马作家奥利略亚尼（Vita Aureliani）说：罗马城内中国丝绸昂贵得和黄金等重同值。另一位罗马作者培利埃该提斯（Dionysius Periegetes，2~3 世纪）说："中国人制造的珍贵的彩色丝绸，它的美丽像野地上盛开的花朵，它的纤细可和蛛丝网比美。"近代历史学家中有人以为罗马帝国的灭亡实由于贪购中国丝绸以致金银大量外流所致。另有人以为罗马帝国的兴衰是和"丝绸之路"畅通与否息息相关的。这些说法虽然有点夸张，但是当时在中西的交通和贸易中，中国丝绸确是占有非常重要的地位。

在丝绸之路开辟以前，中国的丝绸已经由欧亚草原的游牧民族运输到中亚。南部西伯利亚的巴泽雷克的坟墓（公元前 5~前 3 世纪）中出土的中国织锦和刺绣以及山字纹铜镜，可以为证。同一时期或稍晚，这些东西可能通过中亚到西亚去。但是这条路作为贸易孔道而正式开辟，那是汉武帝派张骞通西域以后的事。公元前 126 年，张骞由西域返长安报告西域情况以后，"丝绸之路"便随着汉武帝的西进政策逐渐成为通途大道，大量的中国丝绸通过它向西运输。从前我们依据不可靠的史料，以为公元前 3 世纪或更早的西方文献中提到塞累斯（Seres）或塞利卡（Serica），而这名词是否便是指中国这国家或中国丝绸，值得深入研究。

公元前 6 世纪时安契美尼德王朝的波斯国派兵东征，直抵中亚的锡尔河（Syr-Daria）。公元前 4 世纪末，希腊雄主亚历山大东征，也抵达这条河。波斯人和希腊人都在这河的河畔建立城市和堡垒，但是他们都没有提到更东的中国。只有较晚的有关亚历山大丰功伟绩的传说故事中，提到他曾亲自进军到中国境内，并且在东北方面修筑了长城。这些只能算是传奇小说，并不是历史事实。亚里士多德说：在希腊的科斯（Cos）岛上有蚕吐丝可织布。这似乎是指一种野蚕，它的废茧的丝可以供纺织。这和中国以家蚕的茧缫丝，并不相同。此外，有人以为中国丝绸在公元前3世纪以前早已输入欧洲，经过仔细查核，其所引的西方文献，有的是伪托的古书，或真书中后人有所附益，有的是由于误解古书的文句，都是靠不住的。

至于公元前3世纪的情况，罗马地理学家斯特拉菩（Strabo，公元前1世纪）说：公元前3世纪大夏国王东向扩土，直达塞累斯国。这是根据公元前100年时人阿波罗多拉斯（Apollodorus）的《安息国史》的记载，而后者当根据更早的文献。但是这里的塞累斯，似乎并非指中国，而是指中亚热海一带，即当时欧洲人所知道的丝绸来源的最远地点。这里的"塞累斯"是这个地名第一次在欧洲文献中出现。它是在公元前3世纪时便已使用呢？还是公元前1世纪的罗马作者用今名来指古代地区呢？现今不易下断语。但是至少我们可以说，公元前3世纪时中国丝绸似乎已西运到大夏。

另一个误解是有人以为公元前3世纪时中国的镍铜合金的白铜已沿着丝绸之路西输到大夏。虽然当时大夏铸币有用白铜的，但这种白铜并不一定来自中国。当时中国是否已产白铜仍属疑问。中国文献中最早有"白铜"一名的是晋常璩《华阳国志》（4世纪），但这并不一定指铜镍的合金。现存实物中似乎没有比明代更早的。有些被称为"白铜"的汉镜、"大夏真兴钱"和隋五铢白钱，都是高锡的锡铜合金。不过，我们对于当时有中国白铜输入大夏提出疑问，并不是说当时中国丝绸也没有输入大夏。可能当时丝绸已经通过游牧民族西输到大夏等国。但是"丝绸之路"的正式开辟是公元前2世纪末张骞通西域以后的事。

公元 1 世纪时，罗马学者老普利尼（Pliny the Elder）的书中，不仅提到塞累斯这产丝之国，还提到这个国家以丝线织成绢帛输入罗马。4 世纪时，史家马塞里奴斯（Marcellinus）谈到中国丝绢时说："昔日吾国仅贵族始得衣之。而今则各级人民，无有等差。甚至于走夫皂卒，莫不衣之矣。"意大利境内气候潮湿，古代丝绸不易保存下来。据意大利一位教授说：在意大利南部的巴布利（Publie）遗址曾出土过罗马时代丝绸。此外，4 世纪时罗马帝国属下的埃及的卡乌（Qau）和叙利亚的杜拉欧罗巴（Dura-Europa），都曾发现过中国丝绸。5 世纪时，埃及和叙利亚许多地方都用中国的丝线在当地制造丝绢。6 世纪时东罗马查士丁尼大帝才引进中国的家蚕的品种和饲养技术。

我曾在"丝绸之路"的东端西安做过考古工作，又曾从兰州开始，沿着河西走廊一路调查和试掘，一直到敦煌荒漠中的汉玉门关遗址，还去过新疆的乌鲁木齐和吐鲁番调查古迹。我也有机会访问过"丝绸之路"的西段，包括伊拉克的报达和伊朗的几座古城。这条长达七千公里以上的"丝绸之路"，中途有几段是要通过荒无人烟的大漠和高山。当我骑乘骆驼考察汉玉门关和附近的汉代长城烽燧时，便更深刻地体会到当时在这条路上旅行者的艰苦情况。然而他们竟冲破一切困难，使这条通途在中西交通史上起了极为重要的作用。这实使人惊叹不已。日本广播协会曾拍摄了以冈崎敬教授为顾问的《丝绸之路》电影。许多日本朋友曾到这"丝绸之路"沿线各地考察或旅行过。我想他们一定会同意我的这种看法。

但是中西的文化交流和贸易往来并不是单方面。中国也由西方输入毛织品、香料、宝石、金银铸币、金银器等。例如中国境内沿着丝绸之路及其附近，便曾发现过不少的波斯银币和拜占庭（东罗马）金币。精神文明方面，如佛教和佛教艺术，也是沿着这条路传入中国。它们对中国的文化和艺术，发生了很大的影响。

由于西方影响而发展起来的唐代丝织物

中国丝绸的织造技术和花纹图案，经过魏晋南北朝到唐代，也受了西方的影响，而起了很大的变化。西方传统织法的斜纹组织，由于织物表面布满浮线，能更充分地显示丝线的光泽，所以后来被中国织工广泛采用。唐代的织锦，也由汉锦的经线显花改而采用西方的较容易织的纬丝显花法①。印染方面，唐代的蜡染和绞缬，也都是汉代所没有的。新疆尼雅东汉遗址出土的靛蓝色蜡缬佛像花纹的棉布，当是印度输入品。

花纹方面，汉代那种宽带式花纹布局，到了唐代改为孤立的花纹元素散布全幅。花纹母题（motif）则西方式植物纹盛行，包括忍冬纹、葡萄纹等。波斯萨珊朝式的那种以联珠缀成的圆圈为主纹的边缘，唐代很是盛行。圆圈内常填以对马纹、对鸟纹和对鸭纹等，也有填以波斯式的猪头纹和立鸟纹。新疆出土的一件对驼纹织锦，织有汉字"胡王"，这说明它是中国织工所设计织造的。花鸟纹锦的花纹，则是中国风格。一件蜡缬狩猎纹锦，以射箭的骑士为主题，空隙处填以兔、鹿、花草、禽鸟等，很是生动。绞缬的花纹常是几何纹。花纹单元的边缘轮廓，常常朦胧不清楚，和唐三彩的图案轮廓线相似，使人联想起现代画派的朦胧表现法。虽然唐代中国吸取了外国的元素，但是能加以融化，使之仍具有中国艺术的风格。所以唐代艺术，今天看起来，仍是中国艺术的传统的一部分。唐代的丝织物比汉代的更是华丽多彩。它们有许多传入日本，有的现仍藏在奈良东大寺正仓院。这影响了日本当时的丝绸手工业。这是中日文化交流的又一个例子。

总结上面的论述，我们可以说：汉代丝织物一方面继承了战国时

---

① 见本书《新疆新发现的古代丝织品——绮、锦和刺绣》一文之图 25。

代的传统，而另一方面又有了变化和发展，因之达到了很高的水平，而被境外的文明民族（包括罗马人）所喜爱。这导致"丝绸之路"的开辟和发展。到了唐代，中国丝绸因为受了通过"丝绸之路"传进来的西方影响和本身的创新和发展，无论在织造技术或花纹方面，都有了很大的变化。虽然有人把两个时代的丝织物合称"汉唐丝绸"，实际上二者大不相同。这种变化和发展的过程，大致的轮廓是清楚的，但是细节方面还有待于今后进一步深入探讨。

洛阳西汉壁画墓中的星象图[*]

　　1957 年在河南洛阳市西北角城外的一座西汉壁画墓中，发现了日、月、星象图，是绘在前室的顶脊上。这是我国现存的最早的一幅星象图。原发掘报告中，对这星象图虽曾作过介绍[①]，但是所提出的解释，还有很多值得商榷的地方，所以我写这篇来重行介绍，并加诠释，以供讨论。

一

　　这日、月、星象图，是以彩色描绘在 12 块长方砖上，我们就算它是 12 幅画（实则为一幅画的 12 分幅）。由东而西，第 1 幅是太阳，第 7 幅是月亮兼星象，其余 10 幅都是星象图。这些星象图，都是用粉白涂地，然后用墨、朱二色以绘流云，用朱色圆点标出星辰。原报告误称它为"天汉图"。在我国古书中，"天汉"是指"银河"，这图中并没有绘出银河。至于全部先平涂白粉，乃是为彩绘打底。这墓中其他壁画，如人物图等，都是如此，并不是代表银河。

　　这些星点，虽没有像后来的东汉画像石上和唐宋天文图上的星座

---

　　[*]　本文原载《考古》1965 年第 2 期，又见《中国古代天文文物论集》（文物出版社，1989）。现据作者自存校正本收入本书。

　　[①]　河南省文化局文物工作队：《洛阳西汉壁画墓发掘报告》，《考古学报》1964 年第 2 期，第 112~114 页，图版 3：1~10；图三：2。

那样，每群以直线条相连接起来作为一座，但是每群表示一个星座，似无问题。至于它们是哪一些星座呢？这是我们要研究的主要问题。

天空上的星辰是客观存在的，但是它们本来并没有自行结合归队为不同的星座。所谓"星座"，是天文学者就星辰的排列布局，对比人神、动物、器物等的形象，或虚拟州国、百官等的列布，而想象出来的。我们古代天文学和西洋的天文学起源不同，所以关于星座的划分，除了少数的例外，也是并不相同的。举例来说，西洋的天蝎座的各星，在我国古代分属于房、心、尾三宿，长蛇座分属于柳、星、张、翼四宿，飞马座分属于室、壁二宿，而仙女座由壁宿、奎宿和天大将军三个星座的各一部分所合成，宝瓶座也包括女、虚、危三宿的各一部分；反过来说，我国古代壁宿二星，在西洋星座中分属于仙女座和飞马座，虚宿二星分属于宝瓶座和小马座，奎宿十六星分属于仙女座和双鱼座，翼宿二十二星分属于长蛇座和巨爵座。二者的分合，并不相同。只有少数的例外，如北斗七星可以和大熊座对比，参宿七星可和猎户座对比，但它们也仅是相当于西洋这些星座的主要部分而已，并非二者完全是等同的。如果我们这星象图是比较全面表现北天的"星图"，罗列肉眼可见的一切星辰，那么，星群的分合虽不相同，但所表现的星辰仍会与现代西洋的"星图"大致相同。可是，我们这星象图，像下文所论证的，仅只是选用少数的几个星座，所以我们只能用我国古代星座作为对照之用，而不应该采用西洋星座作对照。

星座在我们古代也叫作"天官"，简称为"官"①。战国时的甘德、石申、巫咸三家便曾著有罗列星座的星图。《晋书》卷一一《天文志》（以下简称为《晋志》）说："马绩云：经星常宿中外官凡一

---

① 《史记》卷二七《天官书》，司马贞索隐说："星座有尊卑，若人之官曹列位，故曰天官。"缩印百衲本，第418页。

百一十八名，积数七百八十三……张衡云：……中外之官常明者百有二十四，可名者三百二十，为星二千五百……〔晋〕武帝时，太史令陈卓总甘、石、巫咸三家所著星图，大凡二百八十三官，一千四百六十四星。"① 马续便是《汉书》中《天文志》的作者，《晋志》所引的话也见于今本《汉书》中。根据《晋志》，可见便在我国的天文学中，各时代的星座数目并不相同。因为恒星的亮度，有的曾有变化，而各时代选取的标准又并不相同，所以同一星座中的星数，也各时代不同。《史记》卷二七《天官书》的勾陈四星，《晋志》作六星；《天官书》天苑九星，《晋志》作十六星。我们这星象图是属于西汉末年的，我们应以《天官书》作为主要的比较材料②，而以《晋志》所载的作为补充。关于《天官书》的考释疏解，本篇主要是依据朱文鑫的《史记天官书恒星图考》（1927 年商务刊本，以下简称为《朱氏图考》）。

现今西洋天文学上的星座，共 88 座③。我国古代的星图中，虽然南天部分的星座大都未曾收入，但星座数目如上段所述，都超过百数，多者达二三百座。我们这星象图中的星群只有寥寥十几个。我们作比较时，首先应该注意到北天有亮星的几个星座和天球赤道附近的二十八宿。它们可能是古人绘星象图时用以选择的主要对象。我们不能漫无限制地向繁星罗列的星图中随便找寻形状相近的星座而不管星座的重要性和是否包括有亮星。其次，还有一点也应提及的，我们这星象图的描绘者，不会自己便是一个天文学者；他大概是根据一个蓝本，"依样画葫芦"。因之，在描摹时，可能在某些方面走了样，例

① 《晋书》卷一一，缩印百衲本，第 4901 页。
② 《汉书》的《天文志》中谈星座的部分，都是抄袭《天官书》的，《后汉书》的《天文志》，仅记载后汉时代的天文变异，并不列举星座，所以对于我们这工作，没有什么用处。
③ 《不列颠百科全书》第 6 卷，1964，第 393 页，星座表。

如各星相距的疏密，布局的位置，甚至于可能漏绘一两个星。我们讨论这星象图时，要将这许多方面都考虑进去，才有获得比较完满的结果的可能。

二

现在我们逐幅来讨论这 12 幅日、月、星象图，图版和插图是根据《考古学报》编辑部所藏的原报告者寄来的照片和摹本（图 1）。第 1 幅是太阳图（图 1：1），可以略去不谈。

第 2 幅（图 1：2），东部绘 7 星，这不是"小熊星座（小北斗星）"。我国古代并没有以 7 星组合小北斗星座。西洋小熊座 7 星，在我国古代星图中分别属于北极（或天极）星座和勾陈星座。《晋志》说："北极五星，钩陈六星，皆在紫宫中。"《天官书》说：句四星，天极四星或五星①。我以为我们这星群便是北斗七星，相当于西洋的大熊座。西洋的大熊座和小熊座，都以 7 星为主，布列的形象也大致相似。但是前者的 7 星，都是二等左右的亮星，甚为显明，所以我国古代也是把它们视为一组，称为北斗。后者只有两颗是二等星，其余都较微暗，实际上也不止 5 星。中西的古代天文学家选择不同，西洋在这些较暗的星中选出 5 星，凑成和大熊座布局相似的小熊座；而我国古代所选出的不止 5 星，又将它们与两颗亮星分别组成天极（或北极）和勾陈两个星座。原报告以第 11 幅的 7 星为北斗星，虽

---

① 《天官书》说："中宫：天极星，其一明者太一常居也；旁三星三公，或曰子属。"《汉书·天文志》，字句相同。王先谦《补注》以为三星合极星、明星为五。王氏这说法当是受《晋志》中"北极五星"一语的影响。但是细察史、汉原句文义，天极似不止一星，所以下接"其一明者"一语，言其中最明的一星。我颇疑史、汉的"天极"仅有四星。

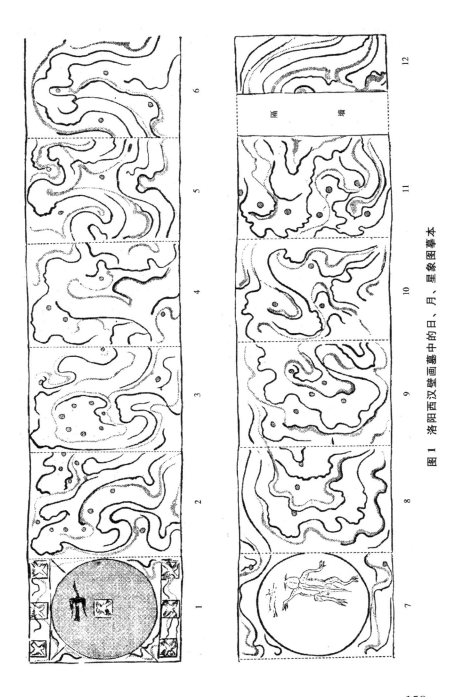

图 1 洛阳西汉壁画墓中的日、月、星象图摹本

然也是可能的；但是我倾向于第 2 幅的 7 星为北斗，因为它和同一幅中五车星座，关系较为密切。第 2 幅西部 5 星，是五车星，相当于西洋的御夫座。其中五车二为一等星，光辉很强。《天官书》名之为"五潢"，说"五潢，五帝车舍"。《晋志》说："五车、五星；……五车者，五帝军（当为车字之误）舍也，五帝坐也。"但是《天官书》所谓"五帝座"，是专指太微垣中一座由五星组成的星座。《隋志》中也有太微五帝坐，而在华盖下又另有五星曰五帝内坐。后二者的五星都作四角 4 星，中央 1 星，和五车作五角者不同。我们这图作五角形，当是象征五帝车舍。五车和北斗同在一幅中，似有其用意的。《天官书》说："斗为帝车，运于中央。"《晋志》说："〔斗〕又为帝车，取乎运动之义也。"山东嘉祥武梁祠东汉画像石中有一幅帝王乘车巡狩图，便是以北斗七星作为车子的框架（图 2）①。帝车和五帝车舍在意义上是密切相联的。这两个星座在图中的相对位置并不符合于实际，或许由于将圆形的苍穹改为长条形时，只将各星凑拼在一起而已。

图 2　山东嘉祥武梁祠石刻画像北斗星图（摹本）

第 3 幅（图 1：3），东部有环绕成圆形的 7 星，西部的南北两侧各 1 星而西侧又有 1 星，共 10 颗（原报告漏去最后 1 星，所以只有 9 颗）。这并不"很像猎户星（参星）"。参七星是西洋猎户座的主

---

① 傅惜华：《汉代画像全集》二编，商务印书馆，1951，第 135 号。

要部分，是冬季北天最光亮的星座之一，和我们图中这星群相比较，不是"很像"，而是"很不像"（参阅本文图 4 中的参宿）。我以为这幅和前面第 2 幅一样，可能表示两个星座。环绕成圈的 7 星很可能是"贯索"星。《晋志》说："贯索九星……贱人之牢也。……九星皆明，天下狱烦，七星见小赦，六星五星大赦。"但贯索常见者为 8 星，贯索的旁边有"七公"7 星，排列如钩，二者合共 15 星。《天官书》说："有句圜十五星，属杓，曰贱人之牢。"王元启《史记正误》卷三说："按句七星曰七公，圜八星曰贯索。贯索本九星，正北一星，常隐不见。"（《二十五史补编》本）这 8 星的贯索，即西洋的北冕座，取义于它们环绕成圈如冠冕。今日北冕座为 15 星，但五等星以上的仅 7 星。古代观测较疏，可能只看到 7 星，也可能是漏绘 1~2 星。这种漏绘的例子，并不罕见。例如婺女宿原为 4 星，但是唐代的二十八宿镜有作 3 星的①。贯索星座中只有一星是三等星，其余都较微暗，并不重要，但是它接近北斗的斗杓，《天官书》所谓"属杓"，并且形状较特殊，或许因此而被选拣出来。

第 3 幅西部 3 星（原报告漏去 1 星），我以为可能是房宿。星座中以 3 星成组，略作直线形而中间稍曲折者，在二十八宿中便有娄、危、心三宿；原不止 3 星而常绘作 3 星者有参、房二宿。因为心、参、危三宿我们图中将另有图表示，娄宿不及房宿重要，并且它所属的西方七宿将有三宿出现在我们的图中，所以我以为这可能是房宿。二十八宿中房宿和贯索二者赤经最为相近，所以同在一小幅图中。《天官书》在叙述接近北极的"中宫"各星之后，接着叙述赤道附近的四"宫"而以"东宫苍龙：心、房"开始。东方七宿以心、房二者为主星。《晋志》二十八宿始于东方角宿，而言"房四星……中间

---

① 冯云鹏等编《金石索》，"金索"六，万有文库本，商务印书馆，1929，第 112 页；陈遵妫：《中国古代天文学简史》，上海人民出版社，1955，第 87 页，图二三似即采用《金石索》。

为天衢，为天关，黄道之所经也"。房宿是相当于西洋天蝎座的头部，而4星中有3颗为三等星，比较明亮。如果不是汉代认为房只有3星，那便是由于我们这图的描绘者漏去1星。吉林集安通沟高句丽墓群中有星象图的二座，其中舞俑冢的房宿也只有3星，角抵冢只有2星①。唐代二十八宿铜镜有作4星的②，也有只作3星的③。

第4幅（图1：4），原报告说："东北部点着Y字形的五星朱星，东南角点一颗朱星。这七颗星类似小马星。"并举伏龙佐夫－维耳耶米诺夫《天文学》（中译本1957年版）图五的星辰图作为鉴定的根据。原报告中这里"七"字当为"六"字的笔误。经查对《天文学》中译本原图后，发现原报告者将图上6星的海豚座误认作小马座④。我们这图中的星群，不仅与作斜方形的小马座4星，完全不相似；就是和海豚座的6星，除了星数相同，形状也并不"类似"；并且我们知道海豚座的6星的亮度不大，都是四等星或四等以下的星，所占区域也很小；至于小马座区域更小，星光尤弱。二者在西洋的星座中都不占重要地位。在我国古代，海豚座分属于瓠瓜和败瓜，小马座分属于司非、司危和虚宿北星。我以为这幅可能也是表示两个星座，作"Y"字形的一组，很可能是毕宿。毕宿正作这形状，不过据《晋志》是8星，数目不符。毕宿五便是西洋金牛座α，乃是一等

---

① 池内宏等：《通沟》卷下，1940，第11页第3图，第34页第16图；又参阅中村清兄《高句丽时代四古坟について》，《考古学论丛》第4辑（1937），第382~387页，第5~7图。

② 冯云鹏等编《金石索》，"金索"六，万有文库本，商务印书馆，1929，第112页；陈遵妫：《中国古代天文学简史》，上海人民出版社，1955，第87页，图二三似即采用《金石索》。

③ 李约瑟：《中国科学技术史》第3卷，英文版，1959，93图；《西清古鉴》卷40，第45页，唐四神鉴三。

④ 小马座在原图上绘出4星，作斜方形，在飞马座的西南角。小马座的西边是海豚座。后者在图上绘出6星，在天鹰座的东北，作多边形，中有斜方形一。因为中译本填注星座中文名称时选择填写的位置不恰当，以致引起将海豚座和小马座颠倒互易的错误。

亮星；但其余的星，除毕宿一为三等星之外，都是四等星或四等以下。可能汉代只以 5 星表示毕宿。至于孤处于这幅的东南角一星又是指什么？我以为有可能是指昴宿。它便是西洋金牛座中的"七姊妹星团"，是由千余小星密集一处的星团；如细察之，其中有 7 星较易了见。《晋志》说"昴七星"。唐代二十八宿镜有将 7 星排列成锯齿形①，也有作中间一星周绕七星如花蕊者②。后者可能简化为 1 星，表示一个星图。《天官书》说"昴曰髦头，胡星也，为白衣会"。这里没有明言为几星。是否汉代竟把它们视作一星呢？毕昴二宿都在《天官书》中的"西宫"。二者之间，为日、月、五星所经的要道，所以《天官书》说："昴毕间为天街。"《晋志》也说："昴毕间为天街。天子出，旄头罕毕以前驱，此其义也，黄道之所经也。"这或许可以说明为什么二者绘在同一幅中和这一幅在各宿中位置在前，仅次于房宿。

第 5 幅（图 1：5），是形成近似等边三角形的一个星座。原报告说有 4 星，但摹本及照片中，我们只看到 3 星，缺少东南角的 1 星。原报告又以为这星座"颇似北天星之一的三角星（天大将军）"。按三角星座为一极不重要的星座，区域甚小，主星 3 颗都是三四等星，为我国古代所谓"天大将军"的东南角一小部分。光亮的二等星"天大将军一"，是属于仙女座，不属于三角座。我以为这星群可能是心宿。二十八宿中以 3 星组成近似等边三角形的，在唐代二十八宿铜镜中有心、女、危、娄、胃等五宿③，其中女宿也有作 4 星，据文

---

① 李约瑟：《中国科学技术史》第 3 卷，英文版，1959，93 图；《西清古鉴》卷 40，第 45 页，唐四神鉴三。

② 冯云鹏等编《金石索》，"金索"六，万有文库本，商务印书馆，1929，第 112 页；陈遵妫：《中国古代天文学简史》，上海人民出版社，1955，第 87 页。

③ 李约瑟：《中国科学技术史》第 3 卷，英文版，1959，93 图；《西清古鉴》卷 40，第 45 页，"唐四神鉴三"。冯云鹏等编《金石索》，"金索"六，万有文库本，商务印书馆，1929，第 112 页；陈遵妫：《中国古代天文学简史》，上海人民出版社，1955，第 87 页。

献以 4 星为是。危、娄、心三宿也有将 3 星排成近于直线者。危宿将在下面第 8 幅出现，而娄、胃二宿都不及心宿重要，并且二者所在的西方七宿中已有二～三宿作为代表，所以我以为应认为心宿为较妥。心宿 3 星，中央 1 星为大火，乃一等亮星，前后 2 星也是二三等星。在西洋星座中它们相当于天蝎座的身躯部分。《天官书》以房、心二宿为东方七宿的主体，又说："心为明堂，大星天王，前后星子属，不欲直，直则天王失计。"这 3 颗星原来虽不在一直线上，但像我们这图中画得成为等边三角形似的，实是有点走了样。唐代二十八宿镜中的心宿和我们的相似。这是否由于强调"不欲直"而矫枉过正呢？

第 6 幅（图 1：6），有 4 星，形成近似菱形的四边形。或以为它们"稍似天兔星座（军市）"。按西洋的天兔座内有 4 星，列成四边形，但都是三四等星，相当于我国古代军市的一部分，但军市中最亮的市一（二等星）却属于大犬座，不属于天兔座。我以为可以根本不去考虑这不重要的天兔座，还是在我国古代二十八宿中去寻找。以 4 星组成四边形的宿星，共有 5 座，即东方的氐、箕，北方的女宿和南方的鬼、轸。此外，还有南方张宿 6 星的中央部分也以 4 星组成菱形。因为这星象图中的东、北两方都已有二宿为代表，所以还是就南方三宿中去考虑。如果是张宿，我们需要假定漏去两侧的 2 星，所以还是就鬼、轸二宿中去选择其一。《晋志》说："舆鬼五星，天目也，……中央星为积尸。"《步天歌》说鬼宿"四星四方似朱柜，中央白者积尸气"。虽然我国古代一般的星象图中鬼宿常作 5 星，但仍有时将中央的"积尸"星团除外而将鬼宿只作为 4 星。鬼较轸为更接近南方 7 宿的中央部分，或许这幅是指鬼宿。

第 7 幅（图 1：7）的主题是月亮。月亮的西边、南北各一星。或以为它们"似宝瓶星（玄枵）"。按西洋宝瓶座的区域很广，三～五等的星便有十余颗，但没有比三等更亮的明星，很难说这二星便是代表宝瓶星座。查我国二十八宿中南北直列二星的，计有室、壁、虚、角等四宿。因为这幅和下面绘出危宿 3 颗星的第 8 幅相衔接，所以我认定这里是虚宿 2 星：北星为小马座 α，南星为宝瓶座 β。

第 8 幅（图 1：8）是 3 星列成近似直线，距离相等。或以为"疑为河鼓星（牵牛）"。按 3 星绘成这样形状的，除河鼓星以外，像上面讨论第 3 幅西部 3 星时所提及的，还有娄、危、心、房、参等五宿。其中房、心、参、河鼓等，在这星象图中另有表示；而娄、危二者中，危和虚常相并提，上面第 7 幅既考定为虚，这幅和它相衔接，所绘的当为危而非娄。危宿 3 星，其一为西洋宝瓶座 α，另二星属于飞马座。《天官书》说"北宫玄武：虚、危"，是把这二者视为北方七宿的主体。虚又居北方七宿的中央。因此，二者的各星亮度虽不突出，在我们古代星宿中仍占相当重要的地位。二者相对的位置，和实际相对照，是东西互易了。这或许绘图者只选择几个星宿作为代表，并不考虑这些位置方面的关系。

第 9 幅（图 1：9），中央斜绘一排 3 星，在它的东北边另绘一排 3 星，凑成丁字形。或以为"连系起来很像天鹅座（天津）"。按西洋星座中和这相似的有天鹅座和天鹰座（河鼓 3 星即属之）。我以为我们应将这一幅和下一幅连起来考虑。下一幅所绘的是织女星，这一幅的中央部分的 3 星，当是河鼓，另外 3 星是河鼓的辅星"旗星"，也叫"右旗"。这 6 颗星是组成西洋天鹰座的主要部分，但是，它们和天鹅座无关。虽然就图中星座的方向而论，似与后者相符合，但我们这星象图似乎并不大注意星座的方向。《天官书》说："牵牛为牺牲，其北河鼓。"《晋志》说："河鼓三星，旗九星，在牵牛北。"河鼓二即天鹰座 α，是一等亮星，但旗九星都是三~五等的星，可能是绘者省略去一些，仅留 3 星作为代表，也可能是汉代只认旗三星。或以为河鼓即牵牛；实则我们今日一般虽是这样称呼（起源颇古，《尔雅·释天》便有"河鼓谓之牵牛"之说），但是《天官书》和《晋志》都以牵牛指牛宿六星（都属西洋摩羯座），和河鼓三星是两回事。

第 10 幅（图 1：10），是排成近似等边三角形的 3 星。或以为它"有点像天秤星（寿星）"[1]。按西洋天秤座以主要的 4 星构成梯形，相当于我国的氐宿四星。但是，伏龙佐夫－维耳耶米诺夫的《天文学》教科书中那幅星图的天秤座漏绘一星，致成三角形。我以为我们这幅成三角形的星座，当是织女三星，其中织女一（即西洋天琴座 α）是一等的亮星，和河鼓星隔银河而相对，是我国民间有名的七夕故事的来源。《天官书》说"织女，天女孙也"，没有明言星数；但《晋志》说："织女三星。"山东肥城县孝堂山石刻的日、月、星象图便有织女星，也作这形状（图 3）[2]。我们这二幅互相衔接，很可能正是表示河鼓和织女。汉武帝所开凿的昆明池畔，便有西汉石雕的牵牛、织女像[3]。

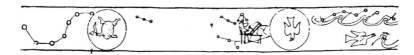

图 3 山东肥城孝堂山的石刻画像星象图（摹本）

第 11 幅（图 1：11），据摹本，南部偏东 4 星，北部 3 星，共 7 星，像斗形。原报告说："南边由东向西画三颗星，西南角往北画两

---

① 按天秤星不属寿星之次。天秤座主要的 4 星相当于我国古代氐宿。氐宿赤道距度依汉太初历为 15 度。十二次各次的起讫界限，各家所说不同。《晋志》以轸十二度至氐四度为寿星，西汉费直以为寿星起轸七度，东汉蔡邕以为起轸六度，但是都将氐宿全部或绝大部分归入大火之次。《明史》卷五《天文志》也以氐宿在大火。朱文鑫《历法通志》（商务印书馆，1934），也依梅文鼎的推算以为天秤座在大火 7~28 度（第 278 页）。

② 傅惜华：《汉代画像全集》初编，商务印书馆，1950，第 21 号，第 23~24 号（细部）；参阅罗哲文《孝堂山郭氏墓石祠》，《文物》1961 年第 4、5 合期，第 50 页，图 2。

③ 顾铁符：《西安附近所见的西汉石雕艺术》，《文物参考资料》1955 年第 11 期，第 3~5 页。

颗星，东南角北偏西画四颗星，中央绘一颗星，共十颗朱星。"这比摹本多出 3 星，但没有将这漏去的 3 星的位置叙述清楚。原报告又说："很近似北天星之一的大熊星（大北斗）。"如果近似大熊座，则当如摹本只有 7 星。由 5~8 星组成斗形的星座，还有西洋的小熊座和我国古代的斗、柳、星等三宿。小熊座在我国古代不自成一星座，北斗（即大熊座）和五车星在一起，前面讨论第 2 幅时都已详细谈过。斗宿（即南斗）只有 6 星，并且属于北方七宿。前面已有虚、危二宿作为北方的代表，所以这星群可能是南方七宿中的柳或星宿。后二者都为西洋长蛇座的一部分。星宿 7 星，数目相合；但是它的柄部不像我们这星群几乎在一直线上。柳宿 8 星，多出 1 星，但形状较相近似，可能摹本漏去 1 星，也可能原来绘者便已漏去。前面提及的集安通沟的二墓内的星象图，其中柳宿都只有 6 星[1]，比我们的还少 1 星。《天官书》说"柳为鸟注"，没有说明星数。《晋志》说："柳八星。"

第 12 幅（图 1：12），东部为隔墙所遮盖，就照片和摹本上看，只有 1 星。原报告说："由西南向东北，在一线上绘了三颗星，其中间的一颗稍偏西，可能是白羊星（降娄）。"是否另有 2 星在照片和摹本上被遮盖住了呢？如果是一排 3 星，我们在前面讨论第 3 幅西部时已经说明这种星群有危、心、房、娄、参等五宿的可能。因为前三者都已有图表示，所以这幅只能在娄、参二者中选择其一。参宿多一二等星，比较重要，所以我以为它的可能性较大。参宿中腰 3 星可以用以代表整个星座。集安通沟高句丽时代二墓的星象图中也是以一排

---

① 池内宏等：《通沟》卷下，1940，第 11 页第 3 图，第 34 页第 16 图；又参阅中村清兄《高句丽时代四古坟について》，《考古学论丛》第 4 辑（1937），第 382~387 页，第 5~7 图。

3星来表示参宿①。沈钦韩说："《晋志》参十星。陈氏启源《稽古编》云：古以为三星。《考工记》数伐而为六星，丹元子不数伐而数左右肩股为七星。天官家各有师承，古今多不相同。"②《天官书》说"参为白虎"，虽不当西方正位，但仍认为西方七宿的主体之一。参宿和东方苍龙的心宿，东西相对，为二十八宿最引人注意和重视的二宿，和北斗、太阳，在我国古代同称为"辰"（即用作标准的星象）③。

上面关于各星座的推定，有些比较可靠，有些也没有把握，只是提出一些想法，以供考虑和讨论。如果所推定的星座，大致不错，那么，我们可以说，这12幅的日、月、星象图，最东的一幅是太阳图，然后是"中宫"的北斗及其有关的五车和贯索；然后是二十八宿中东方的心、房，西方的毕、昴、参，北方的虚、危，南方的柳、鬼（或轸）等九宿，还插入月亮和河鼓（及其有关的旗星）和织女。我们可以在一幅北天的星图上，把它们表示出来，作成一图（图4）。如果拿集安通沟二墓的天文图作为比较，颇有意思。那二图也是太阳在东，月亮在西。不过由于它们的星象是绘在圆形的穹顶上，和我们的绘在长条上的不同，所以它们是中央偏北为北斗，东方房、心，西方参、伐（？），北方危，南方柳，一共7个星座，其中伐（？）也未能十分肯定④。可以说，那二图和我们的大体相同，不过排列不同而星座多寡也有差异而已。

---

① 池内宏等：《通沟》卷下，1940，第11页第3图，第34页第16图；又参阅中村清兄《高句丽时代四古坟について》，《考古学论丛》第4辑（1937），第382~387页，第5~7图。

② 沈钦韩：《汉书疏证》卷二〇，光绪二十六年浙江书局刊本。

③ 陈遵妫：《中国古代天文学简史》，上海人民出版社，1955，第17页。

④ 池内宏等：《通沟》卷下，1940，第11页，第3图；又第34页，第16图。

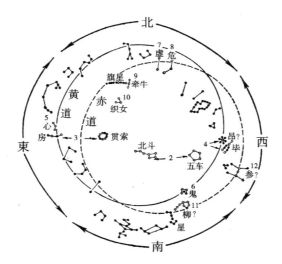

图 4　二十八宿和其他在汉墓星象图中绘出的星座

注数字表示在第几幅中，圆圈表示汉墓星象图中曾加绘出的
星点。

三

原报告总结对比的结果说：所推定的十二星座中，宝瓶（玄
枵）、天秤（寿星）、白羊（降娄）居在黄道带中，御夫（五帝座）、
小马、三角（天大将军）和猎户（参宿）都紧临黄道带边沿，天鹅
（天津）、河鼓（牵牛）和天兔（军市）距黄道带较远，小熊（小北
斗）和大熊（大北斗）距北极较近。最后又说："再以月为界，月以
前的六幅，可能象征白昼；月以后六幅象征夜晚。共十二幅可能象征
十二时辰。"

实际上，我们这星象图，绝不会是在一幅西洋的星图上乱选出几
个星座作为点缀，也不会只是在我国古代的星图任意选拣几个星座，

漫无目的。我们要问：它的用意到底是什么？它的选择标准是什么？

关于这星象图中每个星座的推定，前节中已经逐个加以讨论。现在再就这图是否代表黄道十二宫和象征十二时辰的问题，提出我的一些看法。

首先，因为我们这图全部是 12 幅，除去太阳图一幅后，由于第 2 幅包括两个星座，仍可凑成十二数，所以原报告者便联想到黄道十二宫和我国的十二次，并且具体提出三个星座：白羊星即降娄，天秤星即寿星，宝瓶星即星枵。实则虽然有人以为十二次便是黄道十二宫，但是十二次是沿着赤道的，而西洋的十二宫是沿着黄道的，这是中西古代天文学的一个大区别。而且次和宫的起讫界限也不一样①。我们知道：赤道和黄道二者只在春分和秋分二点上是相符合的，其他都不相同，例如参宿一的赤纬是南初度弱，几乎在赤道上，但是黄纬却达南二十三度弱②，所以西洋十二宫取金牛座而不用猎户座（参宿），而我国十二次却以参宿列入实沈之次。现在姑且以为宫和次是相同的，所推定的星座也姑且依据原报告的说法，那么，十二星座中也只有 3 座合于十二宫，只占 1/4。如果改用赤道，加入"实沈之次"的参宿，也只占十二次的 1/3。可见这十二星座作为整体，既不是西洋的黄道十二宫，也不是我国的赤道十二次。我在上节中已经指出，我们这星象图中包括二十八宿中几个星宿。二十八宿都和赤道相近，分属于十二次，每次 2 宿或 3 宿。这似乎表示这图和星次并非毫无关系。但是，它只是通过各"宿"间接地和星次发生关系，绝不是所绘的十二星座作为整体便是十二次或十二宫。我们这图的各"宿"是依照四方在每方中选择 2 宿（西方 3 宿），而不是依照星次来选择，所以有 3 个星次在这图中有 2 宿，另有 3 个星次各 1 宿，而

① 陈遵妫：《中国古代天文学简史》，上海人民出版社，1955，第 90 页。
② 度数依据《明史》卷二五《天文志》。

其余 6 个星次却连一个宿也没有。

其次，在讨论了这图的十二星座是否便是十二宫即十二次的代表以后，我们可以再讨论这 12 幅是否可能象征一天中的十二时辰。这是由于月亮图的前后，恰是各为 6 个星座，很容易使人联想起昼夜各 6 个时辰。前段已说过，这 12 幅并不代表我国古代的十二次，现在姑且将它们作为代表十二次，也仍不能说它们是象征一天中的十二时辰。先来解释一下十二次。我国古代将周天分为 12 段，称为十二次（每次以二十八宿中的二宿或三宿为标记），用它来观测日、月、五星的运行。这十二次的名称起于春秋战国间①。当时曾以岁星（木星）所到的"次"，作为纪年的标准②，例如说："岁在星纪"，"岁在降娄"③。后来以太岁（岁阴）代表岁星，12 个岁名也以十二辰代替，例如《汉书》称汉元年为"太岁在午"④。我国古代又以太阳所到的"次"作为节气的标准。《汉书》论十二次，说："日至其初为节，至其中为中。"⑤ 如果以 12 中气为标准，则每月的中气也便是这一月的星次。《汉书》说："星纪初，斗十二度，大雪；中，牵牛初，冬至（原注：于夏为十一月，商为十二月，周为正月）。"⑥ 便是建子的月份。以下各月，可以类推。《淮南子》说："星：正月建营室、

---

① 竺可桢：《论以岁差定〈尚书·尧典〉四仲中星之年代》，《科学》1926 年第 12 期。

② 我国春秋时认为岁星周期为整 12 年，恰符合十二次的划分；实则这周期约为 11.86 年。但是要经过 84 年才超辰一个"次"，短期内不会发觉这错误的。参阅刘坦《中国古代之星岁纪年》，科学出版社，1957，第 31 页。

③ 见《左传》襄公二十八年和三十年。参阅刘坦《中国古代之星岁纪年》，科学出版社，1957，第 132 页。

④ 《汉书》卷二一下《律历志下》。参阅刘坦《中国古代之星岁纪年》，科学出版社，1957，第 140 页。

⑤ 《汉书》卷二一上《律历志上》。原缺"为中"二字，据钱大昕《汉书考异》卷二补入。

⑥ 《汉书》卷二一下《律历志下》。

东壁；二月建奎、娄；……"① 也是表示这一月太阳所到的"宿"，虽然用"宿"来作标准，实即等于用星次。室、壁即娵訾之次，于辰为亥，余可类推。这便是后世所谓"太阳过宫"或"中气过宫"，《明史》卷二五说："如日躔冬至，即是星纪宫之类。"十二次即可以表示十二岁次或一岁中十二个月太阳过宫，我们要问：是否十二次也可用以表示一天中的十二时辰呢？在赤道或黄道附近的星，每过一天便重至中天。如果以某一星宿的距星在中天的时间为标准，这样似乎也可以十二星次来配合一天的十二时辰。但是，实际上，这里的一天是恒星日，它和我们一般的所谓一天即太阳日，每天相差约 4 分钟，即每月相差约 2 小时，也就是达一星次之多。如果第一个月的每天"子时正"的中天的各星宿，都是属于大火之次，那么第二个月的，便要属于另一星次了。《礼记》中《月令》篇说："孟春之月，日在营室，昏参中，旦尾中；仲春之月，日在奎，昏弧中，旦建星中。"这里是用"昏"和"旦"作为观测中星的时刻，明显地表示已知道每月的中星（昏中星或旦中星）不同，也便是每月各日昏时（或旦时）的中星所在的星次有所改变，若干日后便在于另一星次，所以不能将十二次代替十二辰来表示一天中的十二时辰。原报告似误将十二次和十二辰混为一谈。子、丑等十二辰是常作为 12 个成组的事物的序数来使用，例如有 12 集的一部书也可用十二辰来称为子集、丑集等。十二次和一天的十二时辰，都可以用十二辰来命名，以十二次来表示的十二岁次和一年的十二月，也都可以改用十二辰来称呼。但是，假使我们用十二次来称呼或象征一天的十二时，例如说大火之次，如果不明言月份，便完全无法知道它是一天中的哪一时辰。所以，十二次决不能用来代替子、丑等十二辰以称呼一天中的十二时

---

① 《淮南子》卷三《天文训》，"东壁"二字据王念孙《读书杂志》中王引之说增入。

辰，古往今来，也从没有这样称呼过。

我们这星象图，既不是以 12 个星座来表示十二次，更不是象征十二时辰。如果我在上面第二节中所推定的基本上可以采用，那么，这图只是汉代天官家所区分的"五宫"中每"宫"选取几个星座用以代表天体而已①。《天官书》所列举的许多重要星座里面，中宫有北斗七星，又有句圜十五星（包括贯索和七公），"东宫苍龙：房、心"（二者居东方的正位），南宫朱鸟，有鬼、柳等宿，"西方咸池，曰天五潢"（即五车），"参为白虎"，又有毕、昴，"北方玄武：虚、危"（以二者居北方的正位），又有河鼓和织女。我们在上节中加以推定后，曾另作星象图（图4）来表示它们，并且指出这图和集安通沟的两墓中星象图的相似点，兹不再赘。孝堂山石刻（图3），除了日、月之外，也有星象，似为 6 个星座，其中月亮的外侧为北斗七星，太阳的内侧为织女，都可确定无疑。月亮内侧的 3 星可能是参

① 《天官书》和《汉书·天文志》，五宫都作"宫"字。自清代钱大昕（见《史记考异》卷三）以为"宫"当作"官"，后来多从其说，近人天文学史的著作，如朱文鑫的《朱氏图考》和陈遵妫的《中国古代天文学简史》，也都以为今本《史记》，"五官"都误作"五宫"。实则据钱大昕的论证，也只能证明唐代司马贞作《索隐》时所用的《史记》本子，可能"宫"字作"官"。至于汉代原本如何，仍无法证明。可能由于篇名为《天官书》，又因《周礼》以"六官"分篇，所以便容易使人认定这里也应作"官"字。"宫""官"二字形近易误。但是，《史记》和《汉书》现今所有本子，这五处都作"宫"字；并且《晋书》和《隋书》的《天文志》，也以二十八宿代替四方"宫"，而所保留的"中宫"，仍作"宫"而不作"官"。我以为"宫"字未误。古代天文书中的术语，"官"字指星座（见正文第一节），而"宫"字指天空中一定的区域范围。《天官书》前半便是罗列星座的一篇文章。其中所涉及一定区域的范围，如紫微垣的范围内，便称为"紫宫"。"五宫"的意义也和它相同。《天官书》原文所谓"东宫苍龙""南宫朱鸟""西宫咸池""北宫玄武"，皆指一定的地区范围，并不指某一星座。《晋志》说："咸池，鱼囿也"，实则汉时也是指一定区域范围。后人以四方各7宿作为苍龙、朱鸟、玄武、白虎之形；实则《天官书》中"东宫苍龙"等是指北天中除了"中宫"以外的四方四个区域，每方包括7宿以外其他一切星座。在《天官书》中，实仍以作为"宫"字为胜，所以我这篇中都仍保存原字，不臆改"宫"字作"官"。

星，织女旁的两组：3 星的可能为心宿，4 星的为房宿，太阳外侧的 7 星可能是柳宿（或以为是南斗，但南斗只有 6 星）。这石刻原来放置的方向，因为已被移动，无从确定，但是如果和我们这图中日、月的位置一样，也是日东月西，那么心房恰在东方，参宿在西方。加上南方的柳宿和北斗、织女，那么这 6 个星座在我们这星象图都有出现。

我国古代的生产，以农业为主。劳动人民注意一年四季的更迭，以求不失农时，而四季的更迭，可以由观测赤道附近的某一恒星或星座在初昏时（或昧旦时）的"中天"作为标准，也可以由初昏时北斗的斗柄所指的方向作为标准。记载殷末周初的天文现象的《尧典》中，便有观测"四仲中星"的记录①。后来受了五行学说的影响，在四方之上又添"中宫"，成为"五宫"。而"四中星"也扩充到二十八宿，但仍旧分属于"四宫"。我们这星象图便是在这天文知识的基础上所绘成的。虽然由于画面有限，只好选择几个星座作为代表，但是所选择的大都是比较重要的星座。因为画面是狭长的长条形，所以排列的位置，无法依照天空原来的位置。这对于我们的推定，造成一定的困难。但是大部分星座都仍可以推定，可能大致不错。

我国古代墓中配备天文图，似起于秦代。《史记》卷六《始皇本纪》说，始皇墓中，"上具天文，下具地理"，当是在墓室顶部绘画或线刻日、月、星象图，可能仍保存于今日临潼始皇陵中。解放后，在辽宁辽阳棒台子屯和三道濠所发现的东汉壁画墓中，在前廊藻井上都绘有日、月云气图；在所发表的棒台子屯一墓的壁画照片中，可以看出云气间也有星象②。山东梁山县后银山一座东汉墓，据云："藻井为象征日、月的金乌、玉兔（已脱落），绘以行云流水的图案。"

---

① 竺可桢：《论以岁差定〈尚书·尧典〉四仲中星之年代》，《科学》1926 年第 12 期。
② 李文信：《辽阳发现的三座壁画古墓》，《文物参考资料》1955 年第 5 期，第 28、34 页，图 10~图 11。

观所发表的照片，似乎云气间也有星象，但似很凌乱无次①。前面已提到的山东肥城孝堂山石刻，有日、月、星象图，刻在石梁下面，也是属于东汉的。这些都晚于我们这座西汉墓。我们这图，可说是现下所发现的我国最早的一幅星象图，提供了我国天文学史上的重要新资料。

---

① 关天相、冀刚：《梁山汉墓》，《文物参考资料》1955 年第 5 期，第 44 页，图版八~图版九。

从宣化辽墓的星图论
二十八宿和黄道十二宫[*]

　　天文学是人类在同自然界奋斗的生产斗争中产生的。恩格斯说："首先是天文学——游牧民族和农业民族为了定季节，就已经绝对需要它。"（《自然辩证法》）我国古代劳动人民，在农业的生产实践中，为了要掌握季节转换的规律性，在远古时候便逐渐积累了关于天文的知识，曾对于天文学的发展，做出了不少的贡献。二十八宿体系的创立，便是其中之一。明末西洋来华的耶稣会教士们，误认为我国的二十八宿及与之相关的十二星次，全是巴比伦、希腊天文学的黄道十二宫的翻版[①]。后来主张"中国文明西来说"的西洋汉学家，多仍袭这种错误的说法[②]。直到最近，还有借"中国文明西来说"以反华的苏修历史家，在讨论殷商文化元素时，胡说什么中国在当时借用了西方的"黄道带"概念[③]。最近发现的宣化辽墓，它的壁画中有一幅

---

　　[*]　本文原载《考古学报》1976 年第 2 期，又见《中国古代天文文物论集》（文物出版社，1989）。现据作者自存校正本收入本书。
　　[①]　李约瑟：《中国科学技术史》第 3 卷，英文版，1959，第 258 页。
　　[②]　例如金史密（T. W. Kingsmill）在《两种黄道带》一文中，以为巴比伦的黄道十二宫是太阳黄道带，中国的二十八宿是月亮黄道带，后者来源于巴比伦。见《皇家亚洲学会华北分会会志》（英文）1907 年第 38 卷，第 165~215 页。
　　[③]　Л. С. 瓦西里耶夫：《古代中国文明的起源》，《历史问题》（俄文）1974 年 12 月号，第 100 页。

星图，包括有二十八宿和黄道十二宫图形①。这引起了我的注意。我认为二十八宿这问题的进一步探讨，不仅具有学术上的理论意义，同时还具有政治上的现实意义。

一　什么是我国的二十八宿

我国的二十八宿是将天球赤道（本文以下简称"赤道"）附近的天空，划分为二十八个不等的部分。每一部分作为一宿，用一个位于当时（即创立二十八宿的时候）赤道附近的星座作为标志，并且用这些星座中一个星作为距星，以便量度距离。二十八宿分属四方，它们的名称是：东方苍龙七宿（角、亢、氐、房、心、尾、箕），北方玄武七宿（斗、牛、女、虚、危、室、壁），西方白虎七宿（奎、娄、胃、昴、毕、觜、参），南方朱雀七宿（井、鬼、柳、星、张、翼、轸）（图1）。

"宿"本来是过宿的旅舍的意思。最初，二十八宿是用以标志月亮在一个恒星月中的运动位置。恒星月每月是 27.32 天，一个恒星月中月亮每晚在满天恒星中都有一个旅居的地方，一月共换 27 个或 28 个地方，所以叫作二十八宿，这是古今通称。古代也叫作二十八舍②，或二十八次③。

远古时代劳动人民根据天文现象以定岁时季节，订制原始型的历法，主要方法之一是观测星象。晴朗的夜晚，万里长空，满布着闪闪的明星。劳动人民很早便注意到这些星辰的"星移斗转"的现象，因为这与生产实践的季节性活动有密切联系。这些星辰（恒星）在

---

① 河北省文物管理处、河北省博物馆：《河北宣化辽壁画墓发掘简报》，又《辽代彩绘星图是我国天文史上的重要发现》，均见《文物》1975 年第 8 期，第 31~44 页。

② 《史记·律书》和《天官书》；又《晋书·天文志中》。

③ 《史记·律书》"二十八舍"下司马贞《索隐》。

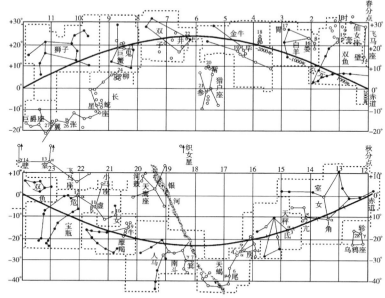

图1 二十八宿、十二宫和赤道、黄道的关系图

说明：图中用直线连起来的是西洋星座；中国二十八宿用圆圈，有黑点
为中心的圆圈是各宿的距星，虚线是十二星座的界线，0°处的横线是赤道，
粗曲线是黄道。"-2000年"等是各时期春分点的年代。

天球上的相对位置变化很小。我们由地球上仰望，在观望一段时间之
后，便可以发现好像整个天球绕着天北极而移动。实际上，这是由于
地球自转和绕太阳而转的缘故。

我国古代以北斗星的斗柄在傍晚时所指的方向来定季节，这便是
古书中所谓"斗建"。最初大概像《夏小正》中所记的那样，只简单
地观察正月初昏"斗柄县在下"或六月初昏"斗柄正在上"。至于斗
柄月建说，以斗柄指向的十二辰标志一年中的十二月，当属后起的
事。后来又以恒星中几颗明亮的星辰（如昂星、心星、参星等）在
傍晚或平明时恰在人们的头顶上天空那道"子午线"上的日子作为
季节的标准（天球上的"子午线"是指通过观象者的天顶及南北极
的大圈，见图2）。这便是古书上所谓"昏、旦中星"。

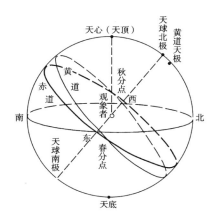

图 2　天球上的黄道和赤道

另一个观测星象以定岁月的方法，便是依照星座将天空划分成不同的部分，用以观测月亮在恒星中的位置。最初是观察一个恒星月内每天的月亮位置，这便是二十八宿所以产生的原因。后来观察月亮在每一个朔望月的月望时所在的位置，或更进一层间接参酌月亮在二十八宿中的位置来推定太阳的位置，这样便可知道一年的季节。二十八宿的创立要比原始的"斗建"法和"中星"法为晚，但是它具有中国古代天文学的特色。

关于中国的二十八宿，有下面几点要说明一下。

（1）它是以赤道为准，不是以黄道为准。天文学上广泛采用以描写和确定恒星方位的坐标有两种：一种是赤道坐标，以天球上的南北天极为极（北天极即北天不动处），连接南北天极的轴线，是天体每日旋转的轴心。赤道是与这轴心相直角的天球上大圆圈。坐标名称是赤经、赤纬。另一种是黄道坐标，以地球上的人看到太阳于一年内在恒星间所走的视路径这一大圆为黄道，以天球上距黄道 90° 的两点为黄极（南、北黄极）。坐标为黄经、黄纬。黄道和赤道成 23°27′ 的交角，相交于春分点和秋分点（图 2）。有人以为中国二十八宿以黄道为定①，自属错误。另有人以为战国时期中国星占术原有二派：石申夫主用黄道邻近的二十八宿而甘公则主用赤道邻近的二十八舍②，其说也不妥当。"舍"便是"宿"，并非二事。《史记·律书》中的"二十八舍"的星辰，或本于甘氏，但与石氏及后来通行的二十八宿大同小异。《史记·天官书》似采用石氏，但仍称之为"二十八舍"。二者不同处仅有四宿，并不是既有邻近赤道的一套，而又另有邻近黄道的一套。二者共同的二十四宿中，都不采用近于黄道的明星如天市、太微、轩辕，而独采取远在黄道以北的虚、危、室、壁和远在黄道以南的柳、星、张、翼。《淮南子·天文训》《汉书·律历志》等列举二十八宿的广度，都是以赤道为标准的。《后汉书·律历志》中，才在各宿的赤道上的广度后面，又增列黄道上相应的广度。宋代沈括说："凡二十八宿度数，皆以赤道为法。……黄道有斜、有直，故度数与赤道不等。"③ 这可以作为定论。

（2）它虽以赤道为准，但并不是每宿都是适当赤道的；它们的距星，似乎也都不适当赤道，不过大多数在赤道邻近，或者可以说在一条类似黄道带（黄道带包括黄道两边各8度）而以赤道为准的宽带上。有人说：二十八宿源出周秦以前，"盖其时二十八宿适当赤道，因取以为标识也"④。这说法并不正确。最近八千年内，二十八宿中适当赤道者，最多时也只有十二宿⑤。至于今日，它们距赤道达10度以上的计二十一宿，其中尾宿距星在赤道南37度余，昴宿在赤道北23度余，胃宿在北27度余⑥。在古代创立二十八宿时，也不过取其比较靠近赤道而已（图3）。

---

① 新城新藏：《东洋天文学史研究》，沈璿译，中华学艺社，1933，第263、267页。
② 钱宝琮：《论二十八宿之来历》，《思想与时代》第43期，1947，第17页。
③ 沈括：《梦溪笔谈》，胡道静校正本，1957，第95页。
④ 朱文鑫：《历法通志》，商务印书馆，1934，第270页。
⑤ 竺可桢：《二十八宿起源的时间和地点》，《思想与时代》第34期，1944，第21页。
⑥ 李约瑟：《中国科学技术史》第3卷，英文版，1959，第238页。

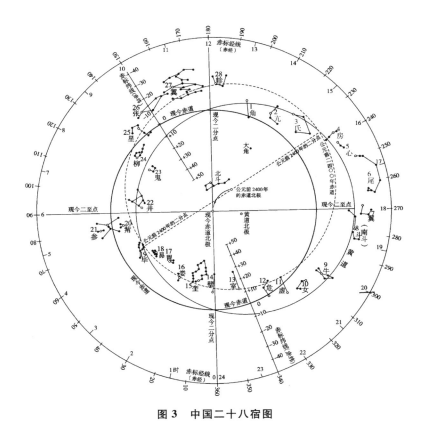

图3　中国二十八宿图

说明：以圆圈表示各宿的距星。依李约瑟的图，增加北斗和大角。

（3）各宿都由距星起算度数，而各宿的广度不同。《汉书·律历志》中所列举的距度，最大如井宿，达 33 度，最小的如觜宿，只有 2 度。这种不均匀的原因，沈括曾解释说：要选择"当度"的距星。这说仍不能圆满解决问题，但可备一说。由于岁差的关系，各时代的各宿距度，有些要有增减。但是二十八宿的度数总合起来是中国周天度数 365 1/4 度，或其整数 365 度。

（4）二十八宿的各星，甚至于各宿的距星并不是恒星中最明亮的，并且也不是赤道附近最明亮的星宿。二十八宿的星辰中，包括距星，只有一个一等星（角宿）和一个二等星（参宿），一般是三四等星，甚至于有 4 个（奎、柳、翼、亢）是五等星，一个六等星（鬼）。反之，许多邻近赤道的一等至三等星，倒没有入选；最显著的例子如一等星中的河鼓二、天狼、大角、五车①。有人以为各宿的距星大都为"显著之星"②，这并非事实。我认为当时选取的标准，除了照顾到邻近赤道和比较稍为明亮（六等星以上）二者之外，主要标准可能是"当度"与否和"耦合"排列二点。"当度"与否是沈括提出来的。他说："度如伞橑，当度谓正当伞橑上者。故车盖二十八弓，以象二十八宿……当度之画者，凡二十八谓之舍……非不欲均也，黄道（按：似应作"赤道"）所由当度之星，止有此而已。"③ 这便是说：距星要选择能使两宿之间的距度为一整数者。他将距星所在的赤经线比喻为车盖上的弓。"当度"之星并不一定在赤道上，只要在同一赤经上便可以。当然，古人观测二十八宿的赤经的准确性有一定的局限。据能田推算，误错一般在 0.5 度以内，但也有四例达 1~2 度④，"耦合"排列是指在赤道上广度各不相同的二十八宿却是一个个遥遥相对，例如角与奎相距 173 度，井与斗相距 187 度⑤。这或许是便于由月亮满月时在天空的位置来推定同它相对冲的太阳的位置。此外，各星宿及其距星的选定，也常常由于它和拱极星中的亮星拴在一起。二者都大致处于同一条赤经线上，可以由拱极星中的亮星而找到较暗淡的二十八宿的星宿⑥。

---

① 朱文鑫：《历法通志》，商务印书馆，1934，第 270 页。
② 新城新藏：《东洋天文学史研究》，沈璿译，中华学艺社，1933，第 263 页。
③ 沈括：《梦溪笔谈》，胡道静校正本，1957，第 82~83 页。
④ 能田忠亮：《东洋天文学史论丛》（日文），恒星社，1943，第 472 页第四表。
⑤ 李约瑟：《中国科学技术史》第 3 卷，英文版，1959，第 253 页；竺可桢：《二十八宿起源的时间和地点》，《思想与时代》第 34 期，1944，第 2~3 页。
⑥ 李约瑟：《中国科学技术史》第 3 卷，英文版，1959，第 253 页；竺可桢：《二十八宿起源的时间和地点》，《思想与时代》第 34 期，1944，第 2~3 页。

（5）二十八宿当初是作为月宿，各宿为月离所系（"月离"即"月躔"，指月亮在恒星间所经行的位置，即运行的宿度）。《吕氏春秋·圜道篇》说："月躔二十八宿。"《周髀算经》中说："故曰：月之道常缘宿，日道亦与宿正。"（卷上）这些都可证明中国的二十八宿最初是作月行之道，后来才也兼作为日行之道。它的数目在古代并不固定于二十八个。我国古书中仍有二十七宿的痕迹，例如《史记·天官书》中将壁宿和室宿作为一宿（营室）。《尔雅·释天》中似乎也是如此①。长沙马王堆三号汉墓出土帛书《五星占》的金星位置表中仍以东壁为营室，壁、室合一。最初营室包括 4 个星，后来分成东壁和西壁，并且以营室专指西壁，室壁才分为二宿②。这是因为恒星月每月是 27.32 天。如果取整数，可以作为 27 天或 28 天；正像朔望月平均每月为 29.53 天，历法中太阴月可以作 29 天或 30 天。李约瑟以为 28 这数目是朔望月和恒星月的折中数③，未免牵强，并且无法解释二十七宿的数目。我国古代历法家利用天文学知识，不仅知道朔望月，也知道恒星月。《汉书·律历志》中说："月周：二百五十四。以章法加闰法，得月周。"今测朔望月为 29.530588 日，恒星月为 27.321661 日④。章法是一章 19 年（包括 7 个闰月）的朔望月235 个，约 6939 日又 56/81 日（弱）。"月周"为章法 235 加上闰法 19，一共 254，是恒星月的月数，也是约 6939 日又 56/81 日（强）。二者几乎相等，只相差 0.008314 日，即 19 年中相差不到 12 分钟。这是当时观测时所不易发觉的。桥本以为中国古代只有二十八宿，没有二十七宿，也是不合事实的⑤。后来由于和四方（四兽）相联系起

---

① 竺可桢：《二十八宿起源的时间和地点》，《思想与时代》第 34 期，1944，第 3 页。
② 刘云友：《中国天文史上的一个重要发现——马王堆汉墓帛书中的〈五星占〉》，《文物》1974 年第 11 期，第 33 页。
③ 李约瑟：《中国科学技术史》第 3 卷，英文版，1959，第 239 页。
④ 朱文鑫：《历法通志》，商务印书馆，1934，第 252~253 页（小数至六位）。
⑤ 桥本增吉：《支那古代历法史研究》（日文），东洋文库，1943，第 134 页。

来，便固定为二十八个，每方七宿。同时它的作用也扩大到作为标志日、月、五星、彗星等的运行位置和各恒星所在的位置。它在季节的规定，二十四节气的划分，历书的编制等方面，都起了很大的作用。我国古书中，如《吕氏春秋·十二纪》《礼记·月令》，都以二十八宿的各宿作为各月的"昏、旦中星"，并标明每月中太阳在二十八宿中的位置。但是星宿的数目为二十八，而非十二或十二的倍数二十四，可见不是先有十二次，然后再由十二次划分为较细的二十八宿，而是先有二十八宿的创立，然后利用它以观测每月的中星和推定每月太阳在黄道上的位置。这些天文知识是劳动人民在长年累月的生产实践中仔细观察天象的结果。由于仔细观察天象，便认识了天文现象的一些规律，并用来指导生产活动。

（6）二十八宿和占星术。我国古代劳动人民和天文工作者创立了二十八宿体系，接着他们扩大了它的作用，把它来规定季节，编制历书，以指导生产活动。但是后来二十八宿系统的意义被歪曲了，被用来宣传反动的"宿命论"，发展了带着浓厚迷信色彩的占星术。所以，我国历史上唯物主义和唯心主义的斗争也渗透到天文学发展的各方面，包括二十八宿体系的应用。这最初表现为迷信的分野说。在《左传》和《国语》中，都曾把岁星十二次与当时十二国相联系起来。某一星次中的天象变异便预示与它有关的那一国要发生重要事件，如国家的灭亡、国君的死丧、年岁的灾歉等。《周礼·春官宗伯》说："保章氏掌天星……以星土辨九州之地，所封封域皆有分星，以观妖祥。"二十八宿的分野说，似起于战国末期。《吕氏春秋·有始览》说天有九野，每野有三宿（其中一野有四宿），地有九州。但是这书中对于九州与九天二十八宿如何配合，讲得还不清楚。到了汉初的《淮南子·天文训》中，天上的九野二十八宿便与地上十三国名密切配合。《史记·天官书》也说："二十八舍主十二州。"后来这唯心主义的分野说更被发展，连后代的州郡也被强加分析，以配合分野次舍。实际上，天上的二十八宿与地面上的州郡是毫无关系的。

更为荒谬的是，星命家根据各人的生辰所值的天文现象，以推占其人的寿夭贵贱。晚周至汉初的占星术，以天象预占国家大事①。到东汉和魏晋时，便有推算个人命运的占星术，以为人的尊卑贵贱，都是"星位"所授②。葛洪《抱朴子·辩问篇》更清楚地说："人之吉凶修短于结胎受之之日，皆上得列宿之精。"后来发展为"星命"之术。这种星命法，是看各人诞生时的天象，包括太阳所在的宿度（即在二十八宿中何宿何度），以推算出个人的休咎、寿夭③。现传的唐张果《星命溯源》（《四库全书珍本》本），可能是宋代的著作而经后人增订。《古今图书集成》（卷五六六~卷五八三）所收入的《张果星宗》一书，实际上是《星命溯源》的一个增广本。二书中都有《先天心法》一篇，记张果老仙和李瀚的问答。老仙曰："推命之术，必在乎精。先观主曜，次察身星（原注：即月躔处也），当以二十八宿为主。"元人郑希诚的《郑氏星案》中有 40 个推算星命的范例，每例各以一星占图表示④。每图的中心是所推算的命在二十八宿中何宿何度，外绕以七圈，其中第三圈为二十八宿，第六圈为十一曜所在的宿度，可见二十八宿在其中所占的重要地位。另一种算命法是依照各人诞生的年、月、日、时四者的干支（八字、四柱），应用五行生克理论，以推算个人的命运⑤。唐代韩愈很推崇当时李虚中的根据本命行年、生月、生日而推算的算命术⑥。这间接地也是和生时的

---

① 《史记·天官书》。

② 《论衡·命义篇》。

③ 《辍耕录》下编"日家安命法"条引《百中经》。据《直斋书录解题》（卷一二），《百中经》用唐显庆历，作者当是唐时人。

④ 《古今图书集成》卷五八四~卷五八五。

⑤ 赵翼：《陔余丛考》卷三四，"子平论命"条。

⑥ 《昌黎文集》卷二八《殿中侍御史李君墓志铭》。

天文现象有关，可以算是个人占星术的一个旁支，由于中国历法有甲子纪时这一特色而产生的。这些都是宣扬"宿命论"的迷信。

唯物主义者反对"宿命论"，主张"人定胜天"，提倡科学的天文历法。天文工作者致力于改进观测天象的仪器，以便更精确地测定二十八宿的位置，改进历法，以利生产。天文学是在唯物主义和唯心主义的斗争中发展起来的。

二　二十八宿起源于中国

中国以外，古印度（古印度包括今日的印度、巴基斯坦和孟加拉国，本文以下简称印度）、阿拉伯、伊朗、埃及等国，古代也都有二十八宿。后三处它的出现较晚：伊朗是约公元 500 年，埃及是科布特时代（3 世纪以后）；至于阿拉伯，它虽可能出现较古兰经时代为早，但也早不了多少。所以一般都认为这三处都是由印度传过去的①。

至于中国和印度的二十八宿的关系，从 19 世纪初叶起，便有过长期的争论。竺可桢曾对于这些争论作了扼要的介绍，并且提出证据，说明二者是同出于一源，而印度的是由中国传去的②。虽然有人以为二者同源于巴比伦，但那不过由于巴比伦古代天文学发达，人们总想将天文学上的发明溯源于巴比伦，实则巴比伦古代虽然似乎也有关于赤道及其两旁的星宿的记载；但是，我们迄今还没有在古代巴比伦的天文学文献中发现二十八宿的确切证据。在楔形文泥版书中，从来没有发现二十八宿表，也没有任何理由假定古代巴比伦曾经有过二

---

① J. 费利奥札（Filliozat）：《古代印度和科学交流》，《世界史杂志》（法文）1953 年第 2 期，第 357 页。竺可桢 1944 年所写一文和李约瑟书中都有这种看法。

② 竺可桢：《二十八宿起源的时间和地点》，《思想与时代》第 34 期，1944，第 10~13 页；李约瑟：《中国科学技术史》第 3 卷，英文版，1959，第 253 页。

十八宿体系①。

竺可桢论文中指出印度月宿（Nakshatra）中的主星或联络星（Yogatārā）与中国距星二者的作用相类似，并且指出二者完全相同的有九宿，距星不同而在同一星座者有十一宿，不在同一星座者仅八宿，还包括印度以织女、牵牛二宿代替牛、女二宿。所以发生差异的缘故，是印度改取星宿中比较明亮的。又二者都曾以角宿开始，又都将昴宿作为一个重要据点。所以，二者同源是几乎无可置疑的。

竺可桢论文在前人研究的基础上，举出各种理由，以证中国起源说。李约瑟书中，也有所论述②。现在简单地介绍他们所举的主要理由如下。①中国二十八宿体系，可以从古代文献中追溯它发展的过程。各宿的名称，多已早见于记载；其命名的意义也大都可以解释，是和中国古代的生活状况、社会习惯相关联的。印度的宿名都不得其解，其体系的发展过程也不清楚。②中国古代以拱极星中的北斗为观测的标准星象，观斗建以定季节。各宿中有些与拱极星拴在一起。印度古代对于北斗星等拱极星不感兴趣，只观测黄道附近的星宿，以求日、月、五星的运行位置以定季节。它的各宿并不和拱极星拴在一起。③所谓"耦合"排列［见上节第（4）项］，印度的并不如中国的明显。各宿的分布，印度的也比中国的较为分散。这当由于印度不了解原来选取星宿的标准及其用意［见上节第（4）项］，所以有所改动时，只以星的明亮与否作为唯一的标准。④中国二十八宿依四季划分为四陆。中国一年分为四季是依照黄河流域的气候而定，冬夏长而春秋短，和二十八宿所划分的四陆相同。印度古代历法依据当地气候将一年分为六季，即冬、春、夏、雨、秋、露。今日仍分为寒、

---

① 新城新藏：《东洋天文学史研究》，沈璿译，中华学艺社，1933，第280～281页；何炳棣：《东方的摇篮》，英文版，1975，第391页。
② 竺可桢：《二十八宿起源的时间和地点》，《思想与时代》第34期，1944，第10～13页；李约瑟：《中国科学技术史》第3卷，英文版，1959，第253页。

暑、雨三季。但是印度二十八宿也分为四陆，与中国相同。所以竺可桢说："夫四陆二十八宿，原为定日月躔宿以计算四季之用。一年既不分为四季，则安用所谓四陆哉！"⑤中国古代天文学的重要贡献，是在观测和记录方面。二十八宿的创立，主要是基于观测。但印度古代天文学偏重理论和推算，忽视观测。吠陀时代（约公元前 12 世纪至公元前 6 世纪）印度对于星辰的观测还只限于黄道两旁的。竺可桢说："夫对于星座如北斗、勾陈等不感兴趣之民族，安望其能注意二十八宿中微小星座如胃如觜哉！"

本文想从另一个角度来论证二十八宿是由中国传入印度，便是想要论证二十八宿是符合于中国古代天文学的体系，但并不符合印度古代天文学的体系。现在分述体系方面的论证如下。

（1）二十八宿是以赤道为准。我们知道，采用赤道坐标以定天体在天球上的位置，是中国古代天文学的特点之一。古代巴比伦、印度、希腊则以黄道为准。上节第（1）项下，我们已指出中国古代二十八宿的广度是以赤道为准，东汉时才添上黄道的广度，以资对照①。中国古代天文仪器中的浑仪，早期的只有赤道环，没有黄道环。东汉时才于赤道环的旁边加上黄道环，但是仍不常设。到了唐代，黄道环才和赤道环一样成为浑仪中不可缺的部分②。印度古代天文学探测日、月、五星的运动，都以黄道为准，但是它的二十八（或二十七）宿，仍与中国一样以赤道为准③。

（2）中国古代特别重视北天极、极星和拱极星。这是另一个特点。这与上条有密切的关系。赤道便是和连接南北天极的轴线相直角的大圆圈。中国古代文化中心的黄河中游，纬度较巴比伦、印度为北，可以看到更多的拱极星；而古代北斗星由于岁差的缘故，离北天

---

① 据《汉书·律历志》和《后汉书·律历志》。
② 据《宋史·天文志一》。
③ 李约瑟：《中国科学技术史》第 3 卷，英文版，1959，第 252 页注（e）。

极更近，所以终年在地平线上，常显不隐，易引注意，也易于观测。本节上面第（2）条中曾提到，中国古代曾利用斗杓所指以定四时；后来更利用拱极星中较亮的星，包括北斗，以引向二十八宿的各星宿，尤其是二十八宿中较幽暗的星宿。这便是说，根据北极星朝向这些拱极星的方向，再向前引申到赤道附近，便可容易找到二十八宿中的某些星宿。此外，中国古代对于天体的区分，除了四方的四宫以外，另有以北极星为中心的中宫，后来演变为紫微垣。印度古代天文学中虽然由于仿照中国而有二十八宿所组成的四陆，但是没有中宫，也没有由极星经过拱极星中的亮星（包括北斗）引向二十八宿的说法。这表示二十八宿在印度并不是土生土长的，乃是外边传入的。

（3）中国古代天文学特别重视观测和记录，这是另一个特点，所以中国有世界上最早的关于观察彗星、日蚀、日中黑子等记录。印度天文学和巴比伦、希腊的一样，偏重理论和推论，忽视观测，以致印度古代竟没有一个像《甘石星经》一类的星表。这特点在二十八宿体系中的表现，除了竺可桢所举的（见本节上面第⑤条）以外，还可以举出几条。

（甲）中国各宿的广度不同〔见上节第（3）项〕。这是由于重视观测，以实际观测的度数为准。印度二十八宿后来每宿广度相同，二十七宿每宿都是 $13°20'$（如为二十八宿，则这加入的一宿在原有的一宿广度以内，自身没有广度)[①]。这是从印度天文学的周天 $360°$ 推算出来。印度最初也是各宿广度不等，二十七宿中，月离三十须臾（梵语"模呼律多"Muhurta，三十须臾为一日夜）者十五宿，十五须臾和四十五须臾者各六宿[②]。后来加以修改，使各宿广度相等，以

---

① J. 费利奥札：《古代印度和科学交流》，《世界史杂志》（法文）1953 年第 2 期，第 357 页，1953。

② A. A. V. 勒可克（Le Coq）等：《德国吐鲁番研究的语言学成果》第 2 册，1972 年德文版，第 234 页，转引自基费尔（W. Kirfel）《印度的宇宙学》，1920，第140 页。

求更为符合本国的天文学传统。

（乙）中国各宿皆有距星，以便实际观测相邻各宿的距离。印度各宿也有类似距星的东西，叫作主星或联络星（Yogatārā）。但是印度后来利用推算方法，每宿定为 13°20′，则这些主星只能是每宿中最亮的星，不复能起中国"距星"的作用。

（丙）中国重视观测。月躔（月亮经天时在恒星中的位置）和各宿有关。当时的月躔的赤经和某一宿的距星的赤经相距多少，这是肉眼所能观察到的。印度忽视观测，偏重推算，所以最初用月躔为准，也以角宿为二十八宿之首，但后来便改用日躔，以娄或昴为首[①]。中国用月躔，昴为西方白虎七宿之一；印度用日躔，昴宿属东方七宿之一，这是由于日、月相冲时正东、西相对。早时太阳出来后，群星都隐而不显，所以太阳在恒星中的位置无法由肉眼观测，只能由推算而得。这种将月躔换成日躔的修改，也是印度天文学修改外来的货色，以求符合自己的传统。黄道上的诸星，距月亮运行的白道过近（黄、白二道成 5 度的交角），星光为月亮所掩，所以中国二十八宿选择距黄道和白道稍远的星座。印度以日躔为主，他们的二十八宿本来可以完全采用黄道上的星座，但是它仍与中国的一样。这也可以作为旁证。

就上述各点而论，可见二十八宿在中国是有它的渊源，有它的发展过程，是符合中国古代天文学的体系。但是它在以黄道为准而忽视北天中极星和拱极星的印度古代天文学中，是突然出现的，并且不符合它的体系，显然是由外传入的，也便是说来自中国。他们传入二十八宿后，还加以修改，以求符合本国的天文学传统。

另外需要说明一下，有人认为印度二十八宿较中国为早，后来才传入中国。主要理由有下列三点。

---

① 饭岛忠夫：《支那古代史论》，日文版，1929，第 475 页；又竺可桢《二十八宿起源的时间和地点》，《思想与时代》第 34 期，1944，第 5、17 页。

（1）印度月宿，虽有二十七个和二十八个的两种说法，但始终以二十七宿为主，二十八宿是后增的。由少而多，印度应在先①。按由多少来定先后，这是极不可靠的。何况中国古代也存在过二十七宿系统，见上节第（5）项下的说明。

（2）中国十二岁阳名称，如太岁在子曰"困顿"等，非中国所固有，可能系西域的印度所传入。竺可桢论文中已指出，十二岁名是否由印度梵文转译，还待研究。纵使是由梵文转译而来，也不能证明二十八宿起于印度或其他西域各国。我国使用二十八宿较早，而十二岁名则首见于《吕氏春秋》和《淮南子》，即使是输入的，其输入年代不能早于秦或西汉初年②。

（3）印度二十八宿以昴宿始，而中国以角宿始。昴为春分点时代，较角为秋分点时代，要早一千余年③。竺可桢根据《尧典》，认为我国古代春分点最初也起于昴。中国古代以立春为岁首，中国二十八宿起于角，东方苍龙七宿为春，而角为春的开始（即立春）。印度《大集月藏经》也以角为首，和中国相同④。后来印度与西方文化接触后，改以昴为首，相当于西方的金牛座。最后印度不用昴，改以白羊座的娄为首⑤。中国的娄、角二宿的距星相距 189 度，正遥遥相对。印度每宿广度为 13°20′，二宿相距当更近于 180 度。中国采用立春时月望所在的角宿，始终未改。而印度则以太阳所在的位置为定，所以改用娄为首。就这一点而论，二国难分先后。

---

① 桥本增吉：《支那古代历法史研究》（日文），东洋文库，1943，第 134 页。
② 竺可桢：《二十八宿起源的时间和地点》，《思想与时代》第 34 期，1944，第 8~9 页。
③ 竺可桢：《二十八宿起源的时间和地点》，《思想与时代》第 34 期，1944，第 9 页，引德国惠保（A. Weber）的说法。
④ 饭岛忠夫：《支那古代史论》，日文版，1929，第 475 页。
⑤ 竺可桢：《二十八宿起源的时间和地点》，《思想与时代》第 34 期，1944，第 9~10、17~18 页。

　　李约瑟以为就文献记载而言，二十八宿在印度和中国"基本上是同时出现的"[①]。印度古代文献的年代考定，似乎有些问题还未能圆满解决。要确定二十八宿是起源于中国还是印度，现下还不能由文献记载来解决。但是由其他各方面，尤其是从两国的天文学体系方面来论证，显然中国起源说是具有更充分的理由。

　　至于二十八宿由中国传入印度的路线，殊难确定。经过后来的丝绸之路，当然是可能的，但是找不出证据。新城认为"二十八宿传入印度以前，有停顿于北纬四十三度内外之地方之形踪"，即中亚撒马尔罕附近[②]。他是根据《摩登伽经》中的天文记录。这书中既有每月中旬月亮所在的星宿（二十八宿之一），又有十二寸表每月的影长。新城依据影长推算出其观测地点的纬度。但是他的结论是靠不住的。首先，这书中的各种天文现象并不一定是同一来源，表影长度和月离宿度，是不同的观测方法，很可能是来自两个异地异时的不同来源，不过结集在一起时，分别配给十二个月，犹如《吕氏春秋》将不同来源的资料分配于《十二纪》。所以，纵使能确定观测影长的地点，这也不足以肯定其为使用二十八宿体系的地点。其次，更使人不敢信任的是，根据影长推算的结果，其中北纬在 $36°\sim37°$ 者三例，$39°\sim43°$ 者四例，$47°\sim51°$ 者五例。南北相差最大的达 $15°$，即 1600 公里以上。如果采取谨严的科学态度，我们不应采用这样一组的数据作为推算的根据。新城自己也承认这组记事粗杂，"不克期待其精确之值"；但仍企图蒙混过去，说什么"其十二值之平均值，恐颇可信用者欤？"实则这十二值如果不足信任，则它们的平均值也同样地不足信。我以为原来的数据，当像我国古代观测日影一样，是以冬至日所测的日影 21 寸为准，再测其前后相距一个月的日影为 18 寸；然后

---

① 李约瑟：《中国科学技术史》第 3 卷，英文版，1959，第 253 页。
② 新城新藏：《东洋天文学史研究》，沈璿译，中华学艺社，1933，第 275、276 页。

似乎便没有再加实测，只依照每月相差 3 寸而推算出 15、13、10、7、4 的数字。其中 13 一数不符合，可能是 13 这数字带有神秘的意义，采用 13 一数而不用 12。自 13 一数以下，又是逐次减 3 寸（原文 6、7 两月的日影长度有误，应依 3、4 两月的，加以改正）。如果这样，那么冬至日影 21 寸，前后一个月的日影 18 寸，其观测地点当在北纬 36°～37°，也便是在印度河上游一带。我们可以肯定地说，北纬 43°内外的地方是和二十八宿的传播路径无关的。总之，新城的"二十八宿曾停顿于北纬 43°内外的地方"之说，是不可靠的。今后我们似乎可以不必再加引用了。

三 中国二十八宿创立的时代

二十八宿的起源，既可肯定源于中国，那么，它的创立的时代就等于中国二十八宿的创立的时代。这里要先说明一下，所谓"二十八宿"，是指本文第一节中所说的那样一个体系，并不是指其中个别的某几个星宿。我们讨论的对象是整个体系，至于它的星宿的数目，可以是二十七个，也可以是二十八个；它的具体星座或距星，也可以有所不同。这点说明清楚以后，现在接着探讨它的创立的年代问题，这可以分两方面来谈。

（1）由文献学的角度来作考证：战国时二十八宿已有明确的文献记载。战国中期（公元前 4 世纪）的占星家甘德和石申，分别著有《天文星占》和《天文》二书。原书已失，但《汉书·天文志》中保存有甘氏和石氏关于二十八宿的星表（今传的《甘石星经》，已非原著，为后世所伪托），二者星名仍稍有不同，后来始依石氏而固定下来[1]。《周礼·春官·冯相氏》和《秋官·萐蒟氏》以及《考工记·

---

[1] 郭沫若：《甲骨文字研究》，科学出版社，1962，第 288～290 页，二十八宿对照表见第 330 页；新城新藏：《东洋天文学史研究》，沈璿译，中华学艺社，1933，第 441 页。

輿人》，都有"二十八星"之称，但没有列举星名。《周礼》包括汉代增入以补《冬官》的《考工记》，一般都承认为战国时作品。《吕氏春秋》中《十二纪》和《有始览》都有二十八宿的各个星宿名称；而《季春纪·圜道篇》还有"月躔二十八宿"一语。这书是公元前3世纪中叶（公元前239年）成书的。《礼记·月令》中的二十八宿，及昏旦中星，与《吕氏春秋·十二纪》的各纪开首处，文字和内容几乎完全相同，仅"昏心中"一句这里为"昏火中"，"昏斗中"这里为"昏建星中"。一般以为《礼记·月令》便采自《吕氏春秋》，或同出一源，编写时代相近①。《尔雅·释天》有二十八宿中十七个星名。这书一般以为西汉初年儒家为解说经传中词义而编写的。其他西汉初年的文献，如《淮南子》中的《天文训》和《时则训》，《史记》中的《律书》和《天官书》也都有二十八宿。到了《汉书·律历志》，所载的宿名和距度数，都和《淮南子·天文训》相同，可算是已成定型了。

由战国时代向上追溯，古代文献中记载有二十八宿中个别星宿的有西周末年至春秋时的诗歌总集《诗经》（如将牵牛、织女除外，有六个宿名）和春秋时（或稍晚）编写的《左传》和《国语》（出现六个星宿，宿名多和后来宿名不同）。这些星宿虽然也见于二十八宿中，但是，除非另有别的证据足以证明当时已有二十八宿体系，否则这些个别星宿名称的出现，其本身不能作为二十八宿体系已存在的证据。钱宝琮根据《左传》和《国语》以为春秋时已有二十八舍。他说：二书中虽无二十八舍（宿）的称谓，所测的黄赤道星象也未见二十八之数，但是记岁星所在等天象已有十二次名目，所举分星又全为后世二十八舍之星。他又引《左传》"凡师一宿为舍，再宿为信，

---

① 能田忠亮：《东洋天文学史论丛》（日文），恒星社，1943，第409~422页；又容肇祖《月令的来源考》，《燕京学报》1935年第18期。

过信为次"，以为二宿或三宿则称一次①。实则《左传》区分宿、信、次的说法，当时和后人在行文用字上都没有遵照着做。若依它所规定，则应以二十八宿为十四信或九次半。又就十二次而论，其中有二宿者达八次之多，三宿者仅四次，信多于次，应称为十二信而非十二次。实则古书中宿、舍、次三者意义相同，在称二十八宿时可以互相通用（见上面第一节）。只有后来约定俗成后才以"次"专指十二次，以"宿"专指二十八宿。我们不能因为有十二次，便说当时已有二十八宿。何况这二书中有关十二次的记事，现下一般认为并非春秋时的实录而为后人所窜入。至于窜入的时代，或以为是战国时编写的时候，或以为西汉末年刘歆表章这二书的时候②。总之，《左传》和《国语》中并没有二十八宿体系存在的确证。

又有《大戴礼记》中的《夏小正》，自从后汉时郑玄注《礼记·礼运篇》以为是夏时的书，后人多承袭其说。清代孙星衍《夏小正传》的序文，还以为是夏禹所著。司马迁以为曾经孔丘订正过（《史记·夏本纪》："孔子正夏时，学者多传《夏小正》云。"）。现下一般以为战国时编写的书，与《月令》成书的年代相近。这书中也许含有较早的材料，但不会太早。书中的天文现象不是一时代的，相差有达千余年的。书中有大火（心）、昴、参、鞠（柳）、房、尾，共六宿名。专就这几个星名，无法证明当时是否已存在有二十八宿体系③。如果它与《月令》编写时代相同或相近，则可以由《月令》来推定当时已有二十八宿。

《尚书·尧典》一般认为周代史官根据传闻所编著，曾经春秋、战国时人所补订。其中记载有"四中星"，即火（心）、虚、昴、鸟。

①　钱宝琮：《论二十八宿之来历》，《思想与时代》第 43 期，1947，第 17 页。
②　郭沫若：《甲骨文字研究》，科学出版社，1962，第 300～316 页；新城新藏：《东洋天文学史研究》，沈璿译，中华学艺社，1933，第 425、426 页。
③　李约瑟：《中国科学技术史》第 3 卷，英文版，1959，第 194、247 页。

据竺可桢推定这是约公元前 11 世纪（殷、周之际）的天象①。但是利用四中星以定四时，至多只能说是二十八宿体系的前驱，不足以证明当时已有这一体系。至于殷代卜辞中，仅有寥寥几个星名，更不足作为这体系存在的证据。

新城曾认为西周初年已知逆推阴历月的朔日，因而断定二十八宿建立于周初。这说法钱宝琮已提出理由加以反驳，认为其说"未具明证"不足凭信②。现在一般都认为二十八宿体系当制定于战国时期。例如郭沫若以为"制定年代当在战国初年"，即公元前 5 世纪③。钱宝琮以为"二十八宿之选定，似是战国时期天文家之贡献"；其体系的建立大约在"战国中期"④。李约瑟也以为中国二十八宿的成为一个体系，可能是公元前 5 至 4 世纪时完成的⑤。他们所说的，主要是由文献上研究考证所得的结论。

（2）由天文学角度来推算年代。天文学史专家，有的根据同一书中的天象记载来推算，例如能田推算《礼记·月令》的天象纪事（十二个月的日躔和昏、旦中星）的观测年代，以为大约是公元前 620 ± 100 年⑥。这比文献学所得结论为稍早。一般而言，历史上新事物的创立和存在常常较早于它们出现于文献记载中。所以可以说，这里二者所得的结论，基本上还是相符合。有的学者，直接从二十八宿体系本身反映出来的天文现象来推算它的成立年代。例如能田从

---

① 竺可桢：《论以岁差定〈尚书·尧典〉四仲中星之年代》，《科学》1926 年第 12 期。
② 钱宝琮：《论二十八宿之来历》，《思想与时代》第 43 期，1947，第 18 页。
③ 郭沫若：《甲骨文字研究》，科学出版社，1962，第 329～334 页；新城新藏：《东洋天文学史研究》，沈璿译，中华学艺社，1933，第 425、426 页。
④ 钱宝琮：《论二十八宿之来历》，《思想与时代》第 43 期，1947，第 10、18～19 页。钱宝琮认为"二十八宿"之前，另有"二十八舍之体系，大约于春秋时已先树立矣"。强分"舍"、"宿"为二，实不可信。本文第一节第（1）项及本节上段已加诠述。
⑤ 李约瑟：《中国科学技术史》第 3 卷，英文版，1959，第 248 页。
⑥ 能田忠亮：《东洋天文学史论丛》（日文），恒星社，1943，第 519 页。

《汉书·律历志》所载二十八宿的广度,推定为公元前 451 年左右①,这比他根据《月令》推定的晚 170 余年。但是,二十八宿的广度,由于岁差的缘故,各时代不同,《汉书》所载的可能是公元前 451 年左右所重测的。饭岛以"冬至点在牵牛初度",推算出它创立于公元前 453 年,后来又改为公元前 369~382 年之间。新城推定为公元前 430 年②。由于岁差的关系,冬至点约 72 年转移一度,依理而论,本来是可以依此推算的。但是他们假定《汉书·律历志》所载的是"最初测定的时代",而古代历法,冬至点常依据实测加以改变。例如《史记·律书》便有一个更早的观测:冬至点在虚宿。惠保(A. Weber)知道角宿为二十八宿之首。他假定角宿为当时的秋分点,推算出为公元 440 年(刘宋元嘉十七年)。这当然是嫌太晚了。他的作为前提的假定便是错误的。竺可桢已加驳斥,指出角宿不是作为秋分点,而是作为立春月望时月亮的所在③。饭岛又以为印度以娄宿为当时日躔春分点,推算出为公元前 400 年。中国稍晚,由印度传入,约在公元前 300 年④。这是将中印先后关系颠倒过来。纵使他关于印度方面的推算不错,也不足以证明中国的是这样晚。另外一方面,也有推算失之过早的,例如施古德(G. Schlegel)以为中国二十八宿中昴宿晨升正值春分,而角宿正值春初,推算出可以早到距今一万六千年。实则中国古代观测是以昏星不以晨星。竺可桢说"其说之不足

---

① 能田忠亮:《东洋天文学史论丛》(日文),恒星社,1943,第 475 页。

② 饭岛忠夫:《支那古代史论》,日文版,1929,第 271 页;新城新藏:《东洋天文学史研究》,沈璿译,中华学艺社,1933,第 408 页,又第 662 页附录饭岛忠夫《中国古代历法概论》,即《中国历法起源考》(1930)书中第一章。

③ 竺可桢:《二十八宿起源的时间和地点》,《思想与时代》第 34 期,1944,第 9~10、17 页。

④ 饭岛忠夫:《支那古代史论》,日文版,1929,第 271 页;新城新藏:《东洋天文学史研究》,沈璿译,中华学艺社,1933,第 520~523 页,又第 662 页附录饭岛忠夫《中国古代历法概论》,即《中国历法起源考》(1930)书中第一章。

征信，正与惠保之说相同"①。

竺可桢文"二十八宿起源之时代"一节中提出另外一个看法。虽然他没有明确地做出结论，但是似乎倾向于认定中国二十八宿体系早已开始于公元前二三千年，即距今四五千年。他的主要理由，依他论文中的原来次序，分别论述如下②。

（甲）从立春月望在角宿的时期，推算出约在公元前 2500～前 3000 年。按角宿为首，似与斗建有关。《史记·天官书》所谓"杓携龙角"。可能角宿先是单独一个星座作为定季节（岁首立春）之用，后来并入二十八宿体系而成为其组成部分，但由于原来的重要性而得居首位；不过由于岁差关系，二十八宿制定的时代，立春月望可能已不在角宿。

（乙）上古天球北极，由于岁差关系，今昔不同，上古可能以右枢（α Draco）为北天极，即公元前 1790 年左右。按由于岁差关系，二十八宿制定时，北天极的极星和今日的不同，但没有证据可以证明当时以右枢为北极星。

（丙）北斗古代为九星（加上玄戈、招摇二星），不止七星；这由于古代北斗星较近北天极，恒显圈中不止七星。北斗九星都在圈中的时代当在距今 3600 年以迄 6000 年前。按实际上可供观测之用的星座，只要这星座中的大半星辰在恒显圈中便可以用，不必全部都要在圈中。加上二星，不过为了易于由拱极星北斗引向大角和角宿。

（丁）由于天球赤道今昔的不同，推算出自公元前 9000 年以来，二十八宿之位于赤道上者，当以公元前 2370～4510 年为最多，达十二宿。按二十八宿虽以赤道为准，但是并非要各宿全部都当赤道（图 3）。本文第一节第（2）项中已加讨论。实则既可以少到十二

---

① 竺可桢：《二十八宿起源的时间和地点》，《思想与时代》第 34 期，1944，第 11 页。
② 竺可桢：《二十八宿起源的时间和地点》，《思想与时代》第 34 期，1944，第 16～24 页。

宿，便也可以更少几宿。

（戊）牵牛和织女，今日织女赤经已在河鼓之西。因岁差之故，5500年前，实在同一子午线上，更早则女在牛东，与后来二十八宿中女宿在牛宿之东，适相符合。按钱宝琮已指出，"织女牵牛二星见于《诗经·小雅·大东》篇，民间传说复广播其七夕相会故事，初不闻其与二十八宿有若何关系也"①。后来印度取纬度甚高的亮星织女、牵牛，以代替牛、女二宿。那是另外一回事，与中国的二十八宿无关。

（己）《诗·小雅·渐渐之石》："月离于毕，俾滂沱兮。"《尚书·洪范》"星有好风，星有好雨"语下的孔安国《传》："箕风、毕雨。"今日山陕八月多雨，春分前后风力最大。《诗》《书》中所说月望在毕和在箕时的节候，与这不合，乃六千余年前的天象。按钱宝琮以为"竺氏之解释，殊属勉强。诗人见景兴情，决不肯盲从四千年之经验以推测当年之气候"，并且改"以下弦月释之"；又指出"箕风毕雨之经验与当时有无二十八宿之组织，实无何关涉"②。

竺可桢也感觉到这些推定未免太早，论据不足。后来他于1951年曾说过"大概在周朝初年已经应用二十八宿"③。1956年他的一篇论文中更推迟了它的创始时代，以为不会比公元前4世纪为早。他说，这体系似是土生土长的，因为它是和中国远古天文学传统合为一体，其中某些星宿的名称早一千来年已经在文献中出现④。但是他没有说明放弃旧说的理由，所以这里还是稍加讨论，加以澄清。

总之，由可靠的文献上所载的天文现象来推算，我国二十八宿成

---

① 钱宝琮：《论二十八宿之来历》，《思想与时代》第43期，1947，第19页。
② 钱宝琮：《论二十八宿之来历》，《思想与时代》第43期，1947，第13页。
③ 竺可桢：《中国古代在天文学上的伟大贡献》，《科学通报》1951年第3期，第217页。
④ 竺可桢：《二十八宿的起源》，见《第八届国际科学史会议论文集》（1956年在意大利举行），1958年英文版，第372页。

为体系，可以上推到公元前 7 世纪左右。真正的起源可能稍早，但现下没有可靠的证据。至于文献学方面考据结果，也和它大致相符而稍为晚近，现下只能上溯到战国中期（公元前 4 世纪）而已。

四 什么是黄道十二宫

黄道是地球上的人看太阳于一年内在恒星之间所走的视路径。黄道两侧各八度以内的部分，称为黄道带，共宽十六度，日、月及主要行星的径行路径，概在其中。古人为了表示太阳在黄道上的运行位置，把黄道带等分为十二部分，叫作黄道带十二宫，便是太阳所经的行宫的意思。每宫三十度，各用一个跨着黄道的星座作为标志，叫作黄道带十二星座。当初创立时，宫名和星座名是一致的。希腊的黄道十二宫的起点用春分点，在白羊宫。由于岁差的关系，春分点每年向西移动 50.2 角秒，72 年相差一度，2150 年相差 30 度（即一宫）。2000 年前在白羊座中的春分点，现今已移至双鱼座，因之现在的宫名和星座名已不吻合（图 1）。古代巴比伦和希腊用 12 个图形作为十二宫的标志，称为黄道十二宫图形（Pictorial representations of the signs of zodiac）（图 4）。因为这些图形，除少数几个外，都是以动物命名，所以黄道带也称为兽带。现存的完整的十二宫图形有埃及顿得拉（Dendera）神庙的石雕，属于约公元前 120 年至公元 34 年[1]。图形进一步简化为"黄道十二宫符号"（Symbols of the signs of zodiac），这起源更晚，初见于中世纪晚期的抄本[2]。

把黄道十二宫和二十八宿相比较，我们可以看出下列几点区别：①黄道十二宫是以黄道为准，不以赤道为准。②每宫的星座，都是适

---

[1] 卢佛博物馆：《埃及古物藏目和指南》，1932 年法文版，第 130~131 页。
[2] 《不列颠百科全书》第 6 卷，1964 年英文版，第 960 页。

白羊　金牛　双子　巨蟹　狮子　室女　天秤　天蝎　人马　摩羯　宝瓶　双鱼

图 4　希腊黄道十二宫图形和符号
（据 C. 弗拉马利翁《大众天文学》，1955 年版）

当黄道的。当然西方天文学上的星座的划分和我国的不同。十二宫占满了黄道。③每宫的广度完全相同，都是 30 度，便是西方天文学上的周天 360 度的十二等分。④十二宫各宫广度相同，所以不必像我国二十八宿那样，另设"距星"。⑤十二宫最初是标志太阳运行在恒星之间所经过的位置。一年有十二月，所以分为十二宫。太阳过于明亮，群星在太阳出来后都隐而不显，所以要用推算方法，或利用月望时月亮所在，以求得太阳所在的位置。黄道十二宫的作用，后来扩大到作为标志月亮、五星等的运动位置和各恒星所在的位置。在季节的规定、历书的编制等方面，它都起了很大的作用。

但是西方也和我国一样，占星术歪曲了唯物主义的天文学的成果，将天文学资料纳入了占星术系统，宣扬唯心论和宿命论。在西方，宣扬迷信的占星术是用黄道十二宫作为主要根据的。亚述晚期和新巴比伦时期（公元前 7~前 6 世纪），已有利用星象以预占国家大事和国王命运的记载，但那是依据天象的观察，还不是推算出来的；也未和黄道十二宫相联系。希腊化时期（公元前 2 世纪及以后）的占星术是根据个人诞生时的星象，主要的是当时的日、月、行星和各星座的位置，用推算方法得出"星占图"（Horoscope），以预占个人一生的命运。这种占星术有它的一套唯心主义的理论体系和复杂的假科学的推算方法。这种个人占星术，虽受到巴比伦原始占星术的影响，但是它是正式创始于希腊化时期的希腊，一般认为便是在希腊著名天文学家伊巴谷（Hipparchus，公元前 150 年前后）的时代。我们知道古希腊在攸多克苏斯（Eudoxus，公元前 370 年左右）时，是以白羊宫 15 度（即中点）为春分点。到伊巴谷时，希腊改用白羊宫 8 度为春分点。而希腊占星术文献是采用 8 度，未见有采用 15 度者，可见它的创始时代不会早于伊巴谷时代。后来西传至埃及和罗马，东传至印度①。印度的占星术，兼用黄道十二宫和二十八宿（或二十七宿），后来以二十八宿（或二十七宿）为主。《宿曜经·序三九秘宿品》说："此法以定人所生日为宿

---

① O. 诺格包尔（Neugebauer）：《古代的精确科学（天文、算学）》，1951 年英文版，第 133 页。

直，为命宿，为第一。用二十七宿。"

由上所述，可以看出黄道十二宫和二十八宿，是分属于两个不同的天文学体系，但起了相似的作用。

印度的黄道十二宫是公历纪元左右才由希腊传入，而最后来源是巴比伦。巴比伦的楔形文字泥版中，公元前 2100 年左右便有黄道十二宫的痕迹，月躔上的十七星名，始于昴、毕，似乎表示当初制定时春分点在金牛座，时代在公元前 2200 年以前，"此中已含有十二宫之根蒂"。后来传入小亚细亚东部的赫提特，有公元前 1300 年所记载的黄道周天的十个星名，起于白羊座。这由于当时春分点已移入白羊座。公元前 800 年以后某一时期又传入希腊，所以希腊十二宫起于白羊座，持续至公元后百年，移入双鱼座。"十二宫起于巴比伦之说，已成为学界上之定论"①。但是巴比伦的黄道十二宫成为一体系，时代较晚，在文献上出现更晚，始见于公元前 419 年的泥版书中，但十二星座的个别星座名则出现较早②。一般认为印度在希腊化时代（开始于公元前 4世纪末）与希腊人直接接触，吸取了希腊天文学的一些传统，而不是由古代巴比伦直接传入的。黄道十二宫传入印度的时代当在伊巴谷（公元前 2 世纪）以后，因为他才开始用黄道十二宫的名称兼指赤道上的十二等分，印度天文学所采用的便是他的这种用法③。印度十二宫的名称有两套，都源于希腊，其中一套是意译，另一套是希腊文的音译（其中音译有错误处）④。这十二宫名称后来收入一些佛教经典中。

① 郭沫若：《甲骨文字研究》，科学出版社，1962，第 244~248、322~323 页。
② O. 诺格包尔（Neugebauer）：《古代的精确科学（天文、算学）》，1951 年英文版，第 97 页。
③ O. 诺格包尔（Neugebauer）：《古代的精确科学（天文、算学）》，1951 年英文版，第 178 页。
④ 饭岛忠夫：《支那古代史论》，日文版，1929，第 477 页。

五　黄道十二宫传入中国的时代

　　黄道十二宫是随着佛经的翻译而传入我国。但是因为它的作用和我国原有的二十八宿和十二星次相重复，所以在明末耶稣会教士把它和近代天文学联系起来再行传入以前，我国天文学中一般并不加采用。它的传入历史也若明若暗。

　　关于黄道十二宫的传入历史，现在所知道的，以"隋代耶连提耶舍"所译的《大乘大方等日藏经》中出现的十二宫名为最早。这书为《大方等大集经》的一部分，译者北齐时便从事译经，这书译出当在隋代初年（6世纪后半）。其次为唐代不空于758年译出的《文殊师利菩萨及诸仙所说吉凶时日善恶宿曜经》（简称《宿曜经》）、金俱叱于806年译出的《七曜禳灾诀》。再次为法贤译出的《难儞计湿缚罗天说支轮经》（简称《支轮经》）。这人当即宋初的和尚法贤（卒于1001年），约985年译成。他们所译的宫名，各人不同，甚至于同一《宿曜经》书中前后所采用的也并不完全相同①。后来我国人自著的书中谈术数占候等的时候，也列举黄道十二宫名，和今日所用的，除了双子（阴阳）和室女（双女）之外，完全相同。这些书中较早的有唐末五代时杜光庭的《玉函经》，宋初曾公亮等编的《武经总要》和吴景鸾的《先天后天理气心印补注》（简称《理

---

① 以上四种佛经，见《大正新修大藏经》，第397号（第280~282页），第1299号（第387、395页），第1308号（第451页），第1312号（第463页）。前三者原书都有翻译的年代。最后一种的译者法贤年代，据陈垣《释氏疑年录》及李约瑟《中国科学技术史》第3卷，英文版，1959，第711页。艾伯华（W. Eberhard）以为T.1308可根据冬至点及五星表，定为850年左右的作品，T.1209为同时代作品，但亦可能早至8世纪，见《汉文大藏经中天文学部分的探讨》，《华裔杂志》第5卷，1940年英文版，辅仁大学出版。

气心印》）①，这些书中的译名，便互相一致了；和 10 世纪末的佛经中译名，也大致相同。见附表（此外，唐《开元占经》卷一〇四引"九执历"，译白羊宫为"羖"宫，天秤宫为"秤"宫。《旧唐书》卷三四和《新唐书》卷二八下，都引天竺俱摩罗所传断日蚀法，译白羊宫为"郁车宫"即梵文 Â śvayuja 的后半 yuja 的音译）。

就表 1 可以看得出来，黄道十二宫至迟在隋代已传入我国，是随着佛经的翻译由印度传来的。其中摩羯宫是印度梵文 Makara 的音译，第一音节译磨或摩（二者隋唐古音 muâ），第二音节译竭或蝎或羯（三者隋唐古音 ghât），最初并没有一定。后来由于图形是羊身鱼尾的怪兽，便采用从羊的羯字；也许与佛经中梵文 Karma 译作"羯磨"（意译为"作业"或"办事"）有关，把同一音节的汉字音译加以划一。

黄道十二宫的图像，大约不久便也传入中国。现在可以见到的最早的一幅，是新疆吐鲁番出土的一件，原物已被盗到国外②。这是一个写本的残件，内容是星占术的图，现残留七宿（轸、角、亢、氐、房、心、尾）和三宫（双女、天秤、天蝎）。其中"天蝎"误写作"天竭"，"双女"有图形而缺失标题。观字体当为初唐（约 7~8 世纪）写本。但边疆地区的书体，可能延续到较晚的时代。所绘图形，已经华化（图 5：1）。另一件是敦煌千佛洞的壁画，这画的主题是炽盛光佛图，佛像两旁和后面有九曜神像，天空中有黄道十二宫图形，南北壁各十二宫，其中南壁的狮子、宝瓶、人马，北壁的双鱼、巨蟹、双子各宫图形已剥落，其余都还完整清楚。图形和画法都已中国

---

① 见《玉函经·荣卫周舟舆天同度之图》，载《关中丛书》第 5 集；《武经总要》（《四库珍本》本）后集，卷二十，"六壬"条和《理气心印》（北京图书馆藏汲古阁抄本）卷中的《俯察图》。

② A. A. V. 勒可克等：《德国吐鲁番研究的语言学成果》第 2 册，1972 年德文版，附录：汉字写本，第 371~374 页，图版六。

表 1　黄道十二宫表

出处	时间	白羊	金牛	双子	巨蟹	狮子	室女	天秤	天蝎	人马	摩羯	宝瓶	双鱼
大方等日藏经	6世纪	特羊	特牛	双鸟	蟹	狮子	天女	秤量	××	射	磨蝎	水器	天鱼
宿曜经（第387页）	758年	羊	牛	媱	—	狮子	女	秤	蝎	弓	—	瓶	鱼
宿曜经（第395页）	同上	—	—	男女	—	—	双女	—	—	—	摩竭	宝瓶	—
七曜攘灾诀	806年	—	—	仪	—	—	双	—	—	—	磨竭	—	—
支轮经	10世纪末	天羊	金牛	阴阳	巨蟹	双女	天秤	天蝎	人马	摩竭	—	双鱼	—
玉函经	10世纪初	白羊	—	—	—	—	—	—	—	—	磨羯	—	—
武经总要	1044年	—	—	—	—	—	—	—	—	—	—	—	—
理气心印	1064年	—	—	—	—	—	—	—	—	—	—	—	—

注：××表示原书有缺文；—表示同上格。

化了（图6，图7，图5：2）。这幅壁画在敦煌研究所编的61号洞（＝P117＝C75）的甬道两侧壁[①]。这洞主室四壁的壁画是宋初的，有"曹延禄姬"等题名。甬道中这幅图，为西夏时（1035～1227年）或稍后所绘，其下端供养人像题名，汉字旁边有西夏文对照并书[②]。有人以为这幅画的年代是元代，当由于其题材和画法和一般宋初及西夏壁画不同[③]。但是我认为它的蓝本仍有可能早到西夏。炽盛光佛的题材，在唐末宋初颇为盛行。宋初名画家中便有以画炽盛光佛壁画出名的[④]。斯坦因从千佛洞劫去的一幅有乾宁四年（897年）题记的绢画，它的题材便是炽盛光佛，不过没有十二宫图形作为背衬[⑤]。总之，黄道十二宫的输入我国，至迟可以追溯到隋代翻译过来的佛经。印度天文学是将它与二十八宿联系在一起。这几部佛经中也是如此，以昂、胃、娄所属的白羊宫为始。至于十二宫的图形，我国现存的实物，可以追溯到唐代。但是当时图形也已经华化了。

六　宣化辽墓壁画的星图

1974年冬河北省文物管理处和河北省博物馆，发掘了张家口市宣化区下八里村的一座辽代仿木结构的砖墓。在后室穹窿顶部的正中央，发现了一幅彩绘星图（图8）。根据所发现的墓志，墓主人张

---

① 这洞伯希和编号P.117，见《敦煌千佛洞图录》，图版一九八，1920～1924年法文版。张大千编号为C.75，见谢稚柳《敦煌艺术叙录》，上海出版公司，1955，第133页。斯坦因编号为Ⅷ，见《塞利地亚》（英文），第861、933～934页，插图215、插图226，插图1921。十二宫的细部照片，承敦煌文物研究所寄来以供研究发表，特此致谢。
② 谢稚柳：《敦煌艺术叙录》，上海出版公司，1955，第133页。
③ 向达：《唐代长安与西域文明》，生活·读书·新知三联书店，1957，第402页。
④ 郭若虚：《图画见闻志》（《丛书集成》本）卷三，高益画大相国寺"炽盛光九曜等"，孙知微画成都"炽盛光九曜"；卷四，崔白画相国寺"炽盛光十一曜坐神等"。
⑤ 斯坦因：《塞利地亚》（英文），第1059页，图版LXXI。

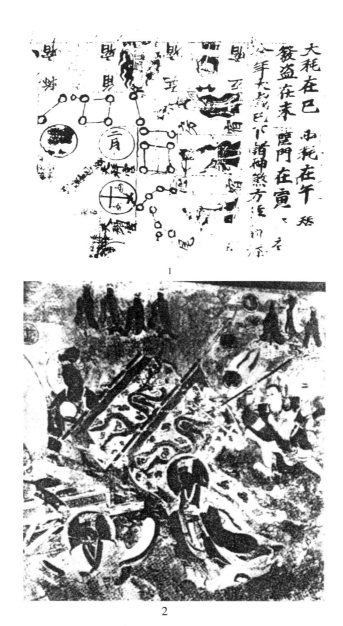

1

2

图 5 唐代写本与黄道十二宫图形

1. 新疆吐鲁番出土的唐代写本
2. 莫高窟 61 号洞甬道南壁的黄道十二宫图形

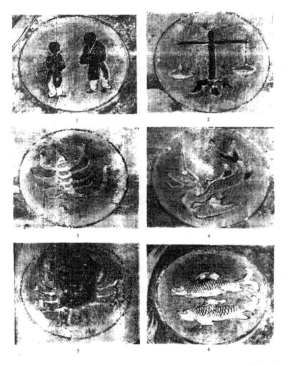

图 6　莫高窟 61 号洞甬道的黄道十二宫图（甬道南壁）

1. 双子宫 2. 天秤宫 3. 天蝎宫
4. 摩羯宫 5. 巨蟹宫 6. 双鱼宫

世卿，以进粟授右班殿直，死于辽天庆六年（1116 年）。这个地主阶级的人物，是一个佛教的虔诚信徒。生前修庙建塔，墓中东壁的壁画中绘有侍者为墓主人准备诵读佛经的场面，桌上放着《金刚般若经》和《常清净经》。这些都表示墓主人妄图死后还能享受剥削阶级的生活。这幅壁画星图在原报告中已作了详细介绍，现在撮述如下①。

墓顶星图是绘画在直径 2.17 米的圆形范围内。中心嵌有一面直

---

① 河北省文物管理处、河北省博物馆：《河北宣化辽壁画墓发掘简报》《辽代彩绘星图是我国天文史上的重要发现》，均见《文物》1975 年第 8 期，第 31~44 页。

图7　莫高窟 61 号洞甬道的黄道十二宫图（甬道北壁）

1. 金牛宫 2. 室女宫 3. 人马宫
4. 宝瓶宫（白羊宫、狮子宫有残缺）

径 35 厘米的铜镜，镜的周围绘重瓣的九瓣莲花。再外便是二十八宿和北斗七星等星宿，环绕着中心莲花作圆周形分布。背景为蔚蓝色，象征晴空。这些星宿都作朱色圆点，每一星座的各星之间以朱色直线相连。北斗星座在北方，斗柄东指。二十八宿中张在南，虚在北，昴在西，房在东，其余依次序排列。二十八宿与中心莲花之间有九颗较大的圆点：其中一颗特大的，作赤色，中绘金乌；其余八颗，朱、蓝二色各占一半。最外的一层，分布着黄道十二宫图形。各图形分别绘在直径 21 厘米的圆圈中。它们的位置，白羊宫和娄宿相对，其余各宫顺着钟针动向依次排列一周（图9）。

　　原报告以为九颗大圆点中有金乌的为太阳，这是对的。至于未能

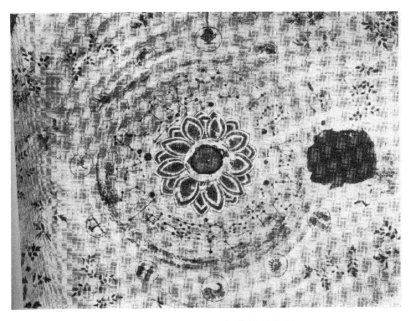

图 8　宣化辽天庆六年墓的星象图

确定代表何星的其余八颗，我以为当是代表月亮、五行星和计都、罗睺二星。它们和太阳在印度的天文历法中称为"九曜"。唐《开元占经》卷一〇四所介绍的"九执历"，便是印度传来的根据九曜运行而订制的一种历法，"历有九曜，以为注历之常式"。十二相而周天，春分为羧首，秋分为秤首，即西法十二宫的白羊、天秤二宫的第一点分别为春分和秋分点①。星色分红、蓝的原因，按《开元占经》卷二十引后汉郗萌及《石氏占》和《荆州占》，以为五行星中金、水、土三星属阴，加上月亮为太阴，共四阴；木星、火星则属阳。疑计、罗二曜亦属阳，共为四阳。故用蓝、红二色分别标志阴、阳。这幅星图中的其他方面，也表示受有强烈的印度天文学的影响，例如用二十八

---

①　朱文鑫：《历法通志》，商务印书馆，1934，第 153～157 页。按九执历以三十度为
　　一相。

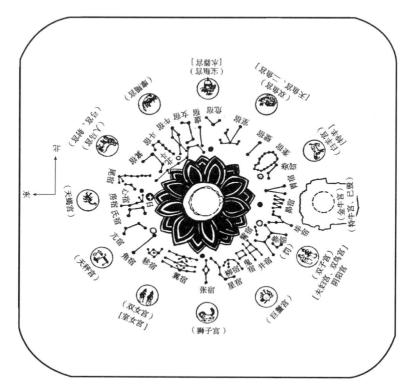

图9　宣化辽天庆六年墓的星象图（摹本）

宿和黄道十二宫相对照。又以莲花为中心，也是印度佛教图绘的
特点。

　　至于这里的黄道十二宫图形，其中金牛宫已被早年盗墓者所毁，
其余十一宫，和西方通常所表现的题材大部分相同①，仅人马宫为持
鞭的牵马人而非弯弓射箭的人首马身像，摩羯宫为龙首鱼身带翅兽，
而非羊首羊身鱼尾兽，室女宫为双女而非单女，宝瓶宫为一颈系绶带
的盘口瓶而非一个持瓶倾水的人像。但西方艺术上表现十二宫，也并

---

　　① 《不列颠百科全书》第28卷，1926年英文第13版，第993~998页；《拉卢斯大百
　　　　科全书》第10卷，1964年法文版，第1020页；又C. 弗拉马利翁《大众天文
　　　　学》，见本文图4，其中摩羯宫图误绘成与白羊宫相同的图形。

不统一。例如：宝瓶宫也有仅以一宝瓶来表现而没有持瓶的人像；室女宫也有绘有善恶二室女的。至于人马座，西方有希腊神话中的人首马身怪物（Centaur）的传说，而东方没有这种传说，所以人和马便分离开来。所持的鞭子不清楚，也许是代表弓。摩羯宫的兽，在东方没有羊角鱼尾的怪兽的传说，所以将它绘成东方色彩的龙鱼。至于白羊宫的羊，或立或卧，双鱼宫的鱼或系绳或不系绳，西方的也不一致。但是十二宫图形的画法和风格，则完全中国化了。双子和室女，都是穿中国古代服装的汉人，宝瓶为中国式瓶子，双鱼作汉洗中的双鱼游水状。将图 4 和图 8 的图形相比较，便可以看出来了。

我国古代的星图有两类：一类是天文学家所用的星图，它是根据恒星观测绘出天空中各星座的位置。一般绘制得比较准确，所反映的天象也比较完整。它和现代天文学上的星图，性质相同，只是由于没有望远镜的帮助，星数和星座数较少而已。例如文献记载中所提到的战国时甘、石、巫三家星图，三国时陈卓所编的星图，以及现存的唐代敦煌星图，宋代苏颂《新仪象法要》中的星图和苏州石刻天文图①。另一类是为了宗教目的而作象征天空的星图和为了装饰用的个别星座的星图。后者如汉画像石上的织女图等②，前者如唐、宋墓中二十八宿图。二十八宿图又分为二种，其中一种，各宿的相对位置依实测图绘制，又绘有赤道。可以依之推算出观测年代。例如杭州吴越王钱元瓘墓中石刻星图③。另一种是将二十八宿排成一圈，不管它们的相对距离，也没有绘出赤道。我们这一幅便属于后面的一种。唐代

---

① 席泽宗：《敦煌星图》，《文物》1966 年第 3 期；席泽宗：《苏州石刻天文图》，《文物》1958 年第 7 期。
② 周到：《南阳画像石中的几幅天象图》，《考古》1975 年第 1 期。
③ 伊世同：《最古的石刻星图——杭州吴越墓石刻星图评介》，《考古》1975 年第 3 期。

铜镜中星图和新疆吐鲁番唐墓顶部的星图[①]，也都属于这一种。它们是无法推测出观测年代的。在墓室的顶部描绘或线雕星图，这种风俗在我国现存文献中最早出现于秦代。《史记·秦始皇本纪》记载秦始皇陵中，"上具天文，下具地理"。由于始皇陵的墓室还没有加以考古发掘，我们不知道这天文图的具体内容。迄今我们发掘所得的实物资料，当以 1957 年发掘的洛阳西汉壁画墓中的星象图为最早。这幅画中除了太阳和月亮之外，有拱极星（北斗等）和二十八宿中每方的二至三宿，但还没有像唐代那样二十八宿齐备无缺[②]。

宣化星图的特点是把黄道十二宫和二十八宿相对照。虽然现存唐代文物中也有之，但不及这幅的完整。

七　结论

由上面各节的讨论，我们可以把有关二十八宿和黄道十二宫的问题，得出下面几点结论。

（1）二十八宿的巴比伦起源论是没有根据的。中、印两国的二十八宿是同源的，而中国起源论比较印度起源论具有更为充分的理由。

（2）二十八宿体系在中国创立的年代，就文献记载而言，最早是战国中期（公元前 4 世纪）；但可以根据天文现象推算到公元前 8 至前 6 世纪（620±100 B. C.）。虽然可能创始更早，但是公元前 4 世纪以前的文献中只有个别的星宿名称，文献本身未足以证明这些星宿是已成体系的二十八宿的组成部分。

（3）黄道十二宫体系，起源于巴比伦，完成于希腊；由希腊传

---

① 新疆维吾尔自治区博物馆：《吐鲁番阿斯塔那−哈拉和卓古墓群发掘简报（1963—1965）》，《文物》1973 年第 10 期。

② 夏鼐：《洛阳西汉壁画墓中的星象图》，《考古》1965 年第 2 期，第 80~90 页。

入印度。后来这体系随着佛教传入中国，最早见于隋代所译的佛经中。十二宫图形的输入也已证明至晚可以早到唐代。但是在明代末年近代西洋天文学输入以前，这体系在中国始终未受重视，未能取代二十八宿和十二星次。

（4）二十八宿和黄道十二宫，是和天文学中其他成果一样，最初起源于生产实践。中国和西方的劳动人民累积生产实践的长期经验，分别创立这两种体系来划分天球，以便于观测日、月、星辰等运行的位置，从而规定季节岁时，以便利于季节性的生产活动。后来这两种体系都曾被占星术所借用，以宣扬迷信的宿命论。这是天文学方面唯心主义和唯物主义的斗争的反映。在我国又表现为反动的"天人感应论"和"宿命论"同进步的"人定胜天论"的斗争。

（5）宣化辽墓中的星图，要放在这历史背景中来考察和研究，才有意义。

（6）我们不否认古代各民族的文化是有互相影响的，但是某些别有用心的人胡说什么中国的二十八宿是借用西方的"黄道带"概念，企图复活"中国文化西来论"的老调，歪曲历史事实以制造反华舆论。在客观事实的面前，只能遭到可耻的失败。

补记：1978 年湖北随县曾侯乙墓出土的漆箱盖上有二十八宿图像，这墓年代根据所出镈铭为公元前 433 年或稍晚，即战国早期（《文物》1979 年第 7 期，第 10 页，又图版伍：2），王健民等曾作考据（同上，第 40~45 页）。

另一件敦煌星图写本
——《敦煌星图乙本》*

　　李约瑟博士在英国伦敦的大英博物院图书馆所藏的斯坦因敦煌卷子中，曾发现一卷唐代星图，发表其中二幅照片（白底黑字）于他所著的《中国科学技术史》第三卷中（1959 年版，99 图，100 图），引起了中外学者的注意。我们可以称这卷子为《敦煌星图甲本》（图 1）。

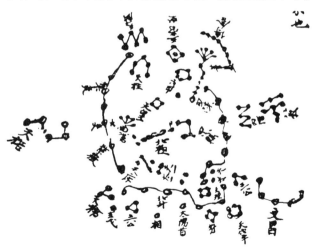

图 1　敦煌星图甲本（现藏大英图书馆〔S.3326〕）

　　*　本文原载《中国科技史探索》，上海古籍出版社，1982；又见《中国古代天文文物论集》，文物出版社，1989。

　　1944 年向达教授（1900～1966 年）在敦煌发现另一件唐人星图，我们可以称它为《敦煌星图乙本》。那时我随向达教授在敦煌从事考古调查发掘，住在敦煌城南近郊的佛爷庙中。我曾在他的书桌上看到这一件卷子。这卷他题为《唐人写地志残卷》，是他亲手摹写的。卷子的背面另写有《占云气书》一卷，残存《观云章》《占气章》两章，有彩绘的云气图形。图的下面附有作为说明的占辞。卷末有图无文。这《占云气书》的前面有一幅《紫微宫图》，这便是我所说的《敦煌星图乙本》（图 2）。据向达教授说，原卷当时由敦煌邮局一位名叫蔺国栋的收藏着。原件高 31 厘米，残长 299.5 厘米。

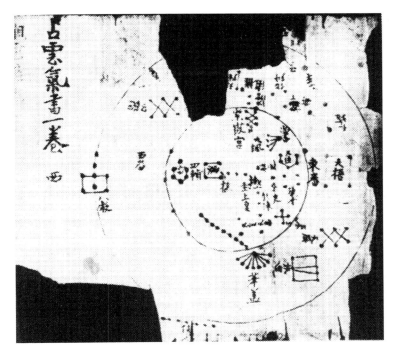

图 2　敦煌星图乙本（现藏甘肃省敦煌博物馆）

后来向教授在他所撰写的《西征小记》中曾提及这一残缺的抄本，但他略去而未提到这一幅《紫微宫图》①。前几年我获知这件敦煌卷子现藏甘肃省敦煌博物馆，编号为写经类 58 号。这幅星图已发表于考古研究所编的《中国古代天文文物图集》②（以下简称《图集》）中。现在我将我的探索结果写成此文，以供进一步的讨论之用。

李约瑟博士原来发现的星图甲本，是斯坦因敦煌卷子中的 S 字（即 Stein 的缩写）第 3326 号。这批卷子现已由大英博物院改归大英图书馆。席泽宗同志曾根据这抄本的显微黑白（黑底白字）照片，作了详细介绍③。至于我们这星图乙本，原来可能和甲本一样，在《紫微宫图》的前面，还有几幅星图，绘上了当时所观测过的全部"星官"即星座（严格言之，我国星图中的星应称为星官，因为有些只有一颗星，不能称为星座）。这是一件残卷，前面的部分已完全残缺。现在我们只能就紫微宫的这部分，将甲、乙两本加以比较。

现在先把甲、乙两本的紫微宫图上各星官作成一表（表 1），又

---

① 向达：《西征小记》，见增订本《唐代长安与西域文明》，生活·读书·新知三联书店，1957，第 371 页。
② 中国社会科学院考古研究所编著《中国古代天文文物图集》，文物出版社，1980，第 121 页（二五：2），图版一〇（彩色），图版六三（黑白）；又马世长《敦煌写本紫微亘星图》，见《中国古代天文文物图集》，文物出版社，1980，第 199 页。
③ 席泽宗：《敦煌星图》，《文物》1966 年第 3 期。文中误以为现藏伦敦博物馆。实际上伦敦另有一"伦敦博物馆"专门收藏和陈列有关伦敦的文物。1972 年起，大英博物馆图书馆由该院分出来，同另外几个图书馆合并成大英图书馆（British Library）。斯坦因敦煌抄本已归这个馆。《中国古代天文文物图集》中所收的是黑白照片的图。这次承该馆吴芳思女士（Miss Frances Wood）代为获得这抄本的彩色照片寄赠，特此致谢。这星图的彩色照片，曾发表于舍斐（E. H. Schaefer）《古代中国》（Ancient China），1967 年英文版，第 124 页。书中第 126 页说"图中星有三色"，实只二色。

把唐人王希明《丹元子步天歌》（简称《步天歌》）① 和《晋书》《隋书》两书内《天文志》中紫微宫一项内的星官名和星数按百衲本《晋书》的《天文志》中，北斗七星下脱"辅一星"三字，《隋书·天文志》中，玄戈"一星"误作"二星"，紫宫垣"十五星"误作"下五星"，"魁第一星"后脱"西三星"，今都加改正。一起列入表中，以资比较。《步天歌》为唐开元王希明所撰（本文后节还有关于他的年代的考证），而《晋书》和《隋书》也都撰于初唐李淳风的时候（他曾参加编写这两史的《天文志》）。因为新旧唐书中都没有星表或星簿，所以只好利用这几种与敦煌星图甲、乙本的时代相近的资料（指《步天歌》、《晋书》和《隋书》）来作比较。

表 1　紫微宫的星官名和星数一览表

《晋书》《隋书》的《天文志》		《步天歌》	敦煌甲本		敦煌乙本	
星名	星数	星数	星名	星数	星名	星数
（1）北极	5	5	同左	5	极、枢、辰	5
（2）勾陈	6	6	同左	1	鉤陈	6
（3）天皇大帝	1	1	〔缺名〕	1	天皇天帝	1
（4）女御宫	4	4	天皇（误）	4	御女	4
（5）四辅	4	4	同左	4	同左	4
（6）华盖	9	7	同左	6	同左	9
（7）杠	9	9	〔缺名〕	6	〔缺名〕	9
（8）五帝内座	5	5	五帝座	5	五帝座	5
（9）六甲	6	6	同左	5	同左	6

---

① 这里《步天歌》的字句，是依照郑樵《通志略》的《天文略第二》（世界书局，1936），并参考梅文鼎《中西经星异同考》中所载的《步天歌》。承席泽宗同志指出，《通志略》本紫微垣末句"阖阳摇光六七名"，应依梅本改为"摇光左三天枪明"。

《晋书》《隋书》的《天文志》		《步天歌》	敦煌甲本		敦煌乙本	
星名	星数	星数	星名	星数	星名	星数
(10)柱下史	1	1	有名无星	无	柱上史	1
(11)女史	1	1	有名无星	无	同左	1
(12)传舍	9	9	同左	7	同左	7(+2)
(13)天一	1	1	天	1	天一	1
(14)太一	1	1	太	1	太一	1
(15)西蕃(右垣)	7	7	〔缺名〕	7	西蕃	4(+3)
(16)东蕃(左垣)	8	8	〔缺名〕	7	东蕃	6(+2)
(17)天柱	5	5	同左	5	天往	5
(18)尚书	5	5	同左	4	同左	5
(19)阴德、阳德	2	2	天太(误)	2	〔漏缺名〕	无
(20)大理	2	2	〔缺名〕	2	大理	2
(21)天床	6	6	天床	6	天床	6
(22)天厨	6	6	同左	6	同左	6
(23)北斗	7	7	同左	7	北口、衡、权	4(+5)
(24)辅星	1	1	缺	无	辅、辅	1
(25)天理	4	4	同左	4	同左	2(+2)
(26)三公(构下)	3	3	同左	3	有名无星	(3)
(27)三公(魁西)	3	3	同左	3	口公	(3)
(28)文昌	6	6	同左	5	天昌	8(+1)
(29)内阶	6	6	同左	6	同左	6
(30)相	1	1	同左	1	〔残失〕	(1)
(31)太阳守	1	1	太阳首	1	〔残失〕	(1)
(32)势	4	4	同左	4	〔残失〕	(4)
(33)天牢	6	6	同左	6	〔残失〕	(6)
(34)造父	5	危5	〔在危宿〕		〔可能在危宿〕	
(35)钩星	9	危9	〔在危宿〕		〔可能在危宿〕	
(36)内厨	2	2	〔漏缺〕	无	〔漏缺〕	无
以上总计36	161	145	30	125	32	115+31(7)
太微(1)玄戈	1	紫1	紫·玄戈		紫·主戈	1
太微(2)天枪	3	紫3	紫·天枪	3	紫·天枪	3

《晋书》《隋书》的《天文志》		《步天歌》	敦煌甲本		敦煌乙本	
星名	星数	星数	星名	星数	星名	星数
太微(3)天棓	5	紫 5	紫·天棓	5	紫·天棓	4
太微(4)扶筐	7	女 7	〔在女宿〕		紫·扶筐	7
太微(5)太尊	1	紫 1	漏缺	无	〔漏缺〕	无
天市(1)八谷	8	紫 8	紫·八谷	8	紫·八谷	8
紫微宫总星数	161	160		142		188+81

　　由这个一览表，我们可以看出它们之间异同的地方。《晋书》《隋书》两史的《天文志》的"紫宫"（即紫微宫），共有 36 个星官，161 颗星。《步天歌》的紫微宫一节中没有造父和钩星。它把这二者都改放在危宿中。但是它又多出了玄戈、天枪、天棓、八谷和太尊，所以它共有 39 个星官，163 颗星（其中华盖缺少 2 颗星），我们这甲、乙本两种敦煌卷子的紫微宫图，也都没有造父和钩星。甲本也把这二者放在危宿，乙本失去危宿图，可能也是同样处理。扶筐见于乙本，而不见于甲本的紫微宫图中。甲本把扶筐放在女宿中，也和《步天歌》相同，而《晋书》《隋书》的《天文志》，把它放在太微宫中叙述。甲、乙两种写本都没有内厨和太尊（席泽宗同志文中误作天尊，后者即天樽三星；在井宿），但是有玄戈、天枪、天棓和八谷，也是与《步天歌》相同（两史的《天文志》把玄戈、天棓、天枪，都放在太微垣；八谷则放在天市垣中）。我们可以说，敦煌两种图的内容和《步天歌》最为相近，与《晋书》《隋书》两史的《天文志》差异较多，但都属于一个系统。两种写本之间也稍有差异，但大致相同。承席泽宗同志见告，《宋史·天文志》说："《晋志》（按指《晋书·天文志》）所载太尊、天戈、天枪、天棓，皆属太微垣，八谷八星在天市垣，与《步天歌》不同。"（卷四九）所得结论，

与我们上面所说的相同。

我们再专就甲、乙两本互相比较，也得出同样的结论：两种写本之间稍有差异，但大致相同。为着比较研究的方便，我根据现代星图，另绘一幅紫微宫图，附于下面（图3）[①]。

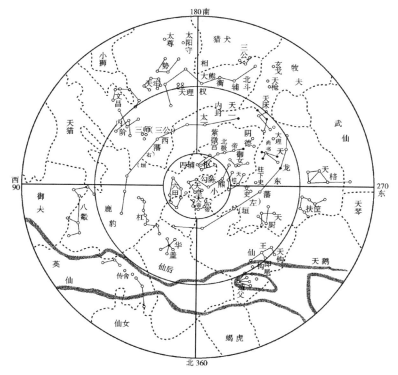

图3　紫微宫图（图中大号字和虚线是现今国际通用的星座和它们的界线）

甲、乙两本的星图，甲本是把紫微宫各星罗列于一个平面上，没有什么界线划定范围，图中西蕃右垣外标注"紫微"二字。星辰分

---

① 这幅星图是依据下列两种资料编成的：a. 伊世同：《最古的石刻星图——杭州吴越墓石刻星图评介》的天文图（《考古》1975年第3期）；b. 饭岛忠夫：《中国古代史论》的紫微垣图（1929年日文版）。

别用橙黄色的点（都外加圆圈）和黑点来表示。其中星数不止一颗的各星官，又用黑色直线把它组成部分的各星连成星座。这种用不同颜色来表示星辰的办法，是继承刘宋时钱乐之的办法。据《隋书·天文志》，孙吴时太史令陈卓始列甘氏、石氏、巫咸三家星官，总283 官，1565 星（鼐按：当依《晋书·天文志》作"一千四百六十五星"）。刘宋太史令钱乐之所铸浑天铜仪，"以朱黑白三色用殊三家，而合陈卓之数"①。郑樵《通志略》说：石申以赤点纪星，巫咸以黄点纪星，甘德以黑点纪星，三家都记三百座，计一千四百六十五座。敦煌甲本星图中黑点以表示甘氏的星，橙黄色的点加圆圈以表示巫咸和石氏的星。我曾以敦煌抄本《三氏星经》和甲、乙两本敦煌星图②相对勘，确是以黑点表示甘氏，橙黄点或红点表示石氏和巫咸。仅有一例外，甲本女御宫应作黄色而误作黑色，这当由于甲本将这四星误标为"天皇"，而天皇原应作黑色。又大理应为红色，甲本亦误作黑色。橙黄色的可以兼表示黄色和红色，当时石氏和巫咸的在图上可能已混淆不分了。苏颂《新仪象法要》（1094 年）的星图是用圆圈和黑点加以区别。我也曾加核对，两图所标的大体相符合，当然苏氏图中的圆圈是兼代表黄色和红色的。

我们这乙本的星图，在紫微垣中近闻阖门处，标注"紫微宫"三字。紫宫垣的东西两侧，分别标注"东蕃"和"西蕃"。蕃字《晋书》《隋书》的《天文志》中都作"蕃"（藩），是"蕃卫"的意思，一曰天营，《步天歌》中称为"营卫"。这幅图中的星辰全部用点来表示，没有圆圈和圆点的区别。但是由彩色照片来观察，圆点是使用红、黑二种不同的颜色，未用橙黄色。后来苏州石刻天文

---

① 《隋书》卷一九《天文志》上，百衲本，第 2 页。
② 敦煌抄本《三家星经》，全题为《石氏甘氏巫咸氏三家星经》，与《玄象诗》写在一起。这抄本现藏巴黎国立图书馆，编号为 P.（Pelliot 的缩写）2512 号，见罗振玉《鸣沙石室佚书》第 4 册。

图（1193 年）所用的办法是全部用一色的点表示，没有圆圈，也没用颜色相区别。我们这图中紫宫垣用一个封闭的圆圈来表示，垣的前后面都没有缺口作为垣门。前门（即间阖门）的西边虽有残破，但当门处并未见有缺口。这圆圈之外，另有一更大的同心圆，直径为 26 厘米，当是表示上规（内规）的，即天极上北极出地常见不隐的地方的界线。这图的星辰位置绘制得并不十分精确，但是根据传舍、八谷及文昌等星来推测，这星图的观测点的地理纬度约为北纬 35°，即相当于西安洛阳等处。这图中圆心的星是北极第三星，《晋书》《隋书》皆以第二星为帝星（即帝之居），第三星为庶子之居。《步天歌》除采用这说之外，又引另一说：第三明者帝之居，第四名曰四庶子。按第五星天枢代替第二星帝星为极星，一般认为隋唐之际；第二星帝星为极星，约在周初（公元前 1000 年），则第三星代替第二星帝星为极星，约为汉、魏时。如果这幅图是正确的话，那么这便是这星图的观测年代。这幅图所收入的星辰，乃是表示三垣中"紫微垣"的各种星辰。凡是不属于"紫微宫"的，虽离北极较近，例如造父和钩星，都省略不绘。反之，像传舍、八谷、玄戈、太阳守等，虽离北极较远，以其属于紫微宫，仍加绘出。我们这幅乙本，既照顾到紫微宫应列入的星座，又绘出上规（内规）的圆圈，使我们得以推测它的观测地点和年代，这是它胜于甲本的优点之一。

甲、乙两本的另一个差异，是图幅的上下二者适相颠倒。甲本的图中，北斗绘在下方，后来苏州南宋天文图石刻，也是这样。反之，乙本中北斗，绘在上方。现今西方的天文图中北天星座图也常常是这样的（参阅图 3）。宋苏颂《新仪象法要》中的紫微宫图上，北斗绘在下方偏右，近于敦煌星图甲本。明人《仪象法纂》中的图上，北斗绘在右面，这是因为北极星是在这些图的中心。绕北极旋转的北斗等绕极星，都有一个时间在地面上看起来分别位于北极的上下左右。

所以只要各星的相对位置正确，它们在天文图上的位置在北极的上下左右，可以不拘。不过后来的绘图者根据约定俗成的原则，才采用一致的表现方法。北斗在北极的南面，如果以北斗为基点，北斗的左、右两侧便是东、西两侧，所以我国古代天文学便依此称紫微垣两侧的蕃卫为东蕃和西蕃，实则它们是在北极的南面。从地面上观察，这二者在某一时间都可以分别在北极的下方或左、右两侧，只有在上方时隐而不见。无论在星官数或星数而言，我们这乙本似乎都胜于甲本。二本都缺少太尊一星和内厨二星，但是甲本又缺少辅一星，并且柱下史和女史都有标题而没有星点。乙本中这三个星座都没有遗漏。甲本勾陈仅有一星，华盖和杠都仅有六星，六甲仅有五星，尚书仅四星，而乙本这些星座的星数都完备无缺。甲本传舍仅有七星，缺少二星，文昌仅有五星，缺少一星，东蕃左垣仅有七星，缺一星；乙本这些地方纸本有残损，传舍仅残存七星，尚有未断的连接线的痕迹，可能原来为九星，文昌尚残存八星，可能原来为九星（文昌应为六星），东蕃残存为六星，可能原来为八星。乙本不及甲本者为缺阴德（或作"阴德阳德"）二星，天桴仅有四星，缺少一星。此外，乙本因为纸张残破，以致太阳守、势、相、天牢等四个星官全缺，别名"三师"的三公，仅残存标题"三公"二字的一半。北斗和东、西蕃也部分缺损。如果我们将乙本残缺处的星数（31星）补上，则比甲本紫微宫图可能多出 27 星（包括扶筐七星，甲本把扶筐放在女宿的图中）。甲本东蕃（即右垣）、西蕃（即左垣），天皇大帝、杠、大理（二星，在天床和尚书之间），都有星象而漏写星官名，柱下史和女史都有名无星，天一和太一都缺"一"字。御女（即女御宫），误写作"天皇"，阴德二星误写作"天一"和"太一"（二者填写于天床和阴德之间）。这些地方乙本都未误。但是乙本的抄写者常有误字，如"玄"误作"主"，"枪"误作"捨"，总之，乙本的原来的蓝本，在星官数和星数方面，实稍胜于甲本的蓝本。但两个原本大同小异，是一个系统的两个不同的本子。

至于各星官的形状和位置，一般而论，甲、乙两本的图，都绘制得不是很正确，但也没有很重大的错误。个别星官中值得注意的略举如下。关于北极星，甲本凡五星一排，原来应该都是圆圈加色，而实际绘出的有圆圈，有黑点。乙本绘出四星，排在一列，可能最东还有一星也折向一侧，这便是"王"字上的一点。"王上皇"三字应是指第二星即帝王星或帝星。第二星旁又标注一"极"，是北极星官的意思。第五星为枢星，也便是纽星，图上标注一"枢"字。隋唐之际，这枢星开始代替帝星为极星。我们这图中的枢星并不在圆心。如果这不是摹绘时走了样，那便可能是星图的观测在前，用文字添注"枢"字在后。枢星左右四星是四辅，乙本除在四辅的旁边标注星官名外，又在四星中央写一"震"字。敦煌抄本《玄象诗》有"辰居四辅内"，指四辅内的辰星，即北极星。《晋书·天文志》："抱北极四星曰四辅。"又云："北极，北辰最尊者也。"这样看来，北极也称北辰，为"三大辰"之一。六甲和四辅的相对位置甲本和乙本互异，但似乎都有所偏。勾陈六星在北极星和华盖之间，"勾陈口中一星曰天皇大帝"。甲本"勾陈"仅有一星，它的旁边另有一星，没有星名，可能便是"天皇"。但也可能是为勾陈的一部分，而天皇一星漏去未绘。甲本图上标注"天皇"的四星应为御女。乙本绘出勾陈六星，旁注"钓陈"，应为"钩陈"。它们里面又标注"天皇天帝"，但没有星点。天柱五星在御女西，甲本未误（但如上述，甲本御女四星的标题误写作"天皇"），乙本则东西的相对位置颠倒，把天柱误置于御女之东。

华盖在紫宫垣外，在五帝座的南方，乙本大致符合。但是甲本的图中，华盖在五帝座的西侧；《步天歌》说："五帝内坐后门是华盖并杠十六星（原注：五帝内坐五星，在华盖下勾陈上、斧扆之象，所以备宸居者）。"图中华盖和五帝座二者对峙并立，不能充分地表示盖覆的意思。紫宫垣的营卫十五星，甲本都用圆圈来表示，分为东、西二群，没有标出蕃垣名称。东蕃图中只有七星，缺一星，在第二星旁标注"柱下史"，更南的第五星标注"女史"，实则这两个名称是垣内另二星的星名（甲本图中这二星未绘出）。西蕃图中有八星，其中七星为圆圈填橙黄色，多出一黑点的星，疑为笔误。乙本则把紫宫垣图式化，绘成一个圆圈。乙本在垣内另有二星，分别标注"柱史"（二字之间又补填一"下"字，成为"柱下史"）和"女史"（原图中"史"字误写作"吏"），二者的相对位置，适和甲本相反。《晋书·天文志》说："柱史北一星曰女史。"按现今星图女史在柱下史的西面稍北，当以乙本为近是。天柱和尚书都在紫微垣内东半，但它们在甲本的位置较乙本的为偏西。天床六星，两本都把它放在紫宫垣门内，而《晋书·天文志》说它在门外。《通志略·天文略》中引《步天歌》说："天床六星左枢在"，歌后说明是"天床六星，当间阊门外"，都和图不相符合。甲本在天床和尚书之间有黑点二星，疑为大理二星，乙本在天床之西，漏缺阴德二星。

紫宫垣之外，天厨和内阶都是六星，隔宫垣遥遥相对。《玄象诗》，"天厨及内皆〔阶〕，宫处东西域"，乙本的两者位置，便是如此，一在西南，一在东北；但甲本则一西，一北，呈 90 度的角度，似乎走了样；并且甲、乙两本的六星的连缀法并不相同：甲本作ШШ形，乙本作××形，天床六星在两本中不同处也是这样，不过天床六星未全部连在一起，仅有二条连接线，尚缺三条线。北斗七星，乙本这里纸有残缺，仅存四星，除了总标题"北斗"之外，在第四、第五星的旁边分别标注"权"和"衡"字。北斗旁另有一星，标注"辅"字（初写的"辅"字，似由于有点误笔，涂抹掉后于其下又写一"辅"字）。甲本这一部分仅有"北斗"两字，缺辅星。距离斗柄不远处，两本都有三公、玄戈和天枪。斗魁内有天理四星，斗魁西另有一"三公"(《步天歌》的另一说法,这三星为"三师"。宋苏颂《新仪象法要》的图中也作"三师")。至于三公和三师之间的相、太阳守、势、天牢,在乙本这一部分由于纸张残破而完全缺失。文昌六星,作弯弓形。《步天歌》说"文昌斗上半月形,稀疏分明六个星"。甲本五星缺一星,弯月的口向西(《新仪象法要》的图中也向西)。乙本有残缺,存有八星,多出二星,弯月的口向南。东蕃之东,两本都有天棓,但乙本缺少一星。西蕃之西的八谷,甲本中它在内阶之南,紧相衔接;乙本的八谷在内阶的西南,相去颇远,似乎较合于实际。乙本有扶筐七星,在天厨和华盖之间。甲本紫微宫图中没有绘出扶筐(甲本是把它绘在另一图的"女宿"中)。以上所述,是甲、乙本的一些差异的地方。

至于这两件敦煌星图的年代问题,可以先讨论甲本(S.3326)。小翟理斯在他的《敦煌的六个世纪——斯坦因敦煌写本简介》中,只说这一件是较晚的写本,他发表了星图前面的二十五幅云气图中的四幅,但是没有提到星图。他在《斯氏敦煌写本详细目录》中提到这星图,但对这件有星图的写本没有作年代的鉴定[1]。李约瑟发表了这星图的一部分(仅有二幅照片),包括紫微宫图。他认为写本的抄写年代约在公元940年,即后晋天福年间。他没有说明他的断定年代的根据[2]。席泽宗发表了这星图的全部,并加详细说明,但对于抄写年代,仍是依照李约瑟的说法(E. H. 舍斐发表其中紫微宫的一幅,正文也认为10世纪的抄本[3])。如果我们根据这甲本的字体和卷末电神的图形,李氏的判断似乎偏晚了,我们以为可能早到开元天宝时期

① 小翟理斯(L. Giles):《敦煌的六个世纪——斯坦因敦煌写本简介》,英文版,1944,第15页,图版三;又《大英博物馆所藏敦煌写本详目》序号6974,英文版,1957,第225页。

② 李约瑟:《中国科学技术史》第3卷,英文版,1959,第264页。

③ 席泽宗:《敦煌星图》,《文物》1966年第3期,第27页;舍斐,前书第127页。

（8 世纪）。至于它的绘制的年代，它的前面的气象占有"臣淳风言"，是李淳风所编，但星图不一定与气象占同一时代或同一人所撰。后人常把时代不同而性质相近的书，抄在一个抄本子上，以便参考。这图的年代要根据它的内证。这在下面与乙本一起讨论。《图集》也以为"抄写时代约在唐代（约公元 8 世纪初叶）"①。

至于我们这敦煌乙本星图，这写本的正面是《唐人地志残卷》，据向达教授考证这地志当撰于天宝初年（8 世纪中叶），但抄写的年代可能要晚一些。我们的星图和《占云气书》都抄在背面，抄写时代当比正面还要晚。字体近于五代时（10 世纪）写本，要比甲本晚一些。《图集》认为"抄写时代约在晚唐五代时期（约公元 10 世纪上半叶）"（第 121 页）。

顺便可以在这里讨论《丹元子步天歌》的年代问题。这部书唐、宋时一般被认为是唐开元时王希明所撰，例如《新唐书·艺文志》在子部天文类收入这书，只提作者是王希明。《艺文志》又在子部五行类提到一部《太一金镜式经》十卷，原注"唐开元中诏撰"。郑樵《通志略·艺文略》天文类天象项有《丹元子步天歌》一卷（原注：唐右拾遗内供奉王希明撰）。《四库全书总目提要》（卷一百七）的天文算法存目有《步天歌》一卷，《提要》说："陈振孙《直斋书录解题》曰：《步天歌》一卷，未详撰人。或曰唐王希明撰，自号丹元子。"《提要》又说："丹元子为隋人，不见他书，不知樵何所据。"②这是因为郑樵在同一部《通志略》的序中说："隋有丹元子者，隐者之流也，不知名氏，作《步天歌》，见者可以观象焉。王希明篆汉晋志以释之。唐书误以为王希明也。"换言之，郑樵认为隋人丹元子撰

---

① 宿白教授 1979 年 3 月 17 日来信，但马世长同志以为"似乎在开元天宝之前"（1979 年 4 月 27 日来信及本书第 218 页注②引文），中国社会科学院考古研究所编著《中国古代天文文物图集》，文物出版社，1980，第 120 页。
② 《四库全书总目提要》第 2 册，商务印书馆，1933，第 2216～2217 页。

歌，唐人王希明撰释。后来的作者多依照郑樵的说法，以为《步天歌》为隋代作品①。甚至于有人以为王希明道号丹元子，是隋代人，与李淳风的父亲李播同时②。我以为王希明是唐开元时人，这是唐宋时众口一词，可说是毫无疑问。我又认为《步天歌》歌词的撰述时代，不能早于李淳风活动的时代。理由有四：①如果《步天歌》是隋代作品，则《隋书》和《旧唐书》的《经籍志》中似乎不应不收入。如为唐开元中人所著，则《隋书》不会收入。以开元时的《古今书录》为断的《旧唐书·经籍志》也不会收入的。②如果《步天歌》是隋人著作，则初唐著作如《晋书》和《隋书》的《天文志》（这二史的《天文志》如果不是全部也是大部分出于李淳风之手），不应不加以提及。如果它出于唐开元时人之手，那便不足为怪了。③如果这歌是隋人作品，则《新唐书·艺文志》和《通志略·艺文略》中都不应将《步天歌》作者题为唐王希明所撰。④本文将初唐时（7世纪）所撰的晋、隋二史的《天文志》中的紫微宫拿来与《步天歌》和两种敦煌星图相比较，可以看出它们之间的一些显著差异。又将《步天歌》与两种敦煌星图抄本相比较，则几乎完全相符合。如果《步天歌》是隋代作品，则这种现象很难解释。如果它是唐开元时作品，则这解释上的困难便不存在了。所以我认为《步天歌》的歌词和诠释，是同一个人所写，其人便是唐开元时丹玄子王希明。丹玄子便是王希明的道号。郑樵在《通志略·艺文略》中采用当时通行的正确的说法，以为这歌即唐王希明撰。后来在《通志略·天文略》中，误认为歌词和诠释为二人所作，诠释为王希明所作，则歌词作者的丹玄子当为前一代的隋人作。这是完全凭着主观臆测来推定，实不足信。罗振玉在《玄象诗》抄本的跋语中便说："郑氏《通志·天文

---

① 例如陈遵妫《中国古代天文学简史》，上海人民出版社，1955，第 101 页。
② 李约瑟：《中国科学技术史》第 3 卷，英文版，1959，第 201 页。

略》谓撰《步天歌》之丹玄子乃隋人，于前籍无证，恐未可信。"①古人著书有于正文后面自作注释，如《汉书》及《隋书》中的《地理志》和《艺文志》便是如此。王希明用七言诗歌作《步天歌》，又用散文改编《汉书·天文志》和《晋书·天文志》的资料，以作诠释，并不足怪。敦煌写本两种星图的底本是根据《步天歌》参照天象（或增删早期星图）而绘制的《步星象图》②，不会比《步天歌》的撰写年代（唐开元时即8世纪前半）更早，换言之，不会比撰写《步天歌》的开元中奉诏撰歌的王希明为早，这似乎也是可以大致肯定的。反之，二者肯定是要比李淳风的时代（7世纪前半）为晚。本文前面说过，有人根据甲本同卷的《占云气图》中的云形和电神图形的年代，以为这星图要早一些，尤其是《占云气书》有"臣淳风言"字句，所以这星图可能要早到李淳风的时代，但是我们这乙本卷子的正面的《地志残卷》可以肯定是天宝初年，不会更早。这星图和《占云气图》时代似乎也应相近。不管甲本《占云气图》的年代如何，这二幅星图根据本文上面所述的理由，应是开元中或稍晚所编绘的，而转抄的时代更晚，是一在开元天宝时，一在晚唐五代抄本。

至于《玄象诗》，它是和《三家星经》《二十八宿次位经》等抄在一个写本上的③。这抄本虽有自天皇以来至武德四年凡若干万年等字，但这些文字是系在《次位经》的末尾，其后又抄有其他有关星占的书。所以这只是表示《次位经》的撰写年代。这抄本的《三家星经》的撰写年代要早到战国或汉初，便是它所据以过录的底本，也不会晚于六朝。至于这首《玄象诗》的撰写年代，只能就其内容

①　罗振玉关于《玄象诗》抄本的题跋，见《鸣沙石室佚书》第4册。
②　据郑樵《通志略·天文略》。他说"《步天歌》旧于歌前亦有星形，然流传易讹，所当削去"。
③　见罗振玉《鸣沙石室佚书》第4册，原件为巴黎藏P.2512号。

来推断。一般认为它要比《步天歌》为早。但是这诗中已将枪（天枪）、戈（玄戈）二官归入紫微宫，不归入太微，八谷也被归入紫微宫，不属天市垣。这三点都和《步天歌》及甲、乙两本星图相同，而和李淳风参加修撰的《晋书》《隋书》的《天文志》所载的不同。它们似乎都是在李淳风编写晋、隋二志之后。所以《玄象诗》虽较《步天歌》为稍早，但是也早不了许多。

补记：这文写完后，曾在 1980 年 10 月在北京召开的中国科技史会议上宣读过。后来承严敦杰同志把他的旧作《宋元算学丛考》一文，借给我一看，其中有些关于《步天歌》作者王希明的考证（见1947 年《科学》第 29 卷第 4 期）。严同志以为王希明即开元七年（719 年）来华的吐火罗国解天文人大慕阇。这位大慕阇系吐火罗国王上表所献，表中有"望请令其供奉，并置一法堂，依本教供养"等语（见《册府元龟》卷九七一）。王希明系《太乙金镜式经》的作者，"不详其里贯，开元时以方便为供奉，待诏翰林"（见《四库提要》卷一〇九）。所以他认为"官职相合，此其一；时间相合，此其二"。实则唐代"供奉"一词，原为动词，后来才作为官名，曰翰林供奉，人数不少（《新唐书》卷四六）。这位大慕阇任职供奉，虽然有这建议，但是曾否任职，史无明证。官职相同和时代相同，在这里并不足以证明其为同一人。另一方面，慕阇乃摩尼教高级僧侣称号，来源于康居语 mwck，古维文作 morak。王希明自号通玄子，或青萝山人，撰著《太乙金镜式经》、《聿斯歌》和《步天歌》，当为一位熟谙方技的道教信徒，决非摩尼教的僧侣。王希明和开元七年来华的大慕阇，完全无关，绝非一人。

严同志在文中又提出王希明乃王世充的同族，王希明为吐火罗国大慕阇。王世充据《旧唐书》和《新唐书》本传也是西域胡，本姓支。就其胡姓而言，当源于月支国，也便是吐火罗国。严同志又引宋人陈振孙《书录解题》中的话："《聿斯歌》一卷，青萝山人王希明撰，不知何人。"因之说"夫既云青萝山，而复不知何人，盖青萝山西域地名也"，并且进一步说，青萝山可能便是吐火罗的原名Tokhorastan 的误译。所以他认为"姓名相合，此其三，籍贯相合，此其四"。实则王希明并非开元六年来华的吐火罗国的大慕阇，上节已加考定。他自号青萝山人，这山当是他的家乡或侨居的地方。青萝当为汉语。浙江浦江县便有一个青萝山，元末时宋濂曾在这山隐居。所以不必远在西域找这地名。王希明的籍贯虽不清楚，但说他是西域胡，实出于误会或附会，完全无证据。他和吐火罗的大慕阇或吐火罗后裔王世充，籍贯并不相同。至于王姓是百家姓中人数最多的一姓。王姓的人不是同出于一个祖先。姓氏同是王氏，不足以证明是同出于冒用王姓的胡族，更不足以证明是同一人（原作"姓名相同"，"姓名"当是"姓氏"的意思）。

总之，关于王希明生平的史料，现在留下的很少。为了补充他的事迹，也许可以做些推论。但是有些推论是站不住脚的，是不能采用的。今于文后补记几句话，以与严敦杰同志商榷。

《河北藁城台西村的商代遗址》
读后记*

    藁城商代遗址出土的铁刃铜利器，是一个很有意思的发现。但是，根据已做过的化学分析和金相学考察，似乎并不排斥这铁是陨铁的可能，还不能确定其"系古代冶炼的熟铁"。

    根据试验报告，先就金相观察而言，"因已锈蚀，看不到金相组织"，所以我们无法利用陨铁经常具有的维德门施塔特氏结构来作为鉴定标本的标准。至于"发现大量条带状夹物，并且钺本身有分层现象"，这只能证明金属经过热变形和锤打的，因之不是生铁（生铁锤打即碎），而不足以确定其为熟铁或陨铁。这里有一点须说明一下，从前有些考古学家认为陨铁不能锻锤成器，这实是一种误解。陨铁中有些确是不能锻锤的，但大多数陨铁是可以锻锤成器的。这不仅有民族志上的许多实例，并且还有人做过实验（见 H. H. 利格兰《旧大陆上史前的和早期的铁器》，1956 年英文版，第 177~179 页）。

    再就化学分析而言，"基体为铁，并含有较多的铜、镍、锡及微量的铝、钴、钛、硅、铅等"。这里面铜和锡的含量虽多，但二者"可能来自铜合金包套"。最可注意的是含镍较多。我们知道陨铁的特征是含镍较多，而冶炼的铁一般含镍极微或完全没有（只有从磁黄铁矿提炼的铁是例外，但这是比较少见并且古代很少开采的铁矿，

---

* 本文原载《考古》1973 年第 5 期。

不知道我国有否这种矿和古代曾否开采过）。定量分析一个小试样是含镍1.76%，这是比较高的，是一般冶炼的熟铁中所罕见的。但是陨铁的含镍量一般比这还要高，在5%以上，虽然也有含镍很少的（见H.H.利格兰《旧大陆上史前的和早期的铁器》，1956年英文版，第27页）。所以，这方面还要再作定量分析。至于含有硅酸盐夹杂物和含锰很低，这不仅是"熟铁的特征"，陨铁常常也是这样的。小块试样含碳0.35%，证明这不是生铁（生铁含碳1.5%~4.5%），而陨铁一般含碳也不多。只有大块的氧化钙，是陨铁中所罕见的，这可能是冶炼成的熟铁中的夹渣，但是也可能是陨铁埋在黄土中时所沾染的，正像铜锡成分来自相接触的青铜包套或铜锈一样。钴和硅都是陨铁中经常含有的元素，分析出有微量存在是可以理解的。至于爱克斯射线透视所显呈的夹渣和气泡都是在青铜铸件部分，而在铁制刃部未曾发现。

简报中提到了流入美国的1931年浚县出土的两件铁刃铜利器。这两件在1946年发表后，1954年梅原末治加以研究，认为是冶炼的铁，并且还认为这两件的发现是"划时代的事实"（《关于中国出土的一群铜利器》一文，见《京都大学人文科学研究所创立廿五周年纪念论文》，1954年），但是后来做了科学分析，证明实是陨铁所制（见R.J.Getten等，《两件中国古代的陨铁刃青铜武器》，1971年英文版）。1958年在广东英德发现一块3~4吨重的古代的陨铁，当时认为系人工冶炼的合金钢（《文物》1959年第1期第28页），后来证明乃是陨铁（《文物》1959年第8期，第51页）。我们以为这次所发现的青铜利器的铁刃是否系冶炼的熟铁，还有待进一步的分析研究。

湖北铜绿山古铜矿[*]

  从前在中国，青铜器的研究和青铜器铭文的研究几乎是同义词。自北宋时代（11 世纪）以来，中国有许多学者研究古代青铜器，写下了一些著作，其中有些还流传到今天。自 20 世纪 20 年代起，中国引入了田野考古学，青铜器的研究便起了很大的变化。

  田野考古学被引入以后不久，就显示了它的影响，青铜器研究的范围扩大了。从此，不仅青铜器的铭文要加以研究，并且它们的形态、用途、花纹、成分、铸造法等，都要加以研究。田野考古学根据出土物的共存关系（地层学的研究和墓葬中器物的组合的研究）和型式学的分析，将青铜器的研究提高到一个新的水平。今天，我们不仅研究青铜器本身的来源，即它的出土地点，还要研究它们的原料来源，包括对古铜矿的调查、发掘和研究。这是中国古代青铜器研究的一个新领域，也是中国考古学新开辟的一个领域。这篇文章便是介绍在湖北省黄石市铜绿山古铜矿进行的发掘工作的。

  铜绿山是"铜绿色的山丘"的意思。这里蕴藏有丰富的铜铁矿床，并与金、银、钴等有色金属共生。现今仍是我国一处重要的产铜矿区。这里发现古代采矿的遗迹和遗物，至少可以追溯到 1965 年该矿重新开采的时候，但一直到 1973 年发现铜斧（现认为是斧形铜凿，因为它的装柄办法和使用法都是与凿相同）以后，才引起人们的重

---

  * 本文原载《考古学报》1982 年第 1 期，由作者和主持发掘的殷玮璋共同署名。

视。1974 年配合矿山生产，在 1 号矿体的 12 号勘探线和 24 号勘探线清理了两处古矿井，有简报发表于 1974 年的《考古》第 4 期和 1975 年的《文物》第 2 期中。1979 年冬，我们考古研究所派了一个考古工作队和地方的考古队一起，在几个地点同时进行发掘。我们发掘的地点在Ⅶ号矿体的 1 号点，有简报发表于《考古》1981 年第 1 期中。1980 年除在Ⅶ号矿体 1 号点继续工作外，还在Ⅺ号矿体发掘冶炼遗址，清理了炼铜炉一座。在发掘的同时，进行了一次炼铜炉的模拟实验。关于发掘冶炼遗址和进行模拟实验的简报，将在《考古》1982年第 1 期上发表。

铜绿山古矿区的范围，南北约二公里，东西约一公里（图 1）。古矿井的附近还有古炼炉遗存，因被炉渣掩埋而保留下来。许多地

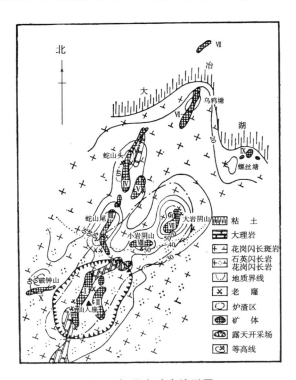

图 1　铜绿山矿床地形图

点的表面，覆盖有一米多厚的古代炉渣，总量估计达 40 万吨左右。样品经过化验，平均含铜品位为 0.7%，但含铁 50%上下，知道是炼铜后弃置的炉渣。从古矿中挖出的"黄泥巴"的分析结果，知道含铜品位在 12%~21%，含铁 30%左右。块状的孔雀石的含铜品位可达 20%~57%。就炼渣 40 万吨来计算，估计古代提炼的红铜当在 4 万吨左右。我们可以设想，这么多的红铜，可以铸造出多少件青铜器！

根据我们的调查和发掘，矿区里的古矿井大多集中在大理岩和火成岩（花岗闪长斑岩）的接触带上（图 2）。这里，矿体上部的铜已经氧化流失，变为富铁矿石，即所谓"铁帽"。在它的下面，则因淋滤作用而使铜含量自上而下逐渐变富。至氧化富集带中，铜一般含量在 5%~6%，局部可达 15%至 20%以上，包含有磁铁矿、孔雀石、硅孔雀石、赤铜矿和自然铜等。接触带中，因岩石破碎，容易开采。采掘过程中仅需解决的一项技术是设置矿井支架，以防止四壁围岩塌落，影响采掘。发掘中见到的"老窿"就设有这样一种木构方框支架。

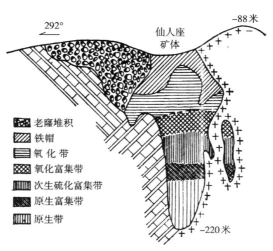

图 2　含铜磁铁矿的氧化次生富集分带

　　我们的发掘工作是在采矿单位的密切配合下进行的。发掘地点上部40多米岩石，由采矿单位挖掘和移运。矿山原计划进行露天开采。我们发现的古代矿井，是由当年矿山的地面垂直地向下开拓的，深达40~50米。这些竖井挖到含有富铜矿的地方，便向侧壁开拓横巷。一组组的井巷的揭露，使我们仿佛看到古采场的真实的活动情景。下面根据考古所工作队的发掘情况，并利用已公布的资料，对铜绿山古铜矿的采掘方法和冶炼方面的一些问题作一些探讨。

　　我们知道，未掘动的整体岩层是处于一种平衡状态下的。但当人们从地下深处挖取矿石而开拓巷道时，这种平衡就遭到破坏，在巷道的周围发生应力集中，使岩层出现裂缝、滑动或崩塌等情况。为了防止这种危险的变形，就要使用矿井支架。

　　我们在发掘中看到的竖井的木构支架，基本上有两种。早期的在Ⅶ号矿体1号点见到的方形框架，是由四根木料用榫卯法互相穿接而成（图3：1）。在凿有榫眼的两根木料的两端还削成尖端，以便楔入井壁而使框架固定下来。相邻两副框架之间约有40厘米的间距。竖井的四壁还衬以席子等物，并用细木棍别住。这个地点的框架，规格较小，内径约为60厘米。在Ⅰ号矿体12线发现的一个斜井中所用的框架，形制与此种基本相同。晚期老窿中发现的主要是所谓"密集法搭口式"框架（图3：2）。它是把圆木的两端砍出台阶状搭口榫，由四根搭接成一副方框。整个竖井用这样的方框层层叠压而成。这种框架在Ⅰ号矿体12线发现的有八座竖井。这里的矿井年代比Ⅶ号矿体1号点的要稍晚一些，直径约80厘米。24线发现的则比较大，井口长宽约110~130厘米，所用的木料也较前一种粗大。

　　有些竖井在挖到一定深度，发现没有理想的矿脉或因技术原因不再继续挖掘时就一走了之，竖井随之废弃。但当挖到矿脉或高品位矿层时，便向旁侧开拓横巷（或称平巷）。这些与横巷连接的竖井，它的底部都有"马头门"结构（图3：3）。这是由四根竖立着的圆木

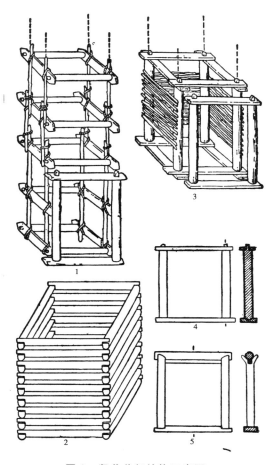

图 3　竖井井架结构示意图

1. 早期竖井井架　2. 晚期竖井井架　3. 马头门
4. 早期横巷框架　5. 晚期横巷框架

或方木用榫卯法穿接两副平放的方形框架而构成的立方形框架。早期竖井马头门所用木料较细，用圆木，晚期的用料粗大，出现方形木柱。它的高度与横巷的高度一致。在与横巷连接的一边或两边留作通道口，其余的都衬以横向的圆木棍或木板作为背板。

　　横巷有的接近水平，有的则有一定倾斜度。这种情形既与矿脉的走向有关，也跟排水等设施相联系。一般地说，较厚矿层中的横巷，以接近水平走向的居多。但无论横巷或斜巷，往往在它的一侧或两侧还分出若干条横巷。在这些巷中，为了防止四周围岩塌落，危及采掘过程，也用木料构作支架。早期的支架也用榫卯法构成方形框架，两侧的立柱为圆木，圆木的两端有圆柱形榫以榫卯法同上面的横梁和下面的地栿相连接（图3：4）。地栿和横梁都是方木或半圆木。在横巷中，每隔一米左右就竖立这样一副方框。方柱的外侧，一般用三五根横向的细木棍作背板；横梁的上面，排列有整齐的木棍构成顶板，木棍的方向与横巷的走向一致。在横巷拐弯或两条横巷连接的地方，顶板往往作十字交错排列。在24线看到的晚期横巷中的框架，不用榫卯法结合。两侧立柱的上端为支杈形，横梁就放在两侧顶部的支杈中。为了不使立柱内倾，在横梁的下面紧贴一根"内撑木"，两端撑住木柱。地栿的两端则用搭口式接头与立柱相接（图3：5）。至于立柱的外侧，除用木棍或木板作背板外，有的板外再加席子。横梁的上面，在排列整齐的细木棍的上面再铺木板。

把框架做成方形或接近方形，从力学的角度来说是最为合理的。晚期的框架变高变大，表明井巷的净采掘面增大了，矿井支架在承受压力方面的要求也更高了，因此是采掘工艺进步的反映。同时，从发掘的情况看到，无论是早期的，还是晚期的矿井支架，都没有塌毁伤人的现象，说明当时采取的这些支护措施，已经有效地承受了四周的压力，在采掘过程中较好地发挥了作用，基本满足了生产过程中的安全要求。

在横巷的底部，常常发现有向下挖掘的竖井。由于这些竖井的井口并不直通地面，所以称为盲竖井，简称盲井。这种井在Ⅶ号矿体1号点的发掘中发现很多，有时在一条不足10米长的横巷中发现三口。这些盲井大多用于向深部采掘矿石，但其中有些当亦不排除作为储水仓的可能。因为有的盲井还没有挖到底，所以有的盲井或许是连接下层横巷的通道。不过，这还有待将来继续发掘时证明。

我们在发掘过程中特别注意井巷之间的组合关系。Ⅶ号矿体 1 号点的发掘中发现了这样的组合，如有一组是七条横巷围绕三口竖井作扇面形展开的，横巷的底部还有七个盲井（图 4）。就在这一组中，还发现了相当完整的排水系统。从竖井的底部连接的交错而有序的横巷以及横巷底部挖有盲井的情形，使我们自然而然地联想起由竖井→横巷→盲井掘取矿石的过程以及为采掘矿石而在提升、排水、通风等方面采取的相应措施。显然这种组合的被揭露，为探讨当时的采掘工艺提供了有说服力的、具有典型性的资料。

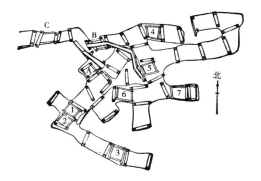

图 4　一组完整的井巷平面图

A～C. 竖井　1～7. 盲井

在发掘时，竖井底部和横巷中均出土了一些采矿时留下的器具。这些物品使我们可以推想当年矿工们进行采掘工作的情况。

采掘的工具发现有金属的斧形凿（原报告中作"斧"，下同；早期的青铜制、晚期的铁制），此外，晚期巷道中还出有铁制的锤、四棱凿、锄（图 5：8、9、1、3～6）。铜制斧形凿重 3.5 公斤，安装方法和四棱凿一样，柄部直插入它的空銎内，刃部与木柄垂直，这种装柄方法和武器中的斧子或木匠用的斧子，都不相同。斧子的刃部与木柄平行，斧身与本柄垂直。铁锤重 6 公斤。有一件铁制斧形凿的木柄上端仍保留四道（竹）蔑箍，显然是为防止柄端开裂而套上去的。也有的木柄上因冲击而使木质纤维外翻，表明它们在剥离矿石时，是一种有效的工具。几件铁锄和一件残铜锄的锄板都很单薄，大概是用来扒取剥下的矿石或废石的。发现的木铲（锹）也可作同样用途。这些矿石用竹簸箕倾入竹筐或藤篓中，然后再提升至地面。12 线的古矿井中，就曾见到装满孔雀石的竹篮（筐）。当然，这些筐、篓也可以搬运泥土和碎石。

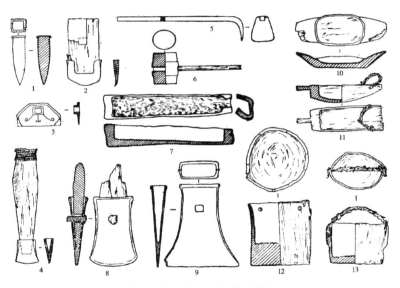

图 5　竖井中出土的采矿器具

1. 四棱铁凿　2. 凹字形铁锄　3. 铁锄　4. 铁斧　5. 铁耙　6. 铁锤
7. 木水槽　8、9. 斧形凿　10. 船形木斗　11. 木瓢　12、13. 木桶

　　在发掘过程中，还见到有的横巷在最后废弃之前已经人为地用红色黏土、废石、铁矿石等充填，并用木棍和青灰膏泥（高岭土）加以封堵。这些废弃的杂物应是在坑下选别后就近加以处理的。这样做，首先是为了减轻工作面上采空区的压力，增强采掘工作的安全系数。同时也利于控制风流，使风流达到深部的作业面上。在坑下选出

富矿运走，把贫矿和废土就近充填废巷，这也是减少搬运的一项措施。

从矿区的水文地质情况看，古矿井大多都挖在潜水面以上，但是雨雪水（尤其在多雨季节）的渗透及其他因素，使坑下采掘也不可避免地碰到排水问题。我们发现一些横巷的一侧贴背板的地方，往往铺有排水用的木槽（图 5：7）。每节木槽的长度由 65 至 260 厘米不等。各节木槽互相连接，置于地枕之上，以一定的高差向水仓或排水井流去。每两节木槽连接的地方，都涂有一层青灰膏泥以防渗漏。当木槽不可避免地通过提升矿石的竖井或主巷时，就在这一段木槽的上面铺垫一层木板，使之成为一条暗槽。我们曾对一组水槽作了一次排水试验，发现它们仍能让水通过弯弯曲曲的木槽而流向排水井方向。同时，我们发现十几件装有提梁的木桶和木瓢（图 5：11~13），木瓢可用来戽水，木桶则在装水以后，像前面所说的，可由竖井提升到地面。此外，还发现有专门用于排水的泄水巷道。

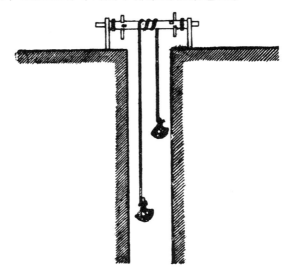

图 6　使用辘轳提升的一种设想图

图 7　《天工开物》（明崇祯十年刊本）所绘辘轳使用情况

把矿石提升到地面的方法，也可以根据发现的遗物而推知其大概。最重要的发现是两根辘轳轴子。一根是采集的；另一根出于晚期的 24 线 10 号巷中。全长 250 厘米，可以横架在井口之上。轴木的两端砍成较小的轴头，以便安放在井口两侧的支架的立柱上面。轴木本身，近轴头处，两端各有两排环绕一圈的长方孔，孔眼可以插入长方形木条。这两排孔眼的疏密并不相同，外圈密（有 14 孔）而孔眼浅小，内圈稀疏（有 6 孔）而孔眼深大①。据原发现人推测，内圈孔眼上安插的木条，如果加以扳动，便可起动绕于轴木中部的绳索，以提

———————————

① 有关辘轳轴的情况承黄石市博物馆王富国同志提供数据，谨此致谢。

升或下放悬挂于木钩上的竹筐或藤篓。外圈密孔上安插的木条，可能起到"制动闸"的作用。当辘轳需要停止转动时，可以推上支架的"插销"，即可制止轴木转动（图6）。我们认为这种复原是不合理的。密圈的孔眼既密又浅（孔深2~3厘米、孔距1~2厘米），所插之木条恐难以起到"制动闸"的作用。实际上，矿井上的辘轳，并不需要"制动闸"。明人宋应星《天工开物》中矿井上的辘轳就没有设置"制动闸"。16世纪德国学者阿格利科拉（Agricola）的《金属》一书中的插图，也是如此。从明崇祯十年刊本《天工开物》所绘宝井取矿的辘轳图形（另一幅没水采珠图上的辘轳也一样）看，密圈的孔眼是为加粗辘轳直径而插入如车轮辐条那样的木棍的（图7）。我们曾按原轴的规格制作了这样一个辘轳，证明在加了辐条式的木棍和车辋式的一圈木条之后，比原来的辘轳轴的直径增大一倍，则同样绕绳一圈，绳索的长度也增加了一倍。这样，既可减轻辘轳的重量（比同样直径的实心轴要轻），操作时又可省去一半的时间，应是提高功效的一种措施。至于疏圈的孔眼，深为6~7厘米，作按把和起动用的推测是合理的。铜绿山的这种辘轳设置按把是由于这里的矿井口径较《天工开物》插图中的为大，工人站在口沿上伸手到辘轳轴上是困难的。这样的辘轳将能够胜任从深井中提升矿石的功能（图8）。

在Ⅶ号矿体的发掘中，我们没有发现辘轳。早期是否已经使用辘轳，还需在今后的工作中证明。不过，木钩在早晚期的井巷中发现不少。有的钩柄上刻有浅槽，以便扎绑绳索。发现的绳索中，最长的一条残存8米。这些绳索系由植物纤维绞成，即先绞成直径1厘米的单股，再由三条单股的绞合而成，所以它们可承受相当的重量。在晚期的竖井中，当年的矿工们已经知道使用辘轳，可能在绳索的两端各绑缚一件木钩，一上一下地来回提升或下放盛有矿石和支护用构件等东西的篓筐。前面已经提到，在矿体中开拓井巷是由竖井—横巷—盲

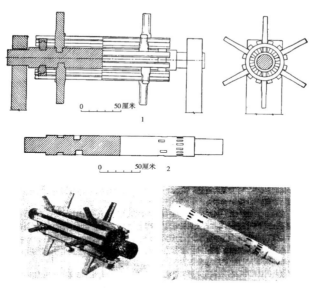

图8　辘轳复原图

井。提升的过程则应是盲井—横巷—竖井而达于地面的，而且可能是用分段提升的方法提升矿石的。

在巷道的充填物中，还曾出土一些竹签，一般都很短，一端有火烧的痕迹。这些竹签可能是矿工们在矿下用于照明的残余。不过，考虑到当时的通风情况，巷道又很窄小，在坑下长时间燃竹签照明的可能性并不大。

我们知道，氧气在一般空气中所占的体积为21％。当空气中的氧气下降至17％或二氧化碳达到3％以上时，矿工就失去长时间从事繁重劳动的能力。当时没有机械通风，只能靠井口高低不同产生的气压差所形成的自然风流来调节坑下的空气，确保氧气的供给。为此，如上面提到的，及早关闭废巷也是促使新鲜空气顺利通向深处采掘面的措施之一。但从总的情形来看，当年矿工们在坑下采掘矿石，所处的劳动条件还是相当差的。

在发掘过程中，我们注意了选矿问题。因为古矿井所在的范围内，矿石的含铜品位是不平衡的。舍贫矿、取富矿，这是古今矿工们采掘时的基本原则。在发掘中曾见到一些类似"淘金斗"那样的船形木斗（图5：10）。这种木斗体积较小，装上矿土，在水中淘洗，比重较大的矿物就沉在底部，借以进行"重力选矿"，可以用来鉴定矿石品位高低以确定采掘方向。对于冶铜所需的、数量较大的矿石如何选矿？有理由认为，凭经验进行目力选矿（人工挑选）是可能的。同时，对"泥巴矿"用竹簸箕一类工具用水淘洗也是一个有效的办法而可能已被采用。我们在模拟实验时曾用这种淘洗的方法，结果泥土冲掉了，含铜品位可以提高一倍多。这方面的问题，应在今后的发掘工作中继续探索。

在巷道中还发现了一些生活用具，如木制耳杯、葫芦瓢、竹篮和陶器碎片等。其中以竹篮为常见，竹篾削得很细，编织相当精致，当为盛置食物而被带进巷道的。矿井是采掘矿石的场所，矿工们的居住遗址亦相去不远。Ⅶ号矿体所在的大岩阴山南坡，地表就有很多陶片。可惜因地貌有了较大改变，原来的地层被扰乱殆尽，已无法弄清其原貌了。

关于这些矿井的年代，我们曾经根据出土物而推定I号矿体的12线老窿为春秋晚期，24线老窿则属战国时代。由Ⅱ号矿体古矿井中一件遗物（铜制工具的木柄）作碳十四测定，是距今2485±75年（ZK297），树轮校正后为距今2530±85年，如果换算为公元年代，它是公元前465±75年，校正后为公元前580±85年，与我们最初的估计可说是相当符合的。最近又作了几个碳十四测定（见附表），其中Ⅶ号矿体1号点所测的数据，有的与12线的时代接近，有的则稍早，这与该地点矿体支架的规格较小，具备某些早期特征是一致的。至于24线老窿的碳十四测定为距今2600±130年（W.B.79~36）、2575±175年（W.B.79~37）和2075±80年（ZK561），当属战国至西汉时代。这与巷道中出土的其他遗物一致，与原先估计的年代也相去不远。碳十四测定中 ZK559 的距今 3205 年这个数据，其标准误差为 400 年，与出土物的时代不合，恐有问题。不过，有迹象表明（如 ZK758 的数值），古矿区内可能还有较春秋时期更早的矿井。

虽然岩石是人类最早进行加工的对象，被制成粗陋的石器，但是从岩石中识别可以利用的矿物，经过冶炼，提取金属，制成器具，则只有几千年的历史。从矿石中提取金属的工艺，比起加工石材、制作石器来无疑要复杂得多。过去，对于我国古代的金属冶炼业（包括冶铜业）的了解很少，研究工作由于缺乏采矿和冶炼的实物资料，无法深入。因此，发掘古代的冶炼遗址，对古代冶铜工艺进行探索，是我们在铜绿山工作时要研究的又一个课题。

在铜绿山发现的早期古炉，主要是在XI号矿体。那里地表面覆盖有一米多厚的炉渣，下面埋有不少古代炼炉。前几年，地方考古队在该地清理了六座炼炉，有简报发表于《文物》1981 年第 8 期。我们清理的 10 号炉与他们清理的古炉的炉型和结构都很一致。10 号炉的热释光年代为 2895±305 年、3014±320 年，从地层和出土物推定，古炉的时代均属春秋时期。

这几座古炉的炉型为炼铜竖炉，它包括炉基、炉缸和炉身三部分（图 9）。炉基在当时的地表之下，内设"一"字形或"T"字形风沟（又称防潮沟）。风沟沟壁经过烘烤，质地坚硬，有的沟底还有木炭或灰烬。后经模拟实验证明，风沟的设置，对确保炼炉的炉温和防止炉缸冻结确实是有效的。

炉缸筑在炉基的上面，炉缸的截面有的为椭圆形，也有长方形的。炉缸内径，长轴约 70 厘米、短轴约 40 厘米。炉缸的侧壁上筑有金门。金门的形状是内宽外窄、内低外高、顶呈拱形。在炉缸内壁和金门内口区一段，都加衬耐火材料，鼓风口由于炉缸残破，只发现一个，但很可能是一对，分别布置于长轴两端。4 号炉风口的内口呈鸭嘴形，口径分别为 5 厘米和 7 厘米（图 10：2）。

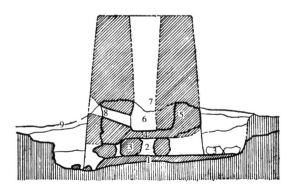

图 9 第 10 号炼铜竖炉结构复原图（剖面）

1. 炉基 2. 风沟 3. 风沟垫石 4. 炉缸底
5. 炉壁 6. 炉缸 7. 风眼 8. 金门 9. 工作面

　　古炼炉的周围的工作台面上还发现了不少遗迹。如有当年搭盖棚架时留下的柱穴；有碎矿用的石砧和石球。石砧长约 45～70 厘米，有凹面。石球直径 6～8 厘米，有凹窝，适于手握。石砧的旁边还有大小不等的浅坑，坑内堆放有粒度一致、直径为 3～4 厘米的铜铁矿石。此外，还有陶罐、铜锛、铜块、炉渣、铁矿粉和高岭土等。这些遗迹现象，使我们有可能推知当时炼铜生产的一些情形。

　　我们知道，古老的冶铜业，由于冶铜的技术水平不高，冶铜的原料只能是孔雀石和自然铜等含铜品位很高的矿石。铜绿山 3 号炉内清理出一块孔雀石和木炭的熔合物，说明孔雀石仍是当时炼铜的原料。可是，春秋时代的冶铜业是否仍然以富矿为原料？从古矿井采掘面上所取矿样的分析表明，很多矿样的含铜品位低于 4%，而且多数是粉矿。虽然低品位的矿石经过选矿，可提高其品位，但这些低品位的数据使我们不得不考虑：当时除了用高品位铜矿石进行冶炼外，是否也用较低品位的矿石进行冶铜呢？在用块矿冶炼的同时，是否也兼用粉矿作为冶铜的原料呢？此外，古炉周围发现的炉渣大多冷凝成薄片状，表面有水波纹样，说明古炉渣排放时的流动性很好，但是古代工

图 10　湖北铜绿山的古铜矿（一）

1. 剥去围岩后看到的竖井与平巷顶板　2. 从外向里看金门
3. 古炉南侧的古砧、小坑及粉碎后的矿石　4. 在夯筑中的二号实验炉

匠在冶铜时掌握配矿技术到了什么程度呢？就炼炉来说，古炉的炉缸底比金门口低，放铜时铜液必然不能放尽，那么古炉的这种设计是为"杀鸡取卵"似的破炉取铜呢？还是为连续进行冶炼而特意设置的呢？用这种炼铜竖炉进行正常的冶铜生产，需要具备哪些条件？古炼炉的性能如何？春秋时期的冶铜业达到了怎样的水平？……带着这样

一些问题，我们组织进行了一次炼铜模拟实验。

这次实验是在对古炉进行仔细的解剖、搞清其形制、结构的基础上进行的。首先提出了春秋时期炼铜竖炉的复原设想和仿古实验炉的筑砌方案。在同时提出的两个方案中，凡是古炼炉已经提供的数值一概加以采用，不予变动；未知的部分（如炉身高度、风口的数量等）则在允许的范围内作尽可能合理的推测和假设，在实验中检验假说的合理性。

春秋炼铜竖炉的炉身是怎样的？这是我们在复原研究时着重考虑的一个方面。为便于比较，两个实验炉的炉身是不同的。一号炉做成口小腹大的正截锥体形；二号炉则在中腹向上短轴方向的一段炉壁，筑出 7°的炉腹角（长轴方向的内壁仍保持垂直），炉口部分的内壁则上下垂直。对古炉复原方案中所作的上述考虑，是基于前者的炉壁与料柱之间缺乏摩擦力，不易控制物料的下降速度。二号炉炉身的设计则可避免这种情况。实验的结果表明，上述考虑并不是多余的。

作为模拟实验，如何使实验的全过程都力求仿古，不使失真，是我们特别关注的另一个问题。为此，在筑炉的材料、筑砌的方法、冶炼用的燃料和原料等方面，都尽可能地创造与古代冶铜生产时比较接近的条件。为使实验炉的炉缸、金门、风沟等部位的形制与古炉保持一致，这些部位在夯筑时用木、竹等材料做了模具，筑入炉中（图 10：4）。

二号实验炉的冶炼过程是在阴雨有微风的条件下进行的。二号炉的炉身高 1.5 米，在短轴方向的对应部位设置两个风口，使用一台小型电动鼓风机同时向两个风口鼓风。冶炼时持续地投入批料，间断地排放炼渣和铜液。整个冶炼过程相当顺利。在十余小时的冶炼过程中，共投入矿石等物料 1300 余公斤，木炭 600 余公斤，先后排渣 14 次、放铜 2 次，炼出红铜 100 多公斤。经化验：红铜中铜含量为 94%～97%，炉渣平均含铜为 0.837%。实验取得预期的结果（图 11：3、4）。

　　冶炼的过程是通过化学和物理化学方法使原料中主要的金属与其他金属或非金属的元素化合物分开、从矿石中提取金属的过程。这次模拟实验提供的资料，使我们对春秋时代的炼铜工艺技术有了初步的了解。

图 11　湖北铜绿山的古铜矿（二）

1. 一组完整的井巷　2. 采掘面上纵横交错的古巷道
3. 冶炼过程中的二号实验炉　4. 二号实验炉排渣时的情景

　　这次实验所用的原料和燃料与冶炼遗址中见到的原料和燃料基本上是一致的，所以实验的结果，证明了铜绿山发现的炼铜竖炉，其冶炼工艺是铜的氧化矿的还原熔炼。使用这种竖炉炼铜，只要保证必要的风压、风量，使炉内木炭燃烧充分，就能进行正常的冶炼过程。诚然，所用风压、风量的大小，则跟炉身的高矮和炉腔的大小有关，确切地说，跟投入炉内的物料的粒度及由这些物料形成的料柱的粗细高矮直接有关。古炉没有专门的排渣孔和放铜口。实验证明，渣和铜的排放都通过金门。由于渣、铜的比重不同，铜液沉在炉缸下部，渣则浮在上部。排放时只需在金门的上部或下部分别开口，即可将渣和铜分别排放炉外。用这种竖炉冶炼，操作的方法也比较简便。

　　冶炼过程中，我们投入的原料有含铜 20% 以上的高品位矿石，也有含铜仅 7% 或更低的矿石，并有一部分粉矿（冶炼前用人工团成直径 3~4 厘米的泥团）。实验结果证明，用这种竖炉炼铜，只要炼炉熔化带中保持足够的温度，那么无论是高品位的还是低品位的矿石，也不论块矿还是粉矿，都可以炼出红铜。这种情况说明，春秋竖炉具有较高的冶炼能力。

　　由于发现的几座古炉，它们的缸底都低于金门口，因而使人们对当时的冶炼方法提出种种推测。这次实验的重要收获之一还在于证明了这种竖炉并非每炉只炼一次，便要破炉取铜。而是可以连续投料、连续排渣、间断放铜，持续地进行冶炼的。古炼炉的这种设计，正是为确保炉缸内的温度在排渣放铜时不致骤然下降，影响持续冶炼而在实践中总结出来的有效措施。这种设计，使竖炉的生产效率大为提高。若按实验的情况推算：如果一天投入炼炉的物料为 3000 公斤，矿石的含铜品位平均 12%，在正常情况下一天一炉约可熔炼红铜 300 公斤。而且，这种炼炉的炉龄可能比较长，检修也比较简便。3 号古炉清理时曾发现有补炉痕迹，说明炼炉经检修以后还可进行冶炼。

　　春秋时代配矿技术达到什么程度？我们在实验过程中还作了以下

试验：有的未加熔剂，有的则加了熔剂。从排渣情况看，未加熔剂时，渣稠、流动性很差；加配熔剂以后，炉渣的流动性明显改善，并冷凝成薄片状，表面有水波纹样，与古炉渣十分接近。根据这种情况，或可以推测古代工匠在冶铜时，已经掌握了较好的配矿技术。这个问题，准备在今后的工作中作进一步的探索。

虽然模拟实验的情况还不能完全说明春秋时代的炼铜技术，但是通过这次实验，使我们对古炼炉的性能和冶炼技术的很多方面有了比过去远为具体、深刻的认识。实验告诉我们，由于这种炼铜竖炉的结构合理、炉衬材料选用能适应高温熔炼的不同耐火材料，因而使古炉具有生产效率较高、炉龄较长、操作比较简便等优点。在对古炉所作的解剖过程中，古代工匠的筑炉技术给我们留下了很深的印象。据分析，古炉渣的含铜量为 0.7%，其他化学成分也相当稳定，酸度适宜，渣型合理，这是当时的冶铜技术达到较高水平的又一佐证。所有这一切，说明二千多年前的工匠们在筑砌技术和冶炼技术方面都掌握了较高的工艺。他们为创造灿烂的古代文明做出了杰出的贡献。

铜绿山古铜矿所在的地点，交通也很便利。矿山脚下的大冶湖与长江相通，从水路可以抵达沿江各地。从调查知道，在离铜绿山不远的一些地点有东周时期的铸造遗址，不过有理由认为，当时铜绿山矿生产的红铜一般并不在当地铸造青铜器，而是分运各地的。矿山脚下多次采集到重约 1.5 公斤的圆饼形铜锭，可能就是古代外运时遗失所致。

铜绿山古铜矿的发现和发掘，对了解我国古代的社会生产，尤其是青铜业的生产具有重要意义。它证实了我国商周时代青铜器铸造业与采矿、冶炼业是分地进行的，并在采矿、冶炼和铸造业之间，甚至它们的内部都已有了分工。从铜绿山古铜矿获得的丰富资料，还说明东周时期的楚国在铜矿的开采和冶炼方面都已达到较高的水平，从而对于像曾侯乙墓出土的青铜器具，总重量达到十吨之多的惊人数字也就有了更深的理解。

表 1　铜绿山出土标本的碳-14 测定年代数据表

顺序号	实验室标本号	距今年数（半衰期5730 年）	出土地点	标本材料	参考文献
1	ZK758	3260±100	Ⅶ.2	坑木	[6]4 期 84 页
2	ZK559	3205±400	Ⅺ.炉 6	木炭	考·80·4·376
3	W. B. 79~35	2795±75	Ⅶ.2	竖井坑木	[6]4 期 84 页
4	ZK560	2735±80	Ⅶ·1	竖井坑木	考·80·4·376
5	ZK877	2720±80	Ⅶ·1·巷 19	背板	[3]23 页
6	ZK876	2705±80	Ⅶ·1·井 2	背板	[3]23 页
7	W. B. 79~36	2600±130	Ⅰ·24	平巷坑木	[6]4 期 84 页
8	ZK878	2575±80	Ⅶ·1·巷 28	平巷背板	[3]23 页
9	W. B. 79~37	2575±175	Ⅰ·24	铁斧木柄	[6]4 期 84 页
10		2530	Ⅶ.2	竖井坑木	[6]4 期 84 页
11		2508	Ⅶ·3	平巷坑木	[6]4 期 84 页
12	ZK879	2475±80	Ⅶ·1·巷 32		[3]23 页
13		2475	Ⅶ·6	铁斧木柄	[6]4 期 84 页
14	ZK297	2485±75	Ⅰ·12	铜斧木柄	考·77·3·202
15	ZK561	2075±80	Ⅰ·24	坑木	[6]4 期 84 页

作者附记：1980 年 6 月 2 日，我在纽约大都会博物馆召开的中国古代青铜器的学术讨论会上宣读了《铜绿山古铜矿的发掘》的论文。这次发表的便是那篇论文的增订稿。矿山部分，增入 1980 年下半年及 1981 年发表的简报及论文的一些内容。木辘轳的复原，是我与友人王振铎同志的谈话中受到了他的启发后设计的。复原的模型由我所白荣金同志依照我的复原方案做成的。炼炉部分由我所主持发掘和模拟试验的殷玮璋同志重新写过。然后我们二人共同商量定稿。插图由我所绘图室描绘。对于协助我们的各位同志，都敬致谢意。又这

文曾以我们二人的名义在 1981 年 10 月 13 日在北京召开的中国古代
冶金史会议上宣读过。

参考文献

[1] 湖北省博物馆：《湖北古矿冶遗址调查》，《考古》1974 年第 4 期，第 251～
254 页。

[2] 铜绿山考古发掘队：《湖北铜绿山春秋战国古矿井遗址发掘简报》，《文物》
1975 年第 2 期，第 1～12 页。

[3] 中国社会科学院考古研究所铜绿山工作队：《湖北铜绿山东周铜矿遗址发
掘》，《考古》1981 年第 1 期，第 19～23 页。

[4] 中国社会科学院考古研究所铜绿山工作队：《湖北铜绿山古铜矿再次发
掘——东周炼铜炉的发掘和炼钢模拟实验》，《考古》1982 年第 1 期。

[5] 杜发清、高武勋：《战国以前我国有色金属矿开采概述》，《有色金属》
1980 年第 2 期，第 93～97 页。

[6] 杨永光、李庆元、赵守忠：《铜录山古铜矿开采方法研究》，《有色金属》
1980 年第 4 期，第 84～92 页；《铜录山古铜矿开采方法研究（续）》《有
色金属》1981 年第 1 期，第 82～86 页。

[7] 黄石市博物馆：《湖北铜绿山春秋时期炼铜遗址发掘简报》，《文物》1981
年第 8 期，第 30～39 页。

[8] 卢本珊、华觉明：《铜绿山春秋炼铜竖炉的复原研究》，《文物》1981 年第
8 期，第 40～45 页。

[9] 周保权、杨永光等：《从铜绿山矿冶遗址看我国古代矿冶技术的成就》，铅
印稿。

[10] 中国社会科学院考古研究所实验室：《湖北大冶铜绿山古炼铜炉的热释光
年代》，《考古》1981 年第 6 期，第 551 页。

晋周处墓出土的金属带饰的重新鉴定[*]

一　一个亟须澄清的问题

1953 年 3~4 月，南京博物院发掘了江苏宜兴的西晋周处墓。这墓的主人是死于西晋元康七年（297 年）的周处。这不仅有《宜兴县志》（雍正年间重刊本）的文献记载，并且发掘工作中发现有"元康七年九月廿日阳羡所作周前将军"的纪年砖。这墓的时代是确定无疑的。

虽然这墓曾被盗掘过，但是墓中仍遗留有许多随葬物，其中最引人注意的是 17 件镂孔花纹的金属带饰（17 件是指较为完整的带饰，另外还有少许很小的残片，没有统计在内）。小块残片中一件由南京大学化学系进行分析，所得的结果是："带饰内层合金成分：铝 85%、铜 10%、锰 5%。"这是以铝为主要成分的合金①。这个发现立刻引起人们的极大注意。

我们知道，铝是一种难于冶炼的金属。虽然铝是地球表层中分布

＊　本文原载《考古》1972 年第 4 期，后加补记收入《考古学和科技史》，科学出版社，1979。文中（三）节后有增补。现依作者自存校正本收入本书。

①　发掘报告，见南京博物院《江苏宜兴晋墓发掘报告——兼论出土的青瓷器》，《考古学报》1957 年第 4 期，第 83~106 页。补充说明，见罗宗真《我对西晋铝带饰问题的看法》，《考古》1963 年第 3 期，第 165~166 页。

最广的三种元素之一，仅次于氧、硅二者而居第三位，但是由于很难冶炼，所以到 19 世纪才被提炼出来。1825 年丹麦人奥斯特德（1777～1851）第一次利用钾汞齐由氯化铝中提出了杂质很多的金属铝。1827 年德国人韦勒（1800～1882）用金属钾直接从氯化铝中把金属铝还原出来，纯度较高。1808～1809 年曾有人想用电解法提炼铝而没有成功，一直到 1886 年电解提铝法才试验成功，此后逐渐扩大规模，用电解法大量生产。因此，如果和别的常见的金属比较起来，铝算是最年轻的了[1]。

周处墓发掘报告原稿中说："像这样含有大量铝的合金，在我们工作中还是初次发现。"实际上，这不仅是我们考古工作中初次发现，也是全世界初次听说有这样古老的以铝为主要成分的合金。1957 年这篇报告原稿寄到《考古学报》编辑部时，编辑部很加重视，为了对读者负责，在刊登以前便向南京博物院索来样品，请中国科学院物理研究所代为分析。取去分析的是金属光泽的白色物（内层）和暗淡无光的灰黑色物（外层）各一小块。光谱定性分析的结果是：①内层：铝（大量）、铜、铁、锰、铅、镁（其他微量的元素从略）；②外层：钙（大量）、锰（大量）、铁、镁（其他微量元素从略）[2]。南京大学化学系也曾对于外层的黑色物作过化学分析，结果是钙 70%、铁 20%、锰 10%；另附碳酸钙很多。显然，这黑色的外层主要是碳酸钙，我们可以撇开它不加讨论。这里专讨论内层的金属物。

东北工学院轻金属冶炼教研室同志看到了《考古学报》上刊登的这篇报告，很是重视这个新发现，1958 年也向南京博物院索来一小块带饰残片，对它作了光谱分析、化学分析和金相显微镜分析，结果是这几方面的分析一致指明这一小块是银基合金，并非铝基合金。现将其分析结果分别转录如下：①光谱分析：银（多）、铜（次多）、

---

[1] 参阅《不列颠百科全书》（英文版）第 1 卷，1964，第 693 页。

[2] 南京博物院：《江苏宜兴晋墓发掘报告——兼论出土的青瓷器》，《考古学报》1957 年第 4 期，第 105 页，原表中"算"字是"铁"字误排。

金、铋、硅、钙、铁、铅、镁（微量）。②化学分析：投入硝酸中，加热溶解，再加盐酸生成大量白色沉淀（氯化银）。③金相显微镜分析：与银基合金相应的组织。后来他们又向南博索来一小片，化学分析的结果仍证明是以银为主要成分，其中含有铜，但是铝的含量极微，光谱分析的结果和上次相同①。

对于金属残片分析结果的差异，引起进一步的探索。1958 年清华大学工程化学系由考古研究所取去南京寄来样品的残片一小块，进行各方面考查，证明这残片的成分大部分确实是铝，并不是银。他们的考查是：①光谱分析：铝（大量）、铜、铁、铅、锰、镁、银（以上少量），铬、锡、硅、钙（以上微量）。②化学分析：溶解于硝酸中后，加浓盐酸不生白色沉淀，又加过量的氢氧化铵，出现絮状沉淀（氢氧化铝）。③金相显微镜观察：比较均匀的多种合金组织。④用比重瓶测得它的比重是 $4.49g/cm^3$。后来 1959 年他们又由南博索来几片残片，进行分析考查，"其中的一片（前述的外部淤积层已剥落的一片），化学成分大部仍是铝，化学处理的结果，和光谱分析的结果和上次考查的完全一样，金相组织也大致相同，除这片以外，另有两小块残片，经分析后，断定其化学成分大部是银"②。

1959 年东北工学院向清华大学取去同一铝合金残片的样品一小块作光谱分析，结果指明基体是铝，杂质有铜、铁、镁、钙等。这证明这批金属物有两种合金：一种是银基的，另一种是铝基的。后来东北工学院又对这两件残件再作光谱半定量分析。银基合金的一件，分析结果如下：银 90%～95%、铜 5%～10%、铅 0.3%～1%、锰 0.1%、锡 0.01%，此外还有微量的铝、硅等。铝基合金的一件分析结果如下：铝

---

① 沈时英：《关于江苏宜兴西晋周处墓出土带饰成分问题》，《考古》1962 年第 9 期，第 503 页。
② 杨根：《晋代铝铜合金的鉴定及其冶炼技术的初步探讨》，《考古学报》1959 年第 4 期，第 92～93 页。

97%~99%、铁1%、硅0.3%~1%、铜0.2%、镁0.3%、锰<0.01%，此外还有微量的铅、锡、锌等。又对后者作金相显微镜分析，证明是铝的铸造组织，晶粒仍显然可见；其基体为纯金属（或α固溶体），但晶粒间界显然有夹杂物出现，并且有少量杂质和基本金属构成的金属间化合物；但是没有显示出有含10%铜与5%锰的铝铜锰合金组织来，这表明它是一种含杂质较多的纯铝，而不是铝铜合金①。

这样一来，这问题便难于做结论了，问题的关键所在是我们所分析的样品都是小块碎片，其中有银基合金，也有铝基合金（或者是"含杂质较多的纯铝"），而全部17件较为完整的金属带饰，都没有经过分析以确定其质料。

这个"晋代金属铝"的发现的消息一传开来，立刻引起国内和国外的化学史工作者和冶金工作者的十分重视，并且科学普及工作者还将它作为一件已经确定无疑的事实广泛地加以传播②。北京中国历

① 沈时英：《关于江苏宜兴西晋周处墓出土带饰成分问题》，《考古》1962年第9期，第504~506页。
② 据1963年东北工学院轻金属冶炼教研室同志统计，国内外对于"晋墓带饰"问题发表的文章，至少有13篇。除上引的《考古学报》中两篇，《考古》中三篇以外，国内发表的还有：（1）《科学大众》1962年第1期的《铝的诞生》；（2）《沈阳晚报》（1962年3月15日）的《铝是年轻的金属吗？》；（3）《中国青年报》（1962年5月8日）的《古代饰片之谜》（部分内容载《我们爱科学》第7集与《十万个为什么》第6集1959年版）；（4）上海《新民晚报》（1962年6月19日）的《铝》等文章。国外的有：（1）瑞典的《冶金杂志》（1960年第3期）；（2）法国《机械与自动装置杂志》（1961年第14卷第2期）上的《两千年前中国在晋朝已掌握了铝合金》；（3）法国《铝》杂志（1961年第38卷第283期）的《中国晋代是否已知道了铝铜合金》；（4）苏联《高教通报（有色冶金版）》（1963年第1期）的《有关中国古代制得铝合金》等（以上文献是根据《考古》1963年第12期，第674~676页所引的）；1963年以后还有张子高编著《中国化学史稿（古代之部）》（科学出版社，1964）和《近年来中国化学史研究工作的进展》一文（《化学通报》1964年第1期），也对晋墓铝铜合金的发现作了重点介绍〔补记：上海叶永烈同志1972年12月24日来信，说他自己对这铝带饰写过近十篇文章，发表于《少年文艺》《河北日报》《安徽日报》《新民晚报》等。（转下页注）

史博物馆和南京博物院两处都曾陈列出较为完整的金属带饰的标本，并且在说明标签上肯定地指明是晋代铝制带饰，所以，这是一个亟须澄清的问题。

二　重新鉴定的工作

毛主席教导我们："判定认识或理论之是否真理，不是依主观上觉得如何而定，而是依客观上社会实践的结果如何而定。"我们这次工作所需要的实践是科学实验，关于这个问题的关键所在现既已明确，我们便要在科学实验过程中解决这个问题。

上节已说过的，南京博物院发掘晋墓时，共发现金属带饰较完整的 17 件，另外还有少数很小的金属残片。据调查了解，后来南博只保留较完整的两件，其余 15 件和全部碎片，都于 1959 年拨交中国历史博物馆。1964 年我们将两处的标本都送到中国科学院物理研究所，请其代为鉴定，北京所藏的较为完整的只有 14 件（下面表中编号 Y-542，A～N），可能另有一件由于辗转移动而破碎了，以致和原有的残片混在一起，不复能分别开来；南博所藏的两件（53-178）便是下面表中的"元 1"和"元 2"。

因为这批金属带饰是贵重文物，检验时要求采取不损标本的考查方法；不得已时在少数几件标本上取样，也力求限于极小分量。物理所于全部 16 件标本都做了密度测定，是应用阿基米德定律，先测定

（接上页注②）后来还有：（1）李约瑟：《中国科学技术史》第 5 卷 2 分册（英文版），1974，第 192～193 页；（2）叶永烈：《化学元素漫话》，科学出版社，1974，第 93～95 页；（3）Y. M.，《中国晋代发现铝铜合金》，《自然界》（法文），3316号（1961），第 333 页；（4）英国《地球技术》，1961，第 41 页，即上引法文杂志《铝》1961 年所刊的文章的英译]。

样品的重量，再测定样品在水中的重量，便可计算出各样品的密度①。现将他们所得的结果，列表如下②（表1）。

表1　金属带饰样品测定结果样品号样品重量

样品号		样品重量（g）	密度（g/cm³）
1	Y-542A	24.3870	6.29
2	Y-542B	22.3832	6.26
3	Y-542C	19.8842	6.15
4	Y-542D	15.8500	6.12
5	Y-542E	27.0059	6.91
6	Y-542F	30.0167	6.03
7	Y-542G	17.8041	6.19
8	Y-542H	20.3669	5.92
9	Y-542I	21.1500	5.79
10	Y-542J（面有淤泥）	8.0704	5.75
11	Y-542K（面有淤泥）	5.4278	5.35
12	Y-542L	8.7847	6.46
13	Y-542M	15.9373	5.92
14	Y-542N	16.6003	6.40
15	53-178,元1	11.4495	6.21
16	53-178,元2	4.9950	7.14

物理所又对其中一些样品作了光谱分析和 X 射线物相分析。光谱定性分析结果如下：①Y-542C 样品，分里心（内部）和边缘（外部）两部分分析，所得结果相同：主体为银（Ag）。杂质元素依其含

① 如果样品重量（g）是 W_1，在水中重量（g）是 W_2，那么，样品在水中失重（g）为 W_1-W_2，也便是样品体积（cm³）的数字。样品密度（g/cm³）的公式是 $W_1/(W_1-W_2)$。

② 北京中国历史博物馆所藏的样品的测定结果，据物理所陆学善同志 1964 年 6 月 4 日来信；南京江苏博物馆所藏的，据 1965 年 4 月 19 日来信。

量多少顺序为：铜、铁、金、铝、镁、铋、钙、硅、铅、锰。②元1和元2（摄谱条件：Q-24中型水晶摄谱仪，πc-39交流弧光，电流8A），两件样品分析结果相同：主体为银（Ag），杂质依其含量多少顺序为：钙、铜、锡、铝、铋、镍、铁、硅、镁、铅、锰。

用X射线衍射法所获得的物相分析结果如下：①Y-542C样品，分内外两部分分析，发现两部分的物相组成并不一致。内部系"面心立方点阵"（face-centred cubic lattice）的单相合金，点阵常数为 $a=5.5496Å$；外部系两相合金，其中主要一相和内部的单相相同，另一相也系面心立方点阵，点阵常数是 $a=4.052Å$，衍射线较模糊。②元1和元2（摄谱条件：9cm德拜谢乐照相机，Cuka辐射，粉末未作处理），两件样品的分析结果相同：外部是以银为基的固溶体，点阵常数为 $a=5.54Å$，内部是银和银基固溶体的二相合金，银的点阵常数为 $a=4.05Å$，银基固溶体的点阵常数为 $a=5.45Å$。这和上面的Y-542C样品的分析结果相同。只是内部和外部的物相刚好颠倒过来。这里需要指出，元1和元2是物理所同志自己取样的，内部有金属光泽，外部无光泽。Y-542C样品是北京中国历史博物馆取好了样送交物理所的。

三种方法检验的结果是：全部16件较完整的金属带饰，其密度为 5.35～7.14g/cm³，变动范围不大（其中密度最小的二件为 5.35g/cm³和5.75g/cm³，都是面有淤泥；如果将它们除外，其余14件的密度为 5.79～7.14g/cm³，变动范围更小）。这证明它们是含有杂质的同一种金属；根据光谱分析和物相分析，这金属应是银不是铝。换言之，全部16件较完整的金属带饰，都是银而不是铝。

物理所同志的鉴定中有两点补充说明：①"查纯铝的密度是 2.6984g/cm³（20℃），纯银的密度是10.49g/cm³（20℃）。带饰的密度居于二者之间。有一点可以肯定的，这些带饰不能是纯度高达

97%～99%的铝（见《考古》1962 年第 9 期，第 505 页）"①。②"X
射线物相分析的结果，提供了一个值得注意的问题：单相合金'面
心立方点阵'的点阵常数为 5.5496Å。查银和铝都是'面心立方点
阵'，银的点阵常数是 a = 4.0857Å，铝的点阵常数是 4.0495Å。但是
无论银铜合金或其他银基合金，到目前为止，还没有发现有点阵常数
大到 5.5496Å 的面心立方点阵的。参照光谱分析的结果，这一点得
不到解释，值得进一步研究，希望研究古代冶炼史的同志们注意这个
问题"。

三　银制带饰和小块铝片的年代

经过重新鉴定后，我们知道这批金属带饰较完整的 16 件都是银
的。另有少数小块金属片，有银的也有铝的；前者是银带饰的残片，
后者细小而不成形，无法知道原形。

银制带饰的年代是容易确定的。它们是晋元康七年（297 年）埋
葬周处时被埋进去的。据参加发掘的同志说：它们发现在人骨架的中
部，正是死者腰带的饰件所在，大部分又压在淤土下面，说明层次没
有被扰乱。它们应该是西晋时代的遗物②。

---

① 按这当指混入这批银制带饰内的小块铝片。东北工学院用光谱半定量分析结果是
"含铝 97%～99%（按杂质减量）"（沈时英：《关于江苏宜兴西晋周处墓出土带
饰成分问题》，《考古》1962 年第 9 期，第 505 页）。清华大学用比重瓶测得这小
块铝片的比重（即密度）是 4.49g/cm³（杨根：《晋代铝铜合金的鉴定及其冶炼技
术的初步探讨》，《考古学报》1959 年第 4 期，第 92 页）。有人认为这 4.49g/cm³
的比重有可疑之处，因为"固体时铝的比重约为 2.7，纵然含 10%铜和 5%锰也不
会如此"（沈时英：《关于江苏宜兴西晋周处墓出土带饰成分问题》，《考古》1962
年第 9 期，第 506 页）。我们这一批银带饰各件的密度较纯银为轻。依肉眼观察，
它们内部银白色，两面表层已成氧化银，呈灰黑色，组织较松，毫无光泽。这可
能是它们密度较纯银为轻的缘故。

② 罗宗真：《我对西晋铝带饰问题的看法》，《考古》1963 年第 3 期，第 165 页。

近人王国维根据文献资料曾对带饰作了如下的考证：汉末始有袴褶之名，乃是胡服。"其带之饰则于革上列置金玉，名曰校具，亦谓之，亦谓之环。其初本以佩物，后但致饰而已"。"校者即《朝野金载》之'铰具'"。"唐中叶以后，不谓之环而谓之"。[1] 高级带饰的质料是黄金或玉，但也有银制的，或铜制鎏金的。《艺文类聚》（卷六七）引梁刘孝仪《谢晋安王赐银装丝带启》："雕镂新奇，织制精洁。"当便是透雕的银带饰。由这引文也可知道当时金属带饰不仅用于革带上面，也可以用于丝带上面。

考古发掘所得的遗物，可以同文献资料相印证。1931年广州西郊大刀山的东晋太宁二年（324年）墓中曾发现鎏金的铜带饰19件，其中有铰具（即带扣，有可活动的扣针）和尾（依《新唐书·舆服志》定名）各一件，透雕龙凤花纹（原报告称为"板带"，长8厘米、宽4.2厘米），当安装于带的首尾两端；钩悬心形环的带13件（原报告称为"带附属物c种"身长4.8厘米、宽0.9厘米），另有钩悬日字形环和唐草纹的多角片的和扣衔圆环的琵琶形饰各一件（原报告称为"带附属物a种"和"b种"，前者长6.5厘米、宽2.5厘米，后者长3.5厘米、宽2厘米），大概与带一起安装于首尾两端之间（图1：1~4）[2]。解放后1953~1955年在洛阳发掘了一处西晋（265~316年）墓群，其中24号墓也出土了鎏金的铜带饰，包括透雕龙纹的长方形铰具（长6.7厘米、宽3.4厘米）和扣衔椭圆形悬环的，身为长方形小牌（长4厘米、宽2.8厘米），两侧作连弧形（图1：5~6）[3]。1969年河北定县43号墓（东汉后期，170年左右）

---

[1] 《胡服考》，见《观堂集林》卷二二。

[2] 发掘简报见《考古学杂志》（1932年广州黄花考古学院编），第109~133页；带饰见图十二、图十三。

[3] 河南省文化局文物工作队第二队：《洛阳晋墓的发掘》，《考古学报》1957年第1期，第180页；图十一：5~6。

也出土过银制扣悬环的一件，原报告称之为"兽面银铺面"，可见在2世纪时我国即已有制造①。到5世纪初叶，北燕冯素弗（死于公元415年）墓中出土的银带，形状已起变化，似乎是退化了②。更有意思的是在日本也发现了这种金属带饰。最早的是奈良县庆陵町新山古坟的一批铜制带饰，时代是公元3世纪（这座古坟是公元4世纪的，但这带饰的制作年代可能早到3世纪）。它们与周处墓出土的银带饰时代相近，器形也相似，包括铰具、尾和几件带环的（图2）。但是在日本主要是在5世纪中期的古坟文化中期的墓中出土。日本考古学者们也认为是由我国输入日本，或受我国的影响而在日本仿制的③。

周处墓出土的这批银制带饰，较完整的共16件，有铰具和尾各一件（二者都长7厘米、宽3.5厘米），有心形环的一件又四片（这四片为残片，可能原来共四件），椭圆形环的三件（可能原来也是四件，另一件或由于破碎归入小块残片中去了）。另外有用途未详的长条形透雕花纹的铰链一件，圆角长方形透雕花纹的铰链一件又四片（这四片为残片，可能原来共四件）。我们猜想它们可能是不带环的，它们和带环的一起都安装于带的两端之间。因为发掘时没有作详细记录，所以难以复原各件带饰的原来位置。透雕的花纹图样，也因为现在还没去锈，难以认别清楚。但是我们可以肯定这批银带饰是公元3世纪的遗物。

至于小块铝片的年代，这是一个难以解决的问题。经过分析可以确定为铝的，都是小块碎片。虽然做过五次分析，其中三次的样品都是属于南博寄给考古所的一片。另外两次是南京大学和清华大学分别

---

① 定县博物馆：《河北定县43号汉墓发掘简报》，《文物》1973年第11期，第10页，图二：4。

② 黎瑶渤：《辽宁北票县西官营子北燕冯素弗墓》，《文物》1973年第3期，第10页；图十五：1~3。

③ 《世界考古学大系》第3册，日文版，1959，第121~123页。

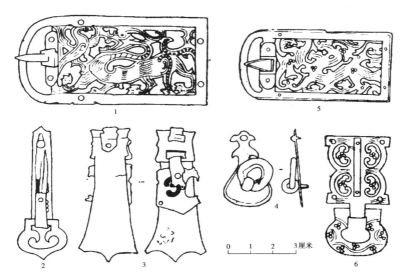

图1 晋墓出土的铜带饰

1~4. 广州　5~6. 洛阳

图2 日本奈良县新山古坟出土的鎏金铜带饰

由南博直接取去的样品；它们是不是一片的两碎块，它们和考古所的一片的关系又如何，这些都是现在很难确定的问题。记得1957年考古所收到几片标本碎片时，注意到有一片呈银白色，没有附锈或沾泥，便截下一小块交物理所，指明作光谱分析的鉴定，因为光谱分析的用量很小，只要米粒大小即够。同时又检出一块类似带饰其他残片表面层的黑色物薄片，一并交去分析①。清华大学索取样品时，考古所将这片白色金属的剩下部分交去。当时是由残片中间取出的，并不是另由完整的带饰上取下样品。现已记不清楚当时取去的是剩下的整块或者只是它的一部分而仍留下一部分。后来，考古所将未用过的残片全部退还给南博。清华大学将考古所取去的样品作分析后还保留一部分供检验用，后来又将半块交东北工学院作分析。所以这三次分析的样品显然同出于一片。清华大学 1959 年春由南博取得残片几片，其中两小块是银，另有"外部淤积层已剥落的一片"证明是铝。南京大学作化学分析的，当亦是残片，因为考古工作者一般不愿意将较完整的出土物拿去作化学分析，尤其是有细小残片可用的时候。这是可以理解的。还有应该指出的，考古所那小块铝片，只不过有剪下的小手指甲般大（厚度不及 1 毫米，大小记得约 3×4 毫米）。

当然，这里的问题不在于小块铝片的大小或片数的多寡，而在于能否确证它是晋墓中原物，而不是后世混入物。但是，在小块铝片不能确认为晋墓随葬物的情况下，如果它只不过是不辨器形的小块，而且只是两三小片（甚至于可能原来只是一片）的时候，它是后世混入物的可能性便更大了。我们说它是不能确认为晋墓原有的随葬物，这是由于下面所说的理由。这墓曾经被盗掘过至少两次：一次是元至正庚寅（1350 年），一次是清咸丰庚申（1860 年）。后一次到同治乙丑（1865 年）才修复②。这两次盗掘的时代较早，是在金属铝的提炼法发明以前或正在试制阶段。当时金属铝不可能传入我国而混入这墓中。但是最近 1952 年打开时，在考古工作队清理小组进去清理以

---

① 这小块经过分析，既不是氧化铝，也不是氧化银，而是以钙为主要成分（其次为锰和铁）的物质。它不是银锈或铝锈，而是沾附在金属片表面的石灰（碳酸钙）之类的东西，也可能与金属片完全无关，不过一起在淤泥中发现而已。物理所由银带饰上直接取样的外层黑色物，证明是以银为主要成分，当是氧化银（银锈）。
② 罗宗真：《江苏宜兴晋墓发掘报告——兼论出土的青瓷器》，《考古学报》1957 年第 4 期，第 105 页。

前，曾有些人进去过，还取出一部分文物，所以在墓内有明显的扰乱痕迹；并且周处墓相邻的二号晋墓，古代曾被盗掘，淤土下遗物凌乱，而近代再被盗掘，在淤土上面有现代人所用的化学纽扣、玻璃碎片和铁锈很新的铁钯齿①。而文献上并没有关于二号墓被盗的记载，所以我们不能排斥周处墓曾在1952年以前不久被盗掘过的可能，不过文献上失载而已。1952年以前不久的可能被盗掘和1952年初打开时闲人进去，都提供了混进近代物的机会。尤其是清理时"所取出的一些小块残片，是从淤土中尽可能拣出来的"②。这样一来，便不能保证小块铝片一定不是后世的混入物了③。我们知道，在考古发掘工作中，有时发掘者将后世混入物误认为古墓中原来随葬品，尤其是被扰乱过的古墓中，例如埃及大金字塔石缝中发现的铁器和埃及前王朝时期墓中发现的玻璃串珠④。也许，我们这"晋代金属铝"是这种情况的又一个例子。

总之，据说是晋墓中发现的小块铝片，它是有后世混入物的重大嫌疑，决不能作为晋代已有金属铝的物证。今后，我们最好不要再引用它作为晋代已知冶炼金属铝的证据。

补记：最近（1976年）北京有色金属研究院利用电子探针，确定周处墓出土的全部完整金属带饰是银，含有氯化银和少量硅、溴，

---

① 罗宗真：《江苏宜兴晋墓发掘报告——兼论出土的青瓷器》，《考古学报》1957年第4期，第83页；罗宗真：《江苏宜兴周墓墩古墓清理简报》，《文物参考资料》1953年第8期，第93~94页，又第95页。

② 罗宗真：《我对西晋铝带饰问题的看法》，《考古》1963年第3期，第166页。

③ 原发掘报告认为"估计是盗掘者带进去"的"暗红色釉的小陶壶"（罗宗真：《江苏宜兴晋墓发掘报告——兼论出土的青瓷器》，《考古学报》1957年第4期，第105页），倒是晋墓中原有的随葬品，在洛阳的西晋墓中经常发现（见河南省文化局文物工作队第二队《洛阳晋墓的发掘》，《考古学报》1957年第1期，第178页）。

④ 鲁卡斯：《古代埃及的原料和手工业》（英文），1959年第3版，第207~208、270~271页。

那小块金属碎片主要是铝。北京钢铁学院用能谱探针测定周处墓小铝片的化学成分，除铝以外，还含有3%铜、0.4%锌、1.2%铁、0.6%硅、0.2%镁。我们知道，利用碳来还原铝矿石，需要较高温度。即使得到铝，也不会含有这样多的铜、锌、镁，而铁、硅则又偏低，所以它不是普通的纯铝。实际上，它的成分和某些早期的铝合金（"硬铝"Duralumin，发明于1906年）的成分相似，并且是经过加工延伸的产品（报告尚未发表，承蒙见告，并惠允引用，特表示谢意）。

1974年的英国《古代》（Antiquity）杂志以来信的形式刊登一则关于考古发掘中混入现代物的故事。一位考古学家在英国一处比利歧克（Belgic，公元前1世纪前半叶至公元43年）时代遗址的发掘中发现了一小撮类似羊毛的细纤维。如果这是羊毛，这将是英国境内发现的最早的细羊毛的标本，将可解决这种细羊毛的品种何时输入英国的问题。标本采取后，送给这方面的科技专家鉴定。专家们最初有不同的看法，分别提出这可能是亚麻、棉花或丝的说法。但最后鉴定结果：这是高级香烟滤嘴中使用的现代合成纤维。这肯定是发掘时新混入的（第48卷，189号，第6页）。这段故事，对于我们讨论像晋墓铝带、西阴村蚕茧这一类问题的时候，是很有启发性的。

1978年7月5日

我国出土的蚀花的肉红石髓珠[*]

蚀花的肉红石髓①珠是小颗的串珠。它虽是蕞尔小物，但是颇值得加以注意。它在我国曾有出土，但没有受到应得的注意，所以写这篇文章，加以介绍。

一　我国出土的标本

云南晋宁石寨山在 1956 年的发掘中，曾于一座汉墓内发现一堆原来可串成一串的肉红石髓珠。这串石珠于 1972 年送来北京参加出国文物展览。其中的一颗便是蚀花的肉红石髓珠（图 1）。这引起了我的注意。在出国展览之前，我曾加以仔细观察，并查阅文献。这串石珠在正式发掘报告中曾被提及，还曾被选取几颗制成图版②，但是

---

*　本文原载《考古》1974 年第 6 期，后收入《考古学和科技史》一书，科学出版社，1979。现依作者自存校正本编入本书，加补记。

①　肉红石髓（Carnelian），或称"光玉髓"，这两名皆见于《矿物学名词》（中国科学院，1954）。从前也有称为"鸡血石"的，见《地质矿物学大辞典》（商务印书馆，1933）和《百科名汇》（商务印书馆，1932）。另有一种称"鸡血冻"者，质软可供刻图章之用，见《辞海》（中华书局，1947 年合订本，第 1444 页），也有称之为"鸡血石"的，见新版《辞海》（中华书局，1965）。后者是一种叶蜡石（Pyrophyllite），与前述的石髓一种的"鸡血石"，石质不同，硬度也相差很大。为了避免混淆，本文中专用"肉红石髓"一名。

②　云南省博物馆：《云南晋宁石寨山古墓群发掘报告》，文物出版社，1959，第 124~125 页，图版一一六：1。又《中华人民共和国出土文物展览展品选集》，文物出版社，1973，图 78（M13：335）。

· 272 ·

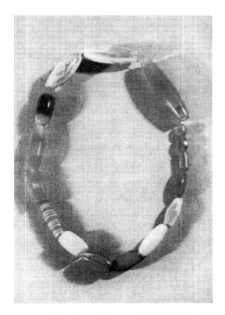

**图1　云南晋宁石寨山13号墓出土的玛瑙珠
和肉红石髓珠（包括一颗蚀花的）**

报告中没有提到这一颗，图版中也没有它，所以我在这里首先加以描述。

　　这一颗是石寨山第13号墓出土的，墓的年代是西汉中期（约公元前175~前118年）。石质半透明，作橙红色，在蚀花前原来并没有各色相间的平行线纹。这种石在矿物学上应称为肉红石髓。这一颗上的白色平行线条是化学腐蚀而成的，并不是天然的，所以不应称为玛瑙①。至于有人以为它是玻璃质，不是石质，这更是不确切的说法。

---

　　①　玛瑙（agate）和肉红石髓，都是玉髓（chalcedony）一类，都是二氧化硅的胶溶体。其不同处是：狭义的"玉髓"通体白色或无色半透明，肉红石髓也是通体基本上一色（肉红色较多，也有深红、褐红、橙红、橙黄或蜜黄色的，但皆通体一色），玛瑙则各种不同颜色的层纹。曹丕《马脑勒赋序》说"马脑出自西域，文理交错，有似马脑，故其方人因以名之"。现在称红白杂色如丝相间者为缠丝玛瑙或红缟玛瑙（banded agate or sardonyx），白色中有青绿花纹如苔者为苔玛瑙（mossagate），黑白相间者为截子玛瑙或缟玛瑙（onyx）。但是我国有些书中也将肉红石髓和狭义的玉髓都归入玛瑙类，称它们为红玛瑙和白玛瑙，甚或都简称为玛瑙。

这颗的穿孔较细，迎光亮处透视，可以看出穿孔是由两端钻入，两钻孔相接处有点错开。玻璃珠是没有这种现象的。表面观察也可以看出它的质料是和同一串上的其他肉红石髓珠完全相同（石色不像其余的鲜红，可能是蚀花时，加热过久所致），而与古代平行线花纹的玻璃珠显然有异。

这颗石珠作枣核状，长 3.2 厘米，中央部分直径 0.95 厘米，两端直径较细，而且两端截平。纹饰一共十道平行线，分为四组。中央两组各三道线，两端的各二道线。因为是化学腐蚀显花，显呈白色，不透明。线条有笔画的风味，不像玛瑙石的天然条纹那样均匀平齐。

这种蚀花的肉红石髓珠，从前在我国新疆也曾发现，不过它们的花纹和石寨山的这颗有所不同，珠形也不相同。其中五颗是和阗发现的（图 2：1~5），一颗是沙雅发现的（图 2：6）。现在根据原报告，分别描述如下：（1 ~ 4） 1906 年和阗出土的四颗[①]。编号：Khot.02.r，扁平方珠，作深红褐色，玛瑙石（按：观照片，似为肉红石髓），花纹作灰白色，为两层方格，中间一十字纹。穿孔由对角穿过。大小 1.6×1.45 厘米，厚 0.5 厘米。编号：Khot.02.q，淡红色的肉红石髓（？）的石珠残粒，花纹为白色的交叉直线，间以小点。白色小点中心作黑色。高 1.45 厘米。编号：Yo.00125，橙红色的肉红石髓圆珠，白色花纹为圆圈及线条等。径 1.25，高 0.95 厘米。编号：Jiya.005，扁豆形肉红石髓珠，残余四分之一，花纹为白色线条所组成的菱形纹。残长 1.9 厘米，径 0.3~0.5 厘米。（5） 1913 年和阗出土的一颗，编号：Kh.031[②]，桶形珠的残粒，淡蜜色的玛瑙石（按：观照相，似为肉红石髓），蚀花的花纹由横线和对角线所组成。残长 2.1 厘米，径 1.4 厘米。（6） 1928 年沙雅县西北裕勒都司巴克

① 斯坦因：《塞林第亚》第 1 卷，英文版，1921，第 100、117、122、127 页；第 4 卷，图版Ⅳ。

② 斯坦因：《亚洲腹地》第 1 卷，第 110 页；第 4 卷，图版Ⅹ。

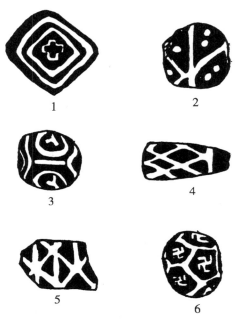

图 2　新疆出土的蚀花石珠（原大）

1~5. 和阗　6. 沙雅

沙碛中发现，报告中描述为"鸡血石，灰色，上用胡粉绘方格纹八，每格中绘一卐字，浓淡不一，有的已脱落，可见花纹为以后所加。不透明。直径 1 厘米，孔径 3 毫米"。又说它的年代可能相当于公元 2 至 4 世纪①。按这里鸡血石即指肉红石髓。花纹虽为以后所加，但是所加的方法是化学蚀花。若是绘上胡粉，一擦即完全脱落。至于浓淡不一，可能由于侵蚀的深度有异。受侵蚀的部分，石质发生变化；它的受温度变化影响的膨胀率与未受侵蚀的部分不同，所以有的可能稍脱落。有的石珠，侵蚀部分过浅，用久后可能被磨擦去一部分。

① 黄文弼：《塔里木盆地考古记》，科学出版社，1958，第 119~120 页，图版一一二，图 75。

此外，在我国藏族地区也发现有这种蚀花的肉红石髓珠和蚀花的玛瑙珠。30 年代或稍早，有英国人在我国理塘县（今属四川省甘孜藏族自治州）从藏族人民手中购得两颗大型的蚀花玛瑙珠。观照相，石质原有浓淡不同的层纹，在相邻的层纹之间用化学方法侵蚀出白色的细条纹，使原有的颜色对比更为突出（图 3）。据云也有用肉红石髓蚀花的，还有用玻璃仿制的。这种石珠似非西藏地区所制。藏族人民认为是天然呈色，并非人工蚀色。有人以为可能是古代物，一般都认为是由别处制成后运来的①。我怀疑可能是我国境内别的地方所制造的，我很想知道我国是否有的地方现下或新近仍制造这种蚀花的肉红石髓珠。

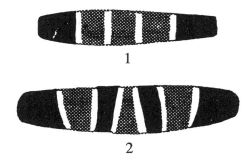

1

2

图 3　藏族佩戴的蚀花玛瑙珠

二　蚀花的方法

关于和阗出土的蚀花肉红石髓珠，当时发掘者斯坦因曾误认为这些石珠是"填以白色花纹"，并且说，"它们的加工技术仍需要专家鉴定"②。前节已说过，黄文弼（1893～1966 年）发现沙雅出土的那

①　培克（H. C. Beck）：《蚀花的肉红石髓珠》，《考古家杂志》（英文）1933 年第 13 卷第 1期，第 393~394 页。
②　斯坦因：《塞林第亚》第 1 卷，第 100 页。

件标本时，曾误认为是用胡粉绘画上去的。实则这种石珠的蚀花的方法，现已经搞清楚。英国人麦凯（E. Mackay）在 30 年代时，曾调查今巴基斯坦信德省的萨温城（Sehwan in Sindh）的一位老工人。这位老工人少年时曾学过在石珠上侵蚀这种花纹的技艺。他虽已 50 多年不干这活了，但当时做了一次技术表演。他先准备一个绘花的颜料，将当地一种野生的白花菜（Capparis aphylla）的嫩茎捣成糊状，和以少量的洗涤碱（碳酸钠）的溶液，调成半流体状的浆液，用麻布滤过即成。然后取一已磨制光亮的肉红石髓珠，将它固定于黏土块上。干燥后，用笔将上述颜料绘画花纹于石珠上。熏干后，将它埋在木炭余烬中，用扇子徐煽灰烬以加热，约 5 分钟后取出。石珠从土块中取出后，候之冷却，最后用粗布加以疾擦，即得光亮的蚀花石珠。后来麦凯自做试验，将操作过程稍加改变。他将绘好后的石珠放在小坩埚或其他容器中，放在木炭炉或酒精灯上加热，不用黏土块，也取得同样的结果。用少量铅白（碳酸铅）以代替白花菜浆糊，也可增加涂料的黏着力，使加热时不致脱落，而且熔解时间也可加快，以便使加热时间缩短，石珠不致变色。据说印度德里和康拜从前也有制造这种蚀花肉红石髓珠。伊朗也有制造，详细情况不清楚①。麦凯在另一处又引安德卢斯（Andrews）的话，说在印度的制造石珠的工场中，这种石珠如果蚀花后由于加热时间过长以致肉红石髓褪色而不透明，则可以使用一种含有氧化铁的涂料，涂在白色花纹以外的其余褪色的地方。然后重新加热，这些褪色的部分便会吸收氧化铁而恢复其失去的红色，使之与白色纹成鲜明的对比②。

---

① 麦凯（E. Mackay）：《加饰的肉红石髓珠》，《人类》（英文）1933 年 9 月，第 150 篇，第 143~146 页。

② 麦凯：《刻什地方的一座苏末尔时代的宫殿和"A"墓地》（英文）第二部分，1929，第 185 页。

三　蚀花肉红石髓珠的年代和地理分布

这种蚀花石珠古代早已有制造。据英国人培克的研究，它最盛行的时期是下列三期：早期是公元前 2000 年以前，中期是公元前 300 年至公元 200 年，晚期是公元 600 年至 1000 年[①]。

早期的这种石珠，其花纹以眼形纹（即圆圈纹）为主要特征。培克说它们仅见于伊拉克和印度河文化的遗存中。前者如刻什（Kish）、吾珥（Ur）、泰尔·阿斯马（Tell Asmar），后者如摩亨佐-达罗（Mohenjo-daro）、昌胡-达罗（Chanhu-daro）和哈拉巴（Harappa）。它们当出于同一来源，因为它们的蚀花法和珠形完全相同，有些连花纹也相同（图 4：1~4)[②]。后来知道它的分布西边到埃及的阿拜多斯（Abydos）[③]，北边到伊朗西部的泰培·希萨（Tepe Hissar），并且知道它们是印度河流域制造而输出到别处的，因为在昌胡达罗的发掘中曾发现过制造这种石珠的场所[④]。但是在我国没有发现这种早期的蚀花石珠。

本文第一节所介绍的我国云南和新疆出土的蚀花石珠，都是属于培克的"中期"（公元前 3 世纪至公元 2 世纪）。这时期中，这种石珠的花纹以直线纹和十字纹为主。它们的地理分布更广泛了。西边是

---

① 培克：《蚀花的肉红石髓珠》，《考古家杂志》（英文）1933 年第 13 卷第 1 期，第 382~398 页。

② 培克：《蚀花的肉红石髓珠》，《考古家杂志》（英文）1933 年第 13 卷第 1 期，第 388~390 页。

③ 夏作铭：《几颗埃及出土的蚀花肉红石髓珠》，《皇家亚洲学会孟加拉分会会志》（英文）1944 年第 10 卷，文史部分，第 57~58 页。

④ 麦凯：《昌胡达罗的发掘》（英文），1943，第 199~201 页。

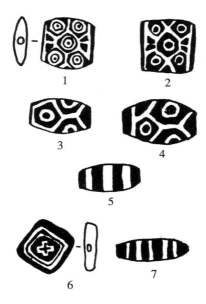

图 4　国外出土的蚀花石珠（原大）

1. 巴基斯坦摩亨佐-达罗出土
2、4. 伊拉克吾珥出土
3. 埃及阿拜多斯出土
5. 伊拉克刻什出土
（以上属早期）
6、7. 咀叉始罗出土（中期）

罗马时代的埃及[①]，南边到达印度南部，东北面到我国新疆；但是以巴基斯坦的白沙瓦附近的咀叉始罗发现的为最多[②]。这一带的塞种安息时期和贵霜时期的许多犍陀罗遗址中也常有出土[③]。我国新疆出土的几颗，有的与咀叉始罗出土的几乎完全相同（图 4：6）。我们知道

---

① 培克没有提及罗马时代埃及。后在伦敦大学埃及考古学标本室中发现未曾发表过的两颗，是沙夫特·厄尔·亨纳（Saft el Henna）出土的，连同早期的（埃及第十一王朝）一颗，一起加以发表。
② 马歇尔（J. Marshall）:《咀叉始罗》（英文），1951，第 737~738 页。
③ 马歇尔:《摩亨佐-达罗和印度河文化》（英文），1931，第 583 页。

新疆地区曾出土当时受犍陀罗佛教艺术影响的大批佛教艺术作品，这些蚀花石珠可能是和它们一起传入的。

至于云南石寨山出土的一颗，虽然咀叉始罗也有相似的出土，但是这颗石珠的花纹过于简单，并且可能都是仿缠丝玛瑙的，很可能是不同地区的劳动人民分别各自创造的。这种花纹很是一般化，早、中、晚三期中都有出现（图4：5、7），连现代的我国藏族人民所佩带的串珠中还有这种花纹的蚀花石珠（图3）。所以石寨山出土的这一颗，是否为本地所制造，抑或系输入品，殊难断言，还有待于更多的材料出土。至于有人以为这串玛瑙珠（按，应作肉红石髓珠）可能是从远处输入的，因为今日中国所用的玛瑙石便是由爪哇、婆罗洲、苏门答腊和马来亚这些地方输入的①。这说法是不确切的。我国今日特种手工艺所用的玛瑙石和肉红石髓基本上是国内出产的。我国出产玛瑙石的地点不少②，云南省境内便有好几处，保山县玛瑙山出产的尤为有名③。这保山县玛瑙山是哀牢山脉的支岭。它的出产玛瑙，古书中屡见提及④。所以石寨山出土的这些石珠，其原料实在不必远远地取材于海外的南洋地区。

培克所说的"晚期"，相当于我国的唐宋时期。这时的蚀花石珠的花纹以曲线纹或卷草纹为主，曾在叙利亚、土耳其、印度以及苏联境内的高加索和克里米亚等处出土。我国唐宋时代的遗址或墓葬中，还未听说过曾有出土。或者已有发现，而由于忽视未加发表。

我们希望今后有更多的新发现。对于已发现而尚未发表的，

---

① 见伦敦1973年出版的"中华人民共和国出土文物展览"的英文本说明书，第115页。
② 章鸿钊：《石雅》，农商部地质调查所印行，1927，第40页。
③ 《新纂云南通志》卷五六，云南通志馆，1948，第11页。
④ 章鸿钊：《古矿录》卷五《云南篇》，地质出版社，1954，第192、193、197、201、209页。

希望更多的加以发表。这样便可以为这种蚀花石珠的进一步研究，创造有利的条件。如果能进一步加以研究，这将对于石珠的制造和加饰的技术和各地区间贸易与文化交流的历史，都会有所帮助。

补记：关于印度的古者挤特（Gujarat）省康拜（Khambhat，即 Cambay）地区的制造肉红石髓的历史和技术，可参阅 G. L. 波西来（Possehl）的《康拜的串珠制造》（Cambay Beadmaking）一文，见宾州大学博物馆出版的《探险队》（Expedition）杂志第 23 卷第 4 期（1981 年夏）第 39~47 页。先将石髓打制成粗坯，然后磨研成串珠，最后钻孔。钻孔方法，先于串珠两端打击出一小凹穴，以便钻头可以放稳，且放置解玉砂（乃由金刚砂或细砂和水而成），钻孔工具在上古时代（Harappan period，约公元前 2400~前 1700 年）是用石钻头，可能已用弓钻（bow drill），这可由昌胡-达罗的出土品为证。现代康拜工匠所用肉红石髓及玛瑙，取材于那尔马达河（Narmada）上游，由印度中部德干暗色岩（Deccan trap）遭浸蚀后冲集于河谷中，三五人成一组加以采掘。石层离地面常常不过 5 英尺左右，运输至康拜制造串珠工场后，将有土锈（patinated）的砾石形原料盛于罐中，和以燃烧发烟的锯末，这是一种热处理，使下一步打制时易于加工。取出后，先打制成串珠粗坯，约需二三分钟，然后交与另一工匠打制修整（fine chipping），使用一锤一砧（大钉形物）。粗坯之锤系水牛角所制，加以竹柄；修整用者为小铁锤，皆为男性工匠。修整后移至另一工场，雇用男女童工，使用转砂轮研磨（abrasive wheels），以手执串珠按向砂轮即可。每珠约需一分钟，圆珠所用砂轮需要特种边缘，另需一可放置串珠的木板，仅需几秒钟即可磨去棱角成圆珠。钻孔用弓钻，钻头为金刚石，磨砂即为钻孔时所产生的碎末和水而成，亦可用细砂。最后一道工序为成品磨光，将已钻孔的串珠放在木桶中，加入研磨料泥浆，旋转木桶不止，约需一星期可得磨光的串珠。但分二阶段，先用粗的研磨料，然后再用细的研磨料，每一木桶可盛一百公斤。从来不使用电转的木桶，而用皮袋，二人将皮袋滚动于地上，也可收到同样的效果。

沈括和考古学[*]

我国宋代杰出的科学家沈括（1031～1095 年），字存中，钱塘县（今浙江杭州）人①。他不仅是一个渊博的科学家，同时也是一个进步的政治家。本文首先介绍沈括的政治思想倾向和政治实践，然后介绍他的科学实践和在科学技术方面的重大贡献，最后，重点介绍他关于考古学方面的贡献。

一　沈括的生平和政治活动

沈括是 11 世纪的人。这时候，北宋王朝的统治已经达到了危机的程度。农民起义不断爆发，契丹和西夏农奴主割据势力的侵扰有增无减，阶级矛盾和民族矛盾都已非常尖锐化。进步的政治家王安石主张搞革新，举起了变法的旗帜，展开了一场政治斗争。沈括便是一个积极参加王安石变法的政治家。

王安石于熙宁二年（1069 年）任参知政事（副宰相），议行新法；次年便当上了同中书门下平章事（正宰相）。沈括在熙宁四年

---

* 本文原载《考古学报》1974 年第 2 期，后加补记收入《考古学和科技史》一书，科学出版社，1979。

① 沈括事迹参阅《宋史·沈括传》（《百衲本》卷三三一，下同）；张荫麟：《沈括编年事辑》（《清华学报》1936 年第 2 期，第 321～358 页）；胡道静：《沈括事略》（见《新校正梦溪笔谈》，中华书局，1957，第 343～352 页）。

（1071年）在王安石底下任检正中书刑房公事，赞助王安石规画新法；后来在熙宁八年（1075年）官至翰林学士，权三司使。王安石罢相后，攻击沈括的人说："朝廷新政，规画巨细，括莫不预。"① 沈括确实是一个坚定的变法革新的政治家。当有人提到新法中募役法遭到人诋毁时，他说："以为不便者，无过士大夫与邑居之民习于复除者，骤使之如邦人，其诋訾无足恤也。"② 这和王安石的"人言不足恤"的壮语，都表现了一种战斗精神。怪不得后来新法失败后，他被保守派列入新党的黑名单，认为他是王安石亲党三十人中第十五名③。

沈括在政治路线上是坚决地站在新法的一边，他在政治实践上也对新法的施行做出了很大的贡献。在变法运动的初期，他任检正中书刑房公事。这职位的官品虽不高（正六品），但这是一个权任颇重的要职，在新政的规画方面起了相当大的作用。沈括后来又以察访使的名义到各地视察新政的实施情况，为新法的推行做出了贡献。他担任主管财政经济的三司使时，实行了一系列的新法政策。

当时变法运动的重要政策是重视农战。沈括注意发展农耕，以利生产。他在参加王安石的变法运动前，便已主持过沭水和芜湖万春圩的水利工程，后来在变法活动中又主持过整治汴渠的工程，并且察访过两浙路和河北西路的农田水利等事。他还掌管过司天监，创造天文新仪器，又改革历法，采用卫朴的《奉元历》，以便不失农时。这些都是他发展农耕的政治实践。

---

① 李焘：《续资治通鉴长编》卷二八三，浙江书局本，1881，第12页，引沈括《自志》中语。
② 李焘：《续资治通鉴长编》卷二八三，第12页，引沈括《自志》中语；又《宋史·沈括传》。
③ 徐乾学：《资治通鉴后编》卷八九，富阳夏氏刊本，1989；毕沅：《续资治通鉴》卷八一，古籍出版社，1957。或谓李焘《续资治通鉴长编》卷八四有这条，查浙江书局本这一卷及他卷，都无之。或以为沈括是黑名单中"第一名"，亦误。

沈括又是一个爱国主义者，主张加强战备，抵抗侵略。他掌管军器监的时候，研究城防、兵器、战略战术。1075 年出使契丹时，挫败了契丹的种种无理要求，在谈判中取得了胜利。1081 年担任鄜延路经略使时，大破西夏七万之众的侵扰。

沈括一生坚决拥护变法运动，重视农战政策，并在许多科学技术领域中取得一系列重大成就，做出不少贡献，为我国古代科技史增添了光辉的一页。

二　同政治和生产密切联系的科学工作

沈括是一个杰出的科学家，在我国的科学发展史上占有重要的地位[①]。他在政治方面的进步路线，使他寻找先进的科学思想为这条路线服务；因之他致力于科学实践，以发展科学和技术。《宋史》说他"博学善文，于天文、方志、律历、音乐、医药、卜算，无所不通，皆有所论著"[②]。

沈括撰写的《梦溪笔谈》（简称"笔谈"）是我国科学史上一部重要的著作。这是一部笔记体的作品，随笔记录见闻和心得。但是它和宋元以来仅记琐闻轶事的一般笔记不同。全书 609 条中，自然科学方面占三分之一以上；如果加上考古学、音乐、语言学和民族学四门的条目，则达半数以上[③]。书中总结了当时科学、技术的辉煌成

[①] 沈括的科学成就，可参阅钱宝琮《沈括》一文（见中国科学院中国自然科学史研究室编辑《中国古代科学家》，科学出版社，1959，第 111~121 页）；胡道静《读梦溪笔谈记》（见《新校正梦溪笔谈》，中华书局，1957，第 357~371 页）。

[②] 《宋史·沈括传》。

[③] 作者曾将《新校正梦溪笔谈》所分的 609 条，粗加分类。所得结果，和李约瑟的分析（《中国科学技术史》第 1 卷，英文版，1954，第 136 页）虽稍有出入，基本上大致相合。不过，李氏所用的是 1885 年痴簃刊本，缺《续笔谈》11 条，而各条目的分合也稍有不同，所以他的总数是 584 条。

就，所涉及的范围很广；而贡献最大的是天文、数学、物理、地理、医药和乐律等几个方面，其他如化学、生物、冶金、建筑、工程、考古等方面，也有一定的贡献。

本文不再细述沈括在各项学科中的具体贡献，而只是综合地介绍他在进步的政治路线的推动下，如何发展了科学技术的研究。这可分作三方面来谈。

（1）密切联系政治和生产的科学实践。沈括执行当时变法运动重视农战的政策。首先，他主张发展农业，亲自参加提高农业生产的科学活动。他讲究灌溉和水利工程（例如 207、210、213、457）①，注意气象学、地质学和地理学，对于气象预测（134）、地震（370）等都有论述。沈括在算学方面的两个发明（301），也是由农业实践的计算发展而来的；其中"隙积术"是解决有空隙的垛积问题（如累棋、层坛和酒家积罂之类），是《九章算术》中的"刍童术"（即没有空隙的垛积，如草垛之类）的发展；而"会圆术"是"履亩之法"（计算田亩的大小）的一种，由径长和矢长以求弓形的弧长，是由《九章算术》中"弧田术"推演出来的。至于沈括所精究的天文和历法，更和农业生产息息相关。他创造一些天文新仪器（150），亲自进行观测（127、128）；又主持历法的改革，令卫朴造《奉元历》（148）。这些都有利于农业生产的发展。他还主张采用以节气定月份的"十二气历"，并且说这历论"尤当取怪怒攻骂，然异时必有用予之说者"（545），这更表现出他的坚强的战斗精神。

在加强战备方面，沈括研究城防（173、191）和阵法（578、579），研究行军运粮之法（205）；又讲求武器的改进，如弓弩（303、324）、剑（325）和兵车的制造（567）。对于炼钢（56）和

---

① 本文所引的《梦溪笔谈》条目序数，都依据 1957 年中华书局版《新校正梦溪笔谈》。以下的括弧中数字都指序数，"条"字一概从略。

锻铁甲（333）也有所论述。沈括巡视各地时，沿途细心收集其山川道路的地理资料，制成木刻地形模型（472）；又以 12 年的时间，编成《天下州县图》，一名《守令图》（575），是九十万分之一的比例尺的精确地图。它既可作军事地图之用，也可作全国经济规划的根据①。其他关于生产知识的贡献，如发现延州（今延安）的石油和它的用途（421），论述指南针的装置法和磁偏角（437），胆矾炼铜法（455）等，都是密切联系生产的。

（2）重视劳动人民的发明创造。沈括重视群众的生产实践。他曾说过："至于技巧、器械、大小尺寸、黑黄苍赤，岂能尽出于圣人！百工、群有司、市井、田野之人，莫不预焉。"② 因为他能注意劳动人民的实践，所以他在《笔谈》中介绍了劳动人民的宝贵经验，例如平民毕昇的活字版印刷术（307）、木匠喻皓编写的建筑学专著《木经》和他固定木塔的故事（299、312）、河工高超的合龙门埽的三节施工法（207）。还有一些是无名的劳动人民的创造发明，例如他所介绍的当时磁针的先进的装置法（437）、磁州锻坊的炼钢（56）、淮南漕渠的复闸（213）和水中筑长堤法（240）等。这些劳动人民的创造，有些是全世界所公认的我国人民对人类的重要贡献。但是在当时编纂的一般史籍上连一字也不提，而只有《笔谈》中才有详细的记载，成为今日研究中国科学技术史的珍贵资料。

（3）唯物主义的自然观和科学的调查、研究和实验。沈括的自然观是唯物主义的。他谈到"自然"和"意识"的关系时说："阳顺、阴逆之理，皆有所从来，得之自然，非意之所配也。"（137）在什么东西是第一性的这个问题上，他明确地以自然界为第一性。他谈

---

① 他在《进守令图表》中说："汉得关中之籍，始尽天下之险夷；周建主方之官，务同万民之弊利。"（见《长兴集》卷一六，《四部丛刊三编》本）可见他很理解和重视地图的作用。

② 《上欧阳参政书》，载《长兴集》卷一九。

到"道"和"用"时说:"一者道也。谓之无,则一在;谓之有,则不可取。四十九者,用也。静则归于一,动则惟睹其用。"(122)这是说:"道"不是具体的事物,而是哲学上抽象的物质。物质不能说是"无",它是作为物质而存在的;但也不能说是"有",因为它是抽象的,不可用手去拿取。这是将"有"和"无"两个互相矛盾的概念加以统一,颇含有辩证法思想。而"用"则是"道"的表现。沈括这种自然观,很近似于王安石的思想。王安石说:"道有体有用,体者元气之不动,用者冲气运用于天地之间。"① 不过他将王安石的"道之体"简称为"道"。王、沈二人的这种思想,恰和宋代道学家"理在心中"和"理在事先"的唯心主义思想相对立。

沈括根据唯物主义的自然观,注重调查、研究和实验;要从实践中发现事物发展的规律。沈括说:"大凡物有定形,形有真数。"(128)这是说,具体的物质即事物,必须有一定的形状,可以观察;而这形状又可以用数量来表示,可以测量。所以,他很重视数据。他曾为了观测北极星离开"天极不动处"的度数,用了三个多月的功夫,每夜用"窥管"观察,绘了二百余幅的图,才获得结论(127)。又为了掌握四季昼夜时刻变化的规律,经过了十余年的观测,才获得所需要的数据(128)。沈括认为事物的变化,"大率有法",便是说,都是有规律可循的。又说"法"是"有常有变"(134),主张不仅要研究物理的"常"法,还要研究由于具体条件不同而引起的"变";要根据具体情况作具体分析。他反对宋代道学家的唯心主义和先验论。后者以为只要闭目苦思便可以"格物致知",了解物理。这种思想是反科学的,只能阻碍科学技术的发展。沈括不仅认为自然规律是可以认识的,并且认为人类可以运用自然规律以驾驭自然界。

---

① 王安石:《老子注》。这书已失传。这条佚文见彭耜《道德真经集注·道冲章第四》(1924年涵芬楼影印《道藏》本,第398册,卷二,第2页)。

他说："调其主客，无使伤渗，此治气之法也。"（135）这就是对于主观能动性的认识。

总之，沈括的科学技术路线，是一条进步的路线。他从唯物主义的自然观出发，重视人民群众的创造发明，密切结合生产，执行农战政策，所以在科学实践中有重要的发现，推动了我国科学技术的发展。

三　沈括对于考古学的贡献

考古学不是沈括科学研究的重点，但是他在这方面也有广博的知识和带有启发性的新见解。我们作为考古工作者有特别加以研究的必要。

《笔谈》中有关考古学的，共有 20 余条。其中"器用类"主要涉及古器物学的有 15 条之多（319~321、323、325~332、334、336、568），"神奇""异事""杂志"三类中涉及考古学的有雷楔、夹镜、柿子金、玉琥（338、360、366、456）等奇异的事物，和记述发掘古墓与窖藏（359、384、573）等 7 条，合计 22 条。此外"乐律"类中的古钟和古磬（97、98、104），"艺文"类中的六朝墓志（269），"辨证"类中古墓和古城的考证（72、102）等 6 条，虽也可归入别的学科，但考古学项下也可兼收进去，无妨复出。所以考古学的条目总计可算作 28 条①。至于论述古气候和古地貌的（373、430），根据文献以复原古器的（567、150），也可附带提及。

就这廿余条加以分析，按时代而言，有新石器时代的石斧（338），殷周时代的铜器（104、319、320、568），战国时期的玉器

---

① 上面注中提到的李约瑟的分析中，列入考古学的只有 21 条。这是因为他将跨学科的条目，凡已归入别的学科中的，便不再在考古学一门中复出。

（98、456），汉代的铜器（323、327、330~332、360、568）和画像石（326），战国或西汉时代的金币（366）、玉器（319、359）和古印章（336），六朝时代的古墓（269、573）和玉臂钏（334），唐代的玉钗（同上）、肺石（328）和铜钱（329）。沈括生于1031年，上距唐朝灭亡的907年，仅只124年，所以我们把《笔谈》中所提到的唐、五代的传世品和宋代当时的器物除外，不算在考古学内。

这些条目几乎涉及考古学的各方面，古器物包括石制品的石斧（338）、画像石（326）和肺石（328），铜器的鼎鬲（568）、彝（319）、罍（320）、匜（332）、钟镈（104）、钲（319）、熏炉（568）和镜鉴（327、330、360），玉器的磬（98）、璧（319）、琥（456）和钗钏（334），货币的金郢爰、马蹄金（366）和铜钱（329），金属武器的铜弩机（323、331）和铁剑（325）。此外，还谈到古器物花纹（319、320）、古墓发掘（359、384）、窖藏（573）、古墓和古城的考证（72、102）、古器物的制造方法（325、327、330）、古器物的使用方法或用途（104、331、332、456、508）、古器物和民族学材料的比较（321、326）、古地貌（430）和古气候（373）等。这些方面在《笔谈》中都谈到，沈括的研究范围在考古学方面可以说是很广的。

从科技路线的角度来看，沈括的考古学研究，具有下列特点。

（1）为进步的政治路线服务。儒家主张"礼治"。宋代学者也有研究考古学的，但是除了士大夫的"玩古董"之外，主要是要恢复孔丘所制定的礼制。当时著名的考古学家吕大临说，他之所以研究古器物，是要"观其器，诵其言，形容仿佛，以追三代之遗风"，以为"制度法象之所寓，圣人之精义存焉"①。后来，明代的蒋旸也说：

---

① 吕大临：《考古图·序》，亦政堂黄氏刊本，1752，即黄晟刊印的《三古图》本，下同。

"有志者考古人之器，则由是而知古人之政矣。"① 宋代另一个注意考古学的学者刘敞在《先秦古器记》中也说，研究古器首先便是"礼家明其制度"②。可以说，他们研究古器，都是为了要恢复先秦的礼制。

　　沈括研究考古学，是在变法运动的农战政策的指引下，主要是为进步的政治路线服务的。他为了改善历法以利农业生产的发展，曾仔细研究古代天文仪器（150）。他在《浑仪议》中说，曾经研究古今天文仪器的制法（"尝历考古今仪象之法"），主要的有西晋末年孔宁等的仪器和唐代一行和梁令瓒的铜仪及宋初的仿制品，然后根据天象加以改进，创造了新的天文仪器③。关于武器的制造，他曾对古代铁剑进行观察说："古人以剂钢为刃，柔铁为茎干，不尔则多折断。"（325）这是因为"剂钢"（指高碳钢）淬火后质硬而脆，可能当时未用回火（tempering）的方法，它的硬度适用于制成利刃，但易断折。"柔铁"是指锻铁（即熟铁）或低碳钢，硬度稍低，但坚韧而不脆，用作剑的中脊（"茎干"），铁剑便不易断。我国近年在战国至西汉的墓中，发现铜剑和铁剑颇多。铁剑由于锈重，未作分析。但是铜剑往往是脊部的青铜含锡较少，有的呈赤色，像嵌合赤铜一条。含锡少则质柔而坚，不易断折。刃部含锡较多，质硬而脆，适合刃部的要求。我们曾作化学分析，其中一例是脊部铜、锡的比例是 78：10（即 8：1），刃部为 74：18（即 8：2）。④ 铁剑的这种制造法，当源于古代的铜剑。沈括又曾对海州出

---

① 《博古图录》重刊本《序言》，亦政堂黄氏刊本，1752。
② 刘敞：《公是集》卷三六，《丛书集成》本。
③ 《宋史·天文志一》。
④ 中国科学院考古研究所编著《长沙发掘报告》，第44页；湖南省文物工作委员会编《楚文物图片集》第一集，湖南人民出版社，1958，第7页。最近上海博物馆对所藏的三件铜剑分别作了刃部和脊部的化学分析，结果也是刃部的含锡量远远超过脊部。

土的古弩机的"望山"进行研究。他说："其望山甚长，望山之侧为小矩，如尺之有分寸。原其意，以目注镞端，以望山之度拟之，准其高下，正用算家句（通作"勾"）股法也。"（331）这种带望山的弩机，汉墓中曾有出土。最近河北满城1号墓（刘胜墓）中便曾出过一件（图1）。弩机安置于弩上，以后当弓弦引满而钩于牙（钩金）上时，望山向上竖立，犹如近代来复枪上的定标尺。古代算学称直角三角形的短边为"勾"，长边为"股"，所以望山是"勾"，由望山底部至镞端（箭的尖头末端）是"股"，二者成为勾股的关系。因为箭射出后受地心吸力和空气阻力的影响，飞行的路线不能完全作直线，而是作近于抛物线的曲线前进，所以要依目的物的远近，射者的视线要由望山上某一点通过镞端而对准目标，箭射出后可以射中目标，而不致偏低（图2）。沈括称赞这办法，说："设度于机，定加密矣。"他在掌管军器监时，便曾进行这些对于古代武器的研究，以改进武器的制造。同时他又曾利用古代文献，复制出古代的兵车（567）。

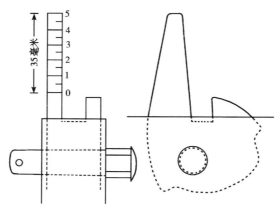

图1 汉代铜弩机上的"望山"

（依照满城1号汉墓出土的一件）

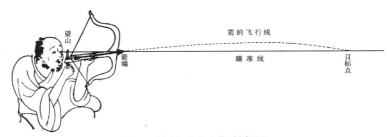

图 2　使用"望山"射弩图

（图中射弩人像，依照顾恺之的《女史箴》绘制）

这些例子，都可以说明沈括的考古研究是联系农战政策的，和当时一般学者为着复原古代礼制而研究古器，可以说，走的是两条完全不同的路子。

（2）实事求是的唯物主义思想。宋代许多学者虽然也研究考古学，但是他们的目的是在举行古礼中使用古礼器；考究古人的用器，以便由此而知古人的政制，"圣人"的用心。他们常常凭着主观臆想，瞎造出一些古器。正像近代反动派袁世凯做皇帝时，叫人考据古代礼制，替他复制一套在祭天时服用的冕旒和衮服，不伦不类，可笑之至。

沈括从唯物主义出发，实事求是，亲眼观察出土的古器物，得到了正确的结论。他对于当时的一些《礼图》，斥为"未可为据"，指出"此甚不经"，并举出几个例子为证。他说："《礼书》所载黄彝，乃画人目为饰，谓之'黄目'。予游关中，得古铜黄彝，殊不然。其刻画甚繁，大体似缪篆，又如栏盾间所画回波曲水之文；中间有二目，如大弹丸，突起煌煌然，所谓黄目也，视其文，仿佛有牙角口吻之象。"（319）他这里所说的带图的《礼书》或《礼图》，当指宋初聂崇义《三礼图》一类的书①。现将这书中臆造的"黄目彝"和近世出土的方彝相比较，便可看出沈括的意见是正确的（图 3：1；图

---

① 　本篇所引《三礼图》，是 1936 年版《四部丛刊三编》，影印 1246 年栎城郑氏家塾本。

4：1）。沈括又说："如蒲、谷璧，《礼图》悉作草稼之象。今世人发古冢得蒲璧，乃刻文蓬蓬如蒲花敷时；谷璧如粟粒耳。则《礼图》亦未可据。"（319）我们同样用出土实物的玉璧来比较，《三礼图》的谬误，显然可见（图3：3、4；图5）。铜器上的云雷纹，也是这样的情况。沈括说："《礼书》言罍画云雷之象，然莫知雷作何状，今祭器中画雷有作鬼神伐鼓之象，此甚不经。予尝得一古铜罍环其腹皆有画，正如人间屋梁所画曲水，细观乃是云雷相间为饰。"（320）查《三礼图》中没有雷纹器。当时祭器中作"鬼神伐鼓之象"，当和武梁祠画像石的雷神图像相似①。《三礼图》有云纹器，作朵云之状（图3：2），和先秦铜器上的云雷纹（图4：2），完全不同。我们近年发掘到的古代铜彝、铜罍和玉璧不少，根本没有像《三礼图》上所绘的那种纹饰，可见它是完全出于臆测，是唯心主义思想的表现，是经不起考古实践的检验的。

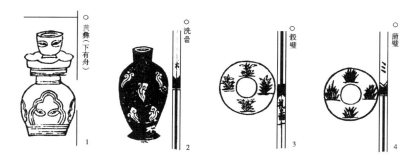

图3　《三礼图》臆造的古器物形和古花纹

1. 黄彝 2. 云纹罍 3. 谷璧 4. 蒲璧

　　沈括根据实物来研究考古学。他经游的地方很广，所到之处，随时留心出土文物，加以搜集研究。逢有古墓被发掘，他知道后便留心

---

① 武梁祠画像石的雷神图，见冯云鹏等编《金石索》第9册，"石索"三，万有文库本，商务印书馆，1929，第152~153页。

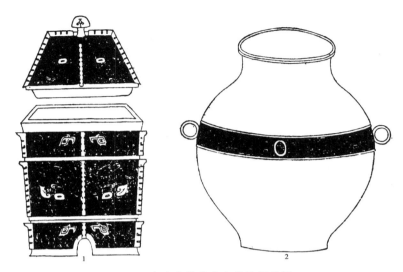

图4 出土实物的古方彝和雷纹罍

（《西清古鉴》卷14"周亚方彝二"和卷12"周攻罍"）

访问。所以，他能得到合于客观实际的考古学结论。

（3）高度评价劳动人民的创造。我国古代劳动人民的许多创造发明，不仅对于中国文明，而且对于世界文明，都起了很大的推动作用。"人民，只有人民，才是创造世界历史的动力。"宋元时候一般学者鄙视劳动人民。他们谈到考古学所研究的古器物时，都归功于古代统治阶级头子的"圣贤"，以为"圣人制器尚象，载道垂戒，寓不传之妙于器用之间以遗后人"①。他们又说："至商周广为礼乐之器，于是文物大备……是皆圣人创制于前，而历世继作于后。"②

沈括的唯物主义的思想倾向，使他重视人民的实践经验，重视他们的创造发明。前面已说过，沈括曾对当时轻视劳动人民的反动思想提出抗议，说："至于技巧、器械、大小尺寸、黑黄苍赤，岂能尽出

① 翟耆年：《籀史》，引李伯时（公麟）语，《丛书集成》本，1935。
② （元）朱德润：《古玉图》序，亦政堂本，1752。

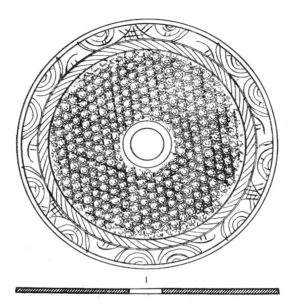

图 5　汉代的玉蒲璧（满城 2 号汉墓出土）

于圣人！百工、群有司、市井、田野之人，莫不预焉。"在研究古器物时，沈括颂扬古代的劳动人民。对于古人铸镜的技术，说"此工之巧智，后人不能造"（327）。他在金陵（今南京）时，曾看到发掘六朝古墓所得古物中的一件"玉臂钗"。他描写说："两头施转关，可以屈伸，合之令圆，仅于无缝，为九龙绕之，功侔鬼神。"（334）这里的"钗"字当为"钏"字之误。钗作叉形，一端歧出如股，是插于发髻上的首饰。钏便是镯子，是套在臂上的环形装饰品①。根据沈括所描写的，这件玉钏当与近年西安何家村窖藏中的一对玉镯相类似。这对玉镯，每只都由三节白玉组成，各镶有三件兽头饰金铰链，"可以屈伸，合之令圆"（图 6）②。沈括称赞它的精巧，"功侔鬼神"，

---

① 　钗、钏二字形近易误。《南史·王玄象传》有"女臂有玉钏"一语，可见六朝时妇女常带玉臂钏入葬。

② 　《文化大革命期间出土文物》第一辑，文物出版社，1972，第 61 页。

是他对于劳动人民的创造的颂扬。这里并没有神秘主义的含义，因为他接着便说"古物至巧"是由"前古民醇"、"百工不苟"。劳动人民累积了实践经验，加以工作认真不苟且，自然可以创造出精巧的器物。孔丘等人敌视革新，反对"奇技奇器"；甚至于说，作"奇技奇器以疑众，杀"①。这当然会扼杀劳动人民的创造。正由于沈括重视人民群众的生产实践，所以他能够在包括考古学在内的各门科学上做出贡献。

图 6　西安何家村出土唐代玉镯

（4）研究古器的制法和用法，不局限于表面的描述。宋代一般学者继承孔孟的传统，脱离生产，"四体不勤，五谷不分"②，所以对古器物只能作表面的描述，而不可能研究古器物的制法和用法。在他们看来，古器物"形制文字，且非世所能知，况能知所用乎？"③沈括注重生产实践，他对各种生产活动又有广博的知识，因之，他在研究古器物制法和用法两方面都取得了丰富的成果。

关于古器物的制法，沈括曾深入地研究古铁剑的制法，上面第一节中已经介绍过，这里不再赘述。由于他对于光学曾有精心的研究，曾用反射光线穿过凹镜的主焦点这一说法来解释阳燧产生倒像的现象（44）。所以他对于古代铜镜，特别注意，细心研究。他说："古人铸鉴，鉴大则平，鉴小则凸。凡鉴洼则照人面大，凸则照人面小。小鉴

---

① 《礼记·王制》。
② 《论语·微子》。
③ 吕大临：《考古图·序》，亦政堂本，1752。

不能全观人面，故令微凸，收人面令小，则鉴虽小而能全纳人面。仍复量鉴之小大，增损高下，常令人面与鉴大小相等。"（327）他所说的凹镜和凸镜造像的原理，可用下面的图来表示（图7）："物"是人面，景是镜中的影像，球面中心至镜面为圆的半径，中心至镜面的中点为焦点。凸面镜的半径越短则镜面的弧度越大，镜中的影子越小。近年考古发掘工作中发现平面镜和微凸面镜不少，但没有发现凹面镜。上海博物馆藏有三件凹面镜，其中二面可能是取火的阳燧，另一面是道家法器，都不是照人面的镜子①。我国东北的南部，曾出土多钮凹面镜，一般也以为是取火的阳燧②。这是因为凹镜将人面放大，对镜时在镜里只能看得自己的目鼻附近一小部分的像，很不合用。平面或凸面的镜子则很合用；镜子小，凸度要增大，以便将整个人面收进镜面内。这是沈括根据光学原理和古物实况来说明古代镜工制造镜子的匠心。

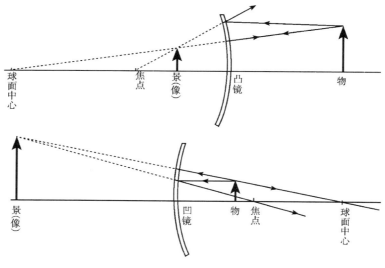

图 7   凸镜和凹镜的成景原理

①   钱临照：《阳燧》，《文物参考资料》1958 年第 7 期，第 28~30 页。
②   驹井和爱：《中国古镜的研究》，岩波书店，1953，第 165~180 页。

沈括还对另一种铜镜，即"透光镜"，做了一番研究。他说："世有透光鉴，鉴背有铭文，凡二十字。字极古，莫能读。以鉴承日光，则背文及二十字，皆透在屋壁上，了了分明。人有原其理，以为铸时薄处先冷，惟背文上差厚后冷而铜缩多，文虽在背，而鉴面隐然有迹，所以于光中现。予观之，理诚如是。然予家有三鉴，又见他家所藏，皆是一样，文画铭字无纤异者，形制甚古；惟此一样光透，其他鉴虽至薄者皆莫能透。意古人别自有术。"（330）他的意思是说：有人解释透光镜的原理是背面隐然有凸凹的文画铭字的痕迹，原因是铸造时厚、薄处的冷却速度不同。他自己细加观察，镜面确实是"隐然有迹"，反射日光到屋壁上便有明暗的不同。但是同样有厚有薄的铜镜，他所藏的有一面能够"透光"，而别的却不能透。他怀疑以铸造时冷却速度不同来解释是不可通的，应该另有一种方法。我们知道，这种透光镜至晚在隋末（7 世纪初）便已有文献记载。隋末唐初人王度所写的《古镜记》中的古镜，"承日照之，则背上文画，墨入影内，纤毫无失"①，可以为证。后来一直到清道光时，湖州人所制双喜镜，其中还往往有透光镜②。我们近年考古发掘中发现古镜不少，但有的镜面为锈所盖，而未生锈的也未逐件照日光试验，不能确定其中有否透光镜。《人民画报》曾发表一件传世品③，观其纹样，当为西汉中期的"连弧纹日光镜"。元代吾丘衍解释透光镜的原理，说"假如镜背铸作盘龙，亦于镜面豪刻作龙，如背所状，复以稍浊之铜填补铸入，削平镜面，加铅其

---

① 鲁迅：《唐宋传奇集》卷一，人民文学出版社，1953，第 1 页。李约瑟误以作者王度为 5 世纪时人，这是由于他误认为其人即《魏书·王建传》中北魏时的王度（《中国科学技术史》第 4 卷第 1 分册，英文版，1962，第 95 页注 6）。鲁迅根据《文苑英华》卷三七三顾况《戴氏广异记序》，以为《古镜记》作者王度卒于唐朝初年；而且《古镜记》中的事发生于隋大业七年至十三年之间（611~617），知当为隋末唐初人。或疑王度为小说人物，并非作者。小说有以第一身作自述体裁者。

② 郑复光：《镜镜詅痴》卷五《作透光镜》条，《丛书集成》本。

③ 《奇怪的古铜镜》，《人民画报》1959 年第 11 期，第 31 页。这镜现藏上海博物馆。

上，向日射影，光随其铜之清浊分明暗也"①。后人以为吾丘衍得了正确的解释②，实际上这解释是错误的。他所看到的破镜，凹处有浊铜填补的痕迹，是由于范铸后发现砂眼乃以紫铜磨治，使之填平。郑复光同意沈括的意见，以为"理乃在凸凹，不系清浊也"。但是郑氏以为"想其造法，应是正面亦照背面铸之，然后刮去俟平而仍有凸凹为度"③，仍未得正确解释。近代日本人仍铸造透光镜（当由中国传去）。制法是：铸成铜镜后，用一根压磨棒在镜面上刮擦压磨，薄处受压磨向一边稍鼓起，去压后这些薄处仍稍凸出。如以汞膏（amalgam）磨镜，更可使薄处稍膨胀而更鼓起（图8）。欧洲人依法试制，也得到成功④。这是我国古代镜工的智慧创造。可见沈括为了搞清楚透光镜的制法，曾做过仔细的观察和谨慎的推理（参阅篇末"补记"）。

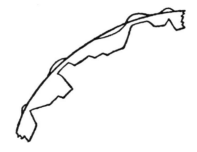

图 8　透光镜剖面示意图

（依李氏书，图 292。夸大以显示镜面起伏情况）

---

① 吾丘衍：《闲居录》，《学津讨原》本第一五集。李约瑟误以为出于吾丘衍的《学古编》（《中国科学技术史》第 4 卷第 1 分册，第 95 页注 C）。

② 例如方以智《物理小识》卷八，《万有文库》本，商务印书馆，1936；王锦光：《梦溪笔谈中关于磁学和光学的知识》，《浙江师范学院学报》1956 年第 2 期，第 63 页。

③ 郑复光：《镜镜詅痴》，第 69~70 页。郑氏撮引《笔谈》的话："所见三鉴一样，惟一透光，意古人别自有术。"不是三件同样透光，而是只有一件透光。不知道这是由于所见刊本的字句不同，还是他引文时加以改动。不管这三件镜子是一样透光，或仅一件透光，既然这三件纹饰一样，当为一个模子所铸。三件皆归沈家，当时沈家在临安（今杭州），疑为附近的湖州所铸。

④ 李约瑟：《中国科学技术史》，第 4 卷第 1 分册，1962，第 94~97 页，图 292。

关于古器物的使用法，沈括也曾做过一些研究。上面第一节中已介绍过他对于弩机上"望山"的使用法的说明。他精通音乐，对于古代钟镈的悬法，也曾作了一番研究。他说："今太常钟镈，皆于甬本为纽，谓之旋虫，侧垂之。皇祐中，杭州西湖侧发地，得一古钟，匾而短，其枚长几半寸，大略制度如《凫氏》所载，惟甬乃中空，甬半以上差小，所谓衡者。予细考其制，亦似有义。甬所以中空者，疑钟縻自其中垂下，当衡甬之间，以横桰挂之，横桰疑所谓旋虫也。"（104）太常钟镈是指太常寺属下的太常礼院所藏的甬钟，也许便是吕大临《考古图》中注明"太常"所藏的"走钟"五件一组①。《凫氏》是《周礼·考工记》的一章，叙述钟的各部分命名和它们之间尺寸的比例。这种甬钟，依据宋代《博古图录》② 和近年出土的实物③，当如图9④。沈括所看到的杭州出土古钟，似乎是西周中期的甬钟。它的甬部中空与内腔相通，上端开口，可称为空柄甬钟⑤。这件柄部形制

① 吕大临：《考古图》卷七，亦政堂本，1752。《博古图录》卷二二，也收入这组钟三件，称为"宝和钟"。欧阳修《集古录跋尾》卷一（《行素草堂金石丛书》本，1888）以为这一套"宝和钟"乃景祐中（1034~1037 年）所得的古钟，藏太常寺。吕大临从之。

② 《博古图录》卷二二至二五，共收入铜钟 118 件，其中甬钟 75 件，旋部都没有活动的圆环。甬钟中，有旋而无旋虫（耳状钮）者 12 件，二者皆无的 3 件。最后一种，形制简陋，除枚（景）外，无花纹。《博古图录》以为六朝时物，但亦可能为最原始型的甬钟或其仿制品。

③ 例如西安斗门镇西周墓，一套 3 件；寿县蔡侯墓，一套 12 件；旋部皆无活动的圆环。见《五省出土重要文物展览图录》，文物出版社，1958，图版三四之 2 和图五五。

④ 这图依程瑶田《凫氏为钟章句图说》（《通艺录·考工创物小记》，《安徽丛书》本，1931）和王引之《经义述闻》卷九（《国学基本丛书》本，第 361~363 页）的附图加以改绘。已依唐兰《古乐器小记》（《燕京学报》1933 年第 14 期，第 69页），改以周环甬围的带形突起为"旋"，旋上所设的虫形柄（即耳环钮）为旋虫（斡）。

⑤ 关于早期铜钟的演化，可参阅陈梦家《西周铜器断代（五）》《考古学报》1956 年第 3 期，第 124~127 页。文中为了避免王引之说的以"纪侯钟"例外为常制的错误，将旋字移以称耳状钮（即我们所说的"旋虫"），但不能解释耳状钮何以称"旋"。又保留将柄部环状隆起部分称为斡（旋虫）的说法，亦误。

和一般甬钟不同，所以他对它的悬法，另加解释，以为柄部半腰以上稍缩小，为了安置一横条，然后系钟绳于横条上（图10）。他的说法，虽不能作为定论，但是可备一说。近年来在江西和广东，都曾发现过空柄甬钟①。

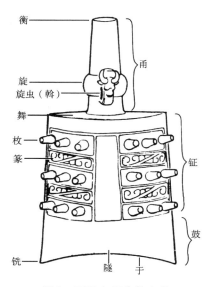

图 9　甬钟各部分的名称

沈括又解释鬲足中空的用处。他说："煎和之法，常欲渖（音注，肉汁）在下，体在上，则易熟而不偏烂。及升鼎（指鬲），则浊滓皆归足中。"同条又解释熏炉底部镂孔和加盘的作用，说："先入火于炉中，乃以灰覆其上，火盛则难灭而持久。又防炉热灼席，则为盘荐水，以渐（音尖，浸渍）其趾，且以承灰烐（音柁，灰烬）之

---

① 江西新余和萍乡出土的甬钟，见薛尧《江西出土的几件青铜器》，《考古》1963年第8期，第416~417页，图2~图3；广东清远出土的甬钟，见广东省文物管理委员会《广东清远发现周代青铜器》，《考古》1963年第2期，第59页，图版一；又广东省文物管理委员会《广东清远的东周墓葬》，《考古》1964年第3期，第139~140页，图版八。

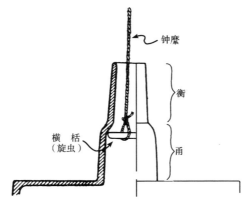

图 10　古代空柄甬钟的悬挂法

（依照沈括的说法复原）

坠者。"（568）

　　沈括所以能对古器物的制法和用法作出恰当的解释，除了他具有广博的生产知识之外，还由于他能吸取劳动人民的实际经验。他解释古鬲空足的作用时，便曾补充说："今京师大屠善熟彘者，钩悬而煮，不使着釜底，亦古人遗意也。"（568）他由当时劳动人民的实践，上推古代劳动人民的制造技术和用意，这与当时一般学者脱离生产、轻视劳动人民实际经验的态度，形成鲜明的对照。

　　（5）注意各门学科的协作，不孤立地研究问题。宋代一般学者研究考古学，是为了"复礼"。他们的研究方法是形而上学的。他们孤立地看问题，途径很狭窄。刘敞在《先秦古器记》中说："礼家明其制度，小学正其文字，谱牒资其世谥，迺为能尽之。"① 礼家是利用儒家六经中的礼书以研究古器物的所以为用，反过来又以古器物来恢复古代的反动的礼制。此外，便是用古文字学的方法来考释文字，

────────

　　① 刘敞：《公是集》卷三六，《丛书集成》本。

"以补经传之阙亡，正诸儒之谬误"①，用谱牒学的方法来研究奴隶主的世系和谥法，为古代奴隶主修补家谱。

沈括有朴素的辩证法思想，不孤立地看问题。他又是一个渊博的科学家，对许多学科都有研究，有的方面还提出他自己的创见。在研究考古学时，他以自己的渊博的科学知识，负担起各门学科共同协作的任务。

前面已介绍过，沈括在《笔谈》中用冶金学理论来解释古剑（325），用光学来解释古镜（327、330），用几何学来解释弩机上"望山"的用法（331）等。此外，他在研究考古学时还利用民族学的材料来作比较，例如用当时的衣冠和食器来对比汉画像石上的古衣冠和祭器（326）；以当时南方少数民族所用的"葛党刀"来证明古代"吴钩"是"刀名也，刃弯"（321）。他又用度量衡学来研究汉代及秦汉以前的长度和容量（61、68）。

沈括还进行实地观察，发现太行山的崖间，"往往衔螺蚌壳及石子如鸟卵者（指砾石）"，因之推论到"此乃昔之海滨，今东距海已近千里；所谓大陆者，皆浊泥所湮耳"（430）。这是对古地貌变化的推论。宋代程朱理学的代表朱熹也曾说："尝见高山有螺蚌壳，或生石中；此石即旧日之土，螺蚌即水中之物；下者欲变而为高，柔者欲变而为刚。"② 这不仅偷窃沈括的见解③，并且他是用这来证明他的循环论的反动宇宙论，是为孔丘的经书中"高岸为谷，深谷为陵"④ 一语找证据。同

① 吕大临：《考古图·序》。
② 朱熹：《朱子全书》卷四九，《武英殿》本。
③ 朱熹的书中常抄袭沈括的一些创见，例如《中庸集注》（《四部备要》本）二十章的释"蒲卢"（《笔谈》，67）；《楚辞集注》（1953年影印宋端平本）卷七的释"些"字（43）；《朱子全书》（《武英殿》本）卷五〇解释日、月蚀的原理（131）；《跋徐骑省篆项王亭赋后》（《朱文公文集》卷八四，《四部丛刊初辑》本）论徐铉的小篆用笔之法（289），和这一条关于山崖间螺蚌壳的推论。有的地方，明言是采用沈括的说法。
④ 语见《诗经·十月之交》，又《左传·昭公三十二年》也曾引用。

时，朱熹又妄图借用螺蚌化石来证明当时唯心思想家邵雍、胡宏等的灾变论。他们认为天地经过一定时期后便发生一次突然的灾变，"一齐打合，混沌一番，人物都尽，又重新起"①。朱熹是借螺蚌化石的研究为唯心主义思想作证的。沈括的见解，则是唯物主义的科学推论，与朱熹的截然不同。他又观察到延州数十尺深处出竹笋一林，都已化为石，因之推论到旷古以前，当地的地势卑下，气候潮湿（373）②。这是他关于古气候学的一个推论。他能注意到古代地形和气候的变化，虽然还没有将它们和古代人类生活联系起来，但是他的研究方向已是近于现代的所谓"环境考古学"。后者强调不仅要研究古代人类的生产活动所遗留下来的遗迹和遗物，还要同时研究古代人类的自然环境，才不致犯了孤立地看问题的错误。

通过上面的分析，可以看到沈括在进步的政治路线和思想路线促进之下，在科学工作上取得的成就，包括考古学方面的贡献。当然，他的见解也有阶级的和时代的局限性。在考古学研究方面，他还夹杂有一些宣扬因果报应、迷信思想、神秘主义等糟粕。在社会改革上，他更不可能提出彻底变革的方案。我们研究包括沈括在内的历史上的先进人物，必须批判和抛弃那些封建性的糟粕，但可汲取一切对于我们有益的精华。

补记： 1974 年，上海各科研单位协作模拟试铸透光镜。经过反

---

① 张伯行编《朱子语录辑略》卷一，《丛书集成》本，第 4 页。
② 这里所说的"竹笋化石"，是否便是竹林，还有疑问。据今日对延长层植物群所做的科学研究，认为是一种叫作"新芦木"（Neocalmites）的古代侏罗纪蕨类植物（尹赞勋：《中国古生物学之根苗》，《地质评论》1947 年第 12 卷，第 66~67 页；又陈桢《我国古代学者关于化石起源的正确认识》，《生物学通报》1956 年第 4 期，第 3 页）。也有人以为这不是化石，"就产况来看，和黄土层中的结核有些相似，可能是地下水的产物"（王嘉荫：《中国地质史料》，科学出版社，1963，第 167 页）。当以新芦木化石这一说为最可取。

复试验，1975 年试制成功。复旦大学光学系采用淬火的热处理法，交通大学铸工教研组采用研磨抛光法。两种方法都能使镜面出现透光效应［见上海博物馆、复旦大学光学系《解开西汉古镜"透光"之谜》，《复旦学报》（自然科学版）1975 年第 3 期；陈佩芬《西汉透光镜及其模拟试验》，《文物》1976 年第 2 期；上海交通大学西汉古铜镜研究组《西汉"透光"古铜镜研究》，《金属学报》1976 年第 1期］。按透光镜的产生，最初当是在制造或使用过程中偶然发现的。铜镜铸成后需要抛光，使用过程中也需要时常加以研磨。如果镜体很薄而周围又有阔厚的边，则研磨到一定厚度（0.5 毫米左右），便有可能使镜面产生与镜背花纹相应曲率。镜体厚薄不同产生了曲率的不等，因而出现了"透光"现象。可以说，已基本搞清楚了西汉透光镜的原理和制造技术。又按一般铜器，包括铜镜，没有必要淬火，也没有听说过淬火。古人曾否发现过铜镜淬火也可以产生"透光"效应，和是否在研磨抛光法以外，也曾采用过淬火的热处理法，现在殊难断言。

1977 年 8 月 8 日

《梦溪笔谈》中的喻皓《木经》[*]

相传喻皓所著的《木经》，早已失传。现在所能看到的，只有沈括（1031～1095 年）的《梦溪笔谈》（以下简称《笔谈》）中所摘录的几句。喻皓是 10 世纪末叶的一位建筑匠师。沈氏所看到的三卷本《木经》，似乎原书并没有标明作者姓名，所以他只好说："或云喻皓所撰。"晁公武（12 世纪）《昭德先生读书后志》也说"世谓喻皓《木经》"，也只是相传有这一说法而已。欧阳修（1007～1072 年）的《归田录》中说：世传预浩（按：即喻皓）的十余岁的女儿，"每卧则交手于胸为结构状，如此逾年，撰成《木经》三卷"（卷一），说得有点玄了。但是这似乎透露一个消息：喻皓是个巧匠，但是可能他自己不能写作，甚至于可能连自己的姓名也不能写，以致文人记述他的事迹，连姓名也是根据口语，用字不同。当时喻氏在民间口碑中已成为"神话式"的"巧匠"，社会上流传着许多关于他的故事，有的故事已经传说化了（见《笔谈》312 条、《归田录》卷一和李濂《汴京遗迹志》卷十"开宝寺"条）。我怀疑所谓《喻皓木经》，可能像《鲁班经》一样，是一部无名氏的著作。李格非《洛阳名园记》"刘氏"条，即仅提《木经》书名，没有作者姓名。后来民间传说把它归到喻皓名下而已。不管它的作者是谁，这部书仍是中国建筑学史上一部非常重要的技术著作。可惜它只留下一鳞半爪，但

---

* 本文原载《考古》1982 年第 1 期。

是，昆山片玉，越发值得珍视。

古人摘录前人著作的时候，常常增删字句，加以更动。《笔谈》所摘录的《木经》，可能也是如此，并不是所有字句一定都是《木经》原文，一字不异。不过，我们相信沈氏所撮录的，能够保存《木经》的原意，是可以信赖的。但是现传的各种版本的《笔谈》，不免有误字；并且《木经》中术语较多，近人注释常有错误。现在试作一篇校注，以求教于学术界同志们。

现在将《笔谈》中所引录的《木经》，分为四段，每段先照录原文，后加校语和注释。校注中所引用的文献的简称，见篇末所附的《简称表》。文献中李诫《营造法式》成书于1100年，刊行于1103年，和《木经》著作年代，相去不远，所以多加引证，以资比较。

（一）凡屋有三分（原注：去声）：自梁以上为上分，地以上为中分，阶为下分。

［校注］"分"有两种读法，意义不同：其中一种读平声，如"春分""分寸""分开"等；另一种读去声，也作份，如"名分""材分""部分"等。"材分"是中国建筑学中的专名辞。《法式》中说："凡分寸之分皆如字，材分之分，音符问切。"（卷四）这里所说的"如字"，指读平声。"符问切"指读去声。《木经》中原注"去声"二字，便是指"材分"，但不指"部分"。《译注》把"三分"译作"三个部分"是译错了。《选读》的译文作"三分"，等于不译，并且容易使人误会为三个部分。《法式》又说："凡屋宇之高深，名物之短长，曲折举折之势，规矩绳墨之宜，皆以所用'材'之分，以为制度焉。"（卷四）后来的中国建筑是用某一构件（如拱或柱）的断面尺寸为度量单位。全建筑的权衡比例，便以这度量单位为标准而设计的。《木经》中材分制，似乎还不是这样的。它只是泛指建筑物的几个主要部分之间的比例，但是可以说它已开了"先河"。《科技史》将《木经》这里的"分"译为"比例的基本单位"，虽稍嫌

晦涩，但接近于原意。

"阶为下分"的"阶"字，《科技史》以为指"平台、台基、铺筑过的地面等"。《选读》译为"地阶"；《译注》译为"台阶踏步"，后二者译文似乎未妥。这里是指台基（也叫阶基），不指阶级或踏步。

沈氏关于《木经》的摘录，专取有关"材分制"的一节，可以说撮取了《木经》的精华，抓住了中国建筑上的一个根本性的大问题。

（二）凡梁长几何，则配极几何，以为等衰（各本皆误作"榱等"）。如梁长八尺，配极三尺五寸，则厅堂法（爱庐本原误作"厅法堂"，《新校正》从万历本改正。《元刊本》未误）也。此谓之上分。

［校注］"等衰"各本皆误作"榱等"。《科技史》、《选读》和《选注》都译这里的"榱"为"椽子"（或"圆形的椽子"），而不悟这里的"榱"字是误字。下文（三）段说："以至承拱榱桷，皆有定法。"这对于椽子的制度已交代清楚。这里及下面（三）段中，为什么又一再提出"以为榱等"呢？并且这句话文义与上文不连贯，所以《科技史》和《选读》都改"为"作"及"，因为不改便无法翻译。但这是臆改，于义仍不可通，《选注》意译这句话为"以此来确定椽子等构件的尺寸"。但是如果这里"榱"指"椽子"，那么，它的尺寸这里说依梁长为比例，下段说依榱高为比例。我们知道，比例的基数不能有两个。《译注》的作者采用了我告诉他的意见，将两处的"榱等"都校正为"等衰"，译为"依照大小比例而等差"，那便文从字顺了。

查《左传·桓公二年》中说：自天下以至于庶人，"各有分亲，皆有等衰"。后来《汉书·游侠传序》说："古者天子……以至于庶人，各有等差。""等差"或"等衰"，都是依比例增减的意思。《木经》这里的"榱等"可能是后人抄写时由于不知道"等衰"的语义，涉后文的"榱桷"一语，便有意地加以臆改。另一可能是抄写时无意将"等衰"二字颠倒误写作"衰等"，后来又涉后文"榱桷"而误改。

原文经过这样校正后，便容易解读了。"梁"一般指横梁，是架于柱间的上部的。这里是指大梁，即最长的一根横梁，近代民间工匠叫作大柁。"极"字，《选读》注释为"最高点"，又说："这里指从梁到屋顶最高点的高度。"实际上，"极"是中国建筑中一种构件的名称，并不是泛指最高点。《法式》（卷二）中"栋"条下说："《说文》：极，栋也。栋，屋极也。"段玉裁《说文解字注》（卷六）作"栋，极也"，"极，栋也"，没有"屋"字。注云："极者谓屋至高之处"。又云："今俗语皆呼栋为梁。"这是指脊檩（即屋脊梁）。《选注》把"极"译为"脊檩"，说它是"屋脊处托椽子的横木"。《译注》把它译为"屋脊的正梁"。二者意思相同，当同出于《法式》和《说文解字注》的解说。《科技史》（第 82 页）译"极"字为"最高的一条横梁"（an uppermost cross-beam，即"平梁"）。这里的"横梁"疑为檩条（purlin）的误写。如果这样，这里也是采取《法式》的解说。如果说"极"是"最高一条横梁"，不仅文献上没有这一解释，并且"平梁"和"大梁"（main cross-beam）的长度的比例，并不一定。二者既不构成一定的比例，便不能作为"材分制"的组成部分。

"梁长八尺，配极三尺五寸"，当指遇到八尺的大梁则由大梁至脊檩的高度应是三尺五寸（图 1）。极高和梁长的比例是 1：2.28，这二者有一定的比例。这种比例是指厅堂类型建筑的"材分制"。这个比例，似过于陡峻。《法式》所定的制度，这种比例在殿阁类型是 1：3，厅堂类型是 1：4（卷五"举屋之法"）。这里也许"三尺"为"二尺"的错误。梁极高如为二尺五寸，梁为尺寸，二者比例便为 1∶3.2，较合后世的规定。梁长八尺，对于厅堂类型建筑而言，殊嫌规模过小。这也许由于这里只是举例以说明制度，并没有注意到具体的比例和尺寸。

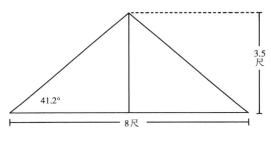

图 1　《木经》中的"上分"

"厅堂法"，也是指厅堂类型建筑的规格。"厅堂"二字，《科技史》译作"大厅堂和小厅堂"，似乎把"厅"和"堂"依建筑物的大小而区分开来。《译注》译作"大厅"。今查《法式》的"材分制"（卷四），书中将建筑物依其规模分为八等。"厅堂"的规格是在"殿"和"亭榭"之间，是一种三间至七间的中型建筑物。

（三）楹若干尺，则配堂基若干，以为等衰（各本皆误作榱等）。若楹一丈一尺，则阶基（弘治本误作阶级）四尺五寸之类。以至承拱、榱桶等，皆有定法。此（各本都脱落"此"字）谓之中分。

［校注］"等衰"的校改，已于上段中说明。"楹"指楹柱。《选读》译作"檐柱"，但似以译为"楹柱"为较妥。"檐柱"可指楹柱中最接近檐沿者（"老檐柱"），也可指廊柱（"小檐柱"或"附间檐柱"）。后者较一般楹柱为低。"堂基"和"阶基"在《法式》中都指殿堂下面的台基，所以《木经》这里也二名混用。柱高和基高有一定的比例，这里是 2.44∶1。《选读》注释"阶基四尺五寸"时说："从古代建筑规格看，似乎应当是高度，但从文中说是'中分'看，也可能指宽度。"（31 页）实则文中说是"中分"，除了指柱高

对基高这比例以外，还有属于中部与上部交界地方的斗拱和椽子等各件的比例。这一柱高和基高的比例涉及中部和下部，当然可放在"中分"内叙述；并且文中说楹高一丈一尺，那么，文中堂基四尺五寸一定是台基的高度，不是宽度，否则台基太狭，配不上柱高一丈一尺的殿堂（图2）。《法式》说："立基之制，其高与材五倍"；殿堂修广者，"可随宜加高，虽高不过与材六倍"（卷三）。这就说明如果用一等材，广九寸，台基五倍，应高四尺五寸；如果加高，用三等材，广七寸五分，六倍也是四尺五寸。这或许是殿堂台基的一般高度。

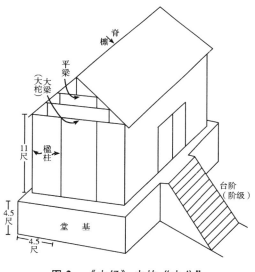

图2　《木经》中的"中分"

"承拱"便是斗拱。"桷"为方形的椽，"榱"或"榱桷"连文，都指椽子。《科技史》译"榱"为出檐的椽子，是误把这字与"榱题"混为一谈。《译注》大概受了《科技史》的影响，译为"斜枋"，更误。枋在中国建筑中指两柱之间起联系作用的横木，和榱桷（椽子）完全不同。在"材分制"的规定下，斗拱各构件的比例，椽子的大小、长短和布置的疏密，都要有一定的比例标准。

（四）阶级有峻、平、慢三等。宫中则以御辇为法：凡自下而登，前竿垂尽臂，后竿展尽臂为"峻道"（原注有荷辇十二人的制度和名称，这里从略）；前竿平肘，后竿平肩为"慢道"；前竿垂手，后竿平肩为"平道"。此谓之"下分"（按："谓之"各本多误作"之为"，《校证》云：弘治本、稗海本及类苑十二引"为"作"谓"。今按：元刊本也作"谓"）。

［校注］这三段的结尾一语，似都应作"此谓之某分"。各本有误字和脱字，现加补正。

这一段是说明台基前的台阶有三种不同的斜度（gradients）。斜度是指高（H）和深（L）的比例，即 H/L。《木经》这里以抬"御辇"上登台阶时三种不同的抬法来说明。"辇"即"步辇"，是用人抬的代步工具，类似轿子，不指有轮的车子。我们暂时便译作轿子。"御辇"指皇帝所用的轿子，宋代制度用 12 个轿夫来抬。《宋史·舆服志》中"平辇"和"逍遥辇"都是辇官 12 人（卷一四九）。抬时轿杠要处于水平的状态。最前的和最后的轿夫的立足处的高差和二者的水平距离便是台阶的高和深二者比例的表现（据《笔谈》中原注，12 个轿夫分作 6 排，轿前轿后各三排，每排二人。这注语像《笔谈》中其他条目中的注语，当是沈氏依当时御辇制度所加入的。如果《木经》中所指的是同样的制度，那么这里指最前排的和最后排的轿夫）。《科技史》中根据《黄帝内经太素》和《医宗金鉴》二书所举的常人从肩至足为六尺二寸，上臂长一尺七寸，下臂长一尺六寸五分，推算出峻、平、慢三种坡度的阶级上最前的和最后的轿夫持轿杠处离地的高度差。他所得的数据是：峻道相差 3.35 倍，平道 2.18 倍，慢道 1.38 倍（第 82 页）。当然如果我们要算出台阶的斜度，便要先知道轿杠在最前和最后的轿夫之间的长度。这点在《笔谈》所引的《木经》摘要中没有交代。我现在把它假定为一丈三尺四寸，绘成三幅示意图，以表示三种不同的台阶（图3）。我假定一丈三尺四寸是根据下列二证：①《法式》中的石作制度的台阶是："每阶高一尺作二踏，每踏厚五寸，广一尺。"（卷三"踏道"）这当是指"峻道"，厚与广的比例是1：2。现在知道"前竿"轿夫站脚处高出地面六尺七寸，所以可以推算出前后竿间的水平距离为一丈三尺四寸。②南宋初年萧照绘的《中兴祯应图》，描绘宋高宗的故事（图4）。图中有一放在地上的步辇，旁边站有八个轿夫（谢稚柳：《唐五代宋元名迹》，1957年版，图版76）。图中轿夫肩高为2.5厘米，前后两横竿的距离为5.2厘米。如果真人肩高为六尺二寸，可以推算出前后横竿的距离为一丈二尺九寸。这和《法式》所得的尺寸，几乎相同，可为旁证（另有相传阎立本绘的《步辇图》，1959年文物出版社有复制本。图中前后各一人用肩带抬辇，另有前后各二人扶持着，一共六人。两个抬者的距离只有10.4厘米，还不及抬者肩高的11厘米，即真人肩高为六尺二寸，则二个抬者之间距离为五尺九寸。但这图的时代较《木经》为远早，而且抬举方法不同，所以没有加以采用）。

我们有了这些数据，便可以绘出示意图来。台阶每级的高度，《法式》中石作制度的踏道每踏厚五寸，广一尺（卷三）；砖作制度的踏道是高四寸，广一尺（卷一五）。我们图中假设台阶每级高约五寸。《中兴祯应图》中步辇附近的台阶是相当于《木经》中"峻道"的规格，每级高、广的比例约为1：2。但这厚度与台阶斜度无关。同样的斜度，如果每级的高度增加则级数减少。我们可依示意图推算出三种台阶的夹角，斜面和水平面的夹角分别为26.6°（峻）、14.0°（平）和7.2°（慢），而它们的斜度（H/L）分别为1：2，1：4和1：7.8（简化为1：8）。就它们的斜度而言，三者的比例是1：2：4。如果轿杠这一段长度不是一丈三尺四寸，那么，长度越短，台阶的坡度越陡峻；长度越长，坡度越平缓。

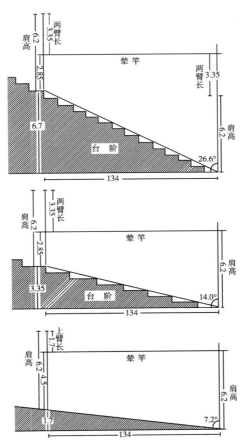

图 3 《木经》的"峻道"（上）、"平道"（中）和"慢道"（下）

《法式》卷十五砖作制度下又有"慢道"（目录中误作"幔道"），说："城门慢道每露台砖基高一尺，拽脚斜长五尺；厅堂等慢道每阶基高一尺，拽脚斜长四尺。"这里的斜度和《木经》的"中道"相近似。但是《法式》的"慢道"似乎是对阶级式的"踏道"而言，它是起砖牙或花砖铺的斜坡，而《法式》中"踏道"的斜度则与《木经》中的"峻道"相近。

我们从上面各段中可以看出《木经》中的"材分制"，还处于较

图4 中兴祯应图

原始的阶段。它的"分",主要是指一座建筑物的各部位或各构件之间的一定比例,可能还指某一构件的广、厚或高、广之间的一定比例。"上分"以梁长为基数,"中分"以楹高为基数,"下分"以台基高为基数。楹高和阶高有一定的比例。楹长和极高(或梁长)似乎也规定有一定的比例。其余的构件如斗拱、椽子等,也都依大小比例而等差。有些比例可以有不同的几种,例如同样高度的台阶,阶级的前伸的长度可以有峻、平、慢三等不同的规格,因之有三种不同的比例。《木经》中还没有那种以标准的木材为度量单位的痕迹,更没有后代那种"以横拱之材为度量单位"的制度(如清代的《工部工程做法则例》中所规定的)。就此,我们可以看出中国建筑学上"材分制"这个基本特点的演化的历史。有人以为"后来宋代的《营造法式》就是依据此书(按:指《木经》)写成的"(《文物参考资料》1953年第10期,第67页),这未免有点过分地提高《木经》的地位。实际上,《法式》是一部总结前人的成果而加以规范化的书,已经包括《木经》以外许多其他工匠的新创获。沈括说:"近岁土木之工,益为严善,旧《木经》多不用。"就此可见《木经》在沈氏的时候已经过时了。沈氏在《笔谈》中希望"有人重为之"。这希望在他死后不到十年,便由于《法式》的编成和刊行而实现了。

《木经》近年来很受重视,至少两次翻译成白话文,又经李约瑟译成英文,收在他的《科技史》中。但是迄今似乎还没有人对它作深入的研究。所以我把这篇《校注》整理出来。文中校正原文的误字,纠正近人的误释,并指出它在中国建筑学史上的真正地位。这或许有助于对它的正确的了解。

引用文献简称:

《笔谈》沈括:《梦溪笔谈》,用胡道静《新校正》本,中华书局,1957,第 177~178 页(299 条)。

《校证》胡道静:《梦溪笔谈校证》,古典文学出版社,1956,第 570~571 页(299 条)。

《科技史》李约瑟:《中国科技史》第 4 卷第 3 分册,英文本,1971,第 82~83 页。

《选读》李群注释《〈梦溪笔谈〉选读》,科学出版社,1975,第 30~32 页。

《选注》《梦溪笔谈》注释组:《梦溪笔谈选注》,上海古籍出版社,1978,第 131~132 页。

《译注》中国科学技术大学、合肥钢铁公司《梦溪笔谈》译注组:《梦溪笔谈译注》,安徽科学技术出版社,1979,第 49~50 页。

《法式》李诫:《营造法式》,商务印书馆,1954 年重印版。

元安西王府址和阿拉伯数码幻方[*]

　　1957 年春，在元代安西王府故址的发掘工作中，曾发现了阿拉伯数码的幻方铁板。关于发掘工作的情况，已由发掘主持人马得志写成简报，加以发表①。

　　根据简报，我们知道这遗址"在今西安城东北 3 公里，南距秦家街 120 余米，东距浐河 2 公里许，地势高亢而平坦，是龙首原东去的余脉。该遗址处当地居民现在尚称为'达王殿'，又名'斡耳杂'。……安西王府的城垣……经钻探得知，城基均完整，全是板筑夯土，夯层坚硬平整。……在城的中央，有一规模宏大的夯土台基，高出现在地面 2~3 米多。……这一台基当是宫殿的基址无疑"（图 1）。

　　至于幻方铁板出土的情况，根据简报，五块都出土在夯土台基中（由台基最高点向下约 25 厘米）。其中四块放在石函中。石函上部一块为方石，长宽各 36.5 厘米。下部一块，其向上的一面，中间凿一方槽，以安置幻方铁板。其向下的底面凿有十字形沟"槽"（图 2、图 3）。另外一块铁板是基建部门交来的，其位置已不详，据说出土时也是藏在一石函内。

---

　　*　本文原载《考古》1960 年第 5 期，1978 年 7 月 9 日修改加补注后收入《考古学和科技史》一书（科学出版社，1979）。补记：原是为《上海浦东明陆氏墓记述》所写后记，见《考古》1985 年第 6 期，第 549 页，现附于此。

　　①　见马得志《西安元代安西王府勘查记》，《考古》1960 年第 5 期，第 20~22 页。

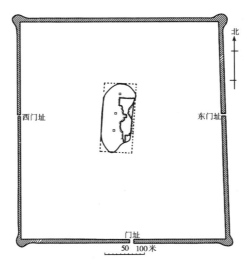

图1 安西王府平面图（有口处为幻方出土地点）

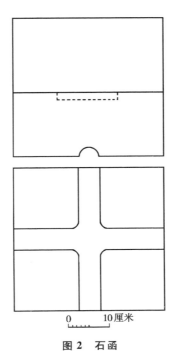

图2 石函

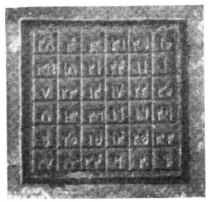

图 3　西安元安西王府址出土阿拉伯数码幻方

　　1. 幻方的阿拉伯数字
　　2. 幻方放在石函内的情形

　　我这里对于安西王和安西王府故址以及阿拉伯数码的幻方铁板稍作说明。

一　安西王和安西王府故址

　　安西王忙哥剌是元世祖忽必烈的正后所生的第三子。他的长兄早卒，次兄是皇太子真金，所以他在皇子中是有特殊地位的。至元九年（1272 年）被封为安西王，赐京兆为分地（《元史》卷七，世祖本纪）。京兆便是关中，是忽必烈为皇子时的旧封地。据《元史》，安西王忙哥剌位下的岁赐为缎一千匹，绢一千匹；江南户钞：至元十八年分拨吉州路六万五千户，计钞二千六百锭（卷九五，食货志）。安西王所部士卒有十五万人①。至元十一年蒙古发兵三道伐宋，四川一道行军的事务，便归安西王府节制②。这是因为当时元室以异族入主中原，除了阶级的矛盾以外，又添加了民族的矛盾，所以要重用皇族，从事镇压。忽必烈让爱子安西王镇守甘陕，建王府于西安，便是这个用意。

忽必烈崇信佛教。忙哥剌（Mangala）一名，据史家剌失德的解释，是梵语"幸福"的意思③。嗣王阿难答（Ananda），便是梵语"欢喜"的意思，和释迦大弟子阿难（或译作阿难陀）同名。忙哥剌成年后是否仍信佛教，或已改信回教，虽史籍没有明白记载，但是他的亲信中一定有回教徒。至于嗣王阿难答是一个笃诚的回教徒，却是史有明文的。《多桑蒙古史》中说："阿难答幼受一回教徒之抚养，归依回教，信之颇笃，因传回教于唐兀之地。所部士卒十五万人，闻从而信教者居其大半。阿难答熟悉可兰经，善写阿剌壁文字。"④ 忙哥剌将年幼的王子交给回教徒去抚养，如果不是他自己当时已信奉回教，至少是由于这位回教徒是他的亲信。

阿难答于至元十七年（1280年）承袭王位。他不仅掌有庞大的兵权，并且有富厚的财力。例如贞元元年赐安西王粮二千石，钞二十万锭；二年给粮万石。大德九年，还安西王积年所减岁赐金五百两，丝一万一千五百斤，仍赐其所部钞万锭。十年赐安西王钞三万锭（《元史》卷一八至二一）。大德十一年（1307年）成宗死无子，阿

---

① 冯承钧译《多桑蒙古史》卷上，中华书局，1962，第360页。
② 屠寄：《蒙兀儿史记》卷七六。
③ 冯承钧译《多桑蒙古史》卷上，中华书局，1962，第349页。
④ 冯承钧译《多桑蒙古史》卷上，中华书局，1962，第360页。

难答适在京师，成宗皇后和一些大臣谋立他为帝，因为他是成宗近系的堂弟（都是忽必烈的皇孙），年龄又较长，本是有权承袭帝位的。但是成宗的侄子海山和右丞相哈剌哈孙合谋，击败了阿难答一派，攫取了帝位，是为武宗。阿难答被赐死[①]。阿难答虽失败，但可以看出安西王在当时统治集团核心的皇族中的重要地位。

屠寄说："忙哥剌始至长安，营于素浐之西。毳殿中峙，卫士环列。车间容车，帐间容帐。包络原野，周四十里。中为牙门，讥其出入。关中故老望之，眙目怵心，以为威仪之盛，虽古之大单于，无以过也。既而有诏命京兆尹赵炳为治宫室，壮丽视皇居。"[②] 这是记载在安西王府宫殿未建筑以前时安西王的王帐的盛大规模。

安西王府的宫室的修治，大概是至元十年（1273年）开始的。据《元史》，是年安西王忙哥剌加封秦王，诏命京兆尹赵炳"治宫室，悉呎炳裁制"（卷一〇八《诸王表》；又卷一六三《赵炳传》）。1275年到忽必烈汗廷的意大利旅行家马哥·波罗，曾到过西安。他在游记中提到这王宫，很加赞美。他说："〔京兆府〕城外有忙哥剌王的宫。宫很华丽。我就要告诉你们了。宫在一个大平原上。到处有川河、湖沼、源泉。宫的前面有一很厚很高的墙，周围有五迈耳（miles，冯承钧译作'约五哩'），建筑极佳，并设的铳眼（作者按：应译作'设有雉堞'）。墙里有许多野兽飞禽。墙围之中央即王宫。宫很大并很华丽。比这再好的是没有了。宫里有许多伟壮的殿，同美丽的房屋。到处皆油漆绘画；用金叶、蔚蓝和无数的大理石来装饰。忙哥剌治国贤明，公平无私，人民很爱戴他。宫的四周有兵驻防。野禽野兽，给他们许多娱乐（冯承钧译作'游猎为乐'）。"[③]这一段之前，有"城在西面"一语，可见王宫是在城东，便在这次

---

① 冯承钧译《多桑蒙古史》卷上，中华书局，1962，第360页。
② 屠寄：《蒙兀儿史记》卷七六。
③ 张星烺译《马哥孛罗游记》，商务印书馆，1937，第225页。

所发现的地方。围墙周五迈耳，当作五华里。元代尺度大抵承宋代三司布帛尺之旧，约合今 31 厘米①。五华里约合 2.79 公里。这次勘探出来为 2.28 公里，相差不大。如果是五迈耳，合 8.04 公里，相差便太远了（补注：参阅《考古》1960 年第 7 期第 56 页章巽《元代安西王府的创建年代》一文，这篇文章也认为王府是至元十年创建）。

马哥·波罗在这一章中说到忙哥剌，是作为活着的统治者看待的，可见在他生前这王宫便已建筑完成了。忙哥剌死于至元十五年（1278 年，见《元史》卷一六三《赵炳传》。至于卷一〇八《诸王表》秦王条误作十七年，乃是嗣王袭位的年）。嗣王尚年幼，后二年才袭封。监督修建王宫的赵炳也便死于这年（《元史》卷一六三《赵炳传》；又《新元史》卷一一四《忙哥剌传》）。大德十一年（1307 年）嗣王阿难答被杀后，武宗以安西王位下分地及江西吉州户钞赐仁宗，不准阿难答的儿子月鲁帖木儿袭封。至治三年八月（1323 年）他以参与政变，才袭封为安西王（《元史》卷二九）。是年十二月，便被论罪流放到云南去。后于至顺三年（1332 年）被诛死。他曾以安西王嗣子和安西王的身份，住过这王宫。他被流放后，这王府便被当成了"故宫"。有人以为这时便成为废址，但实际上仍被居住利用。元顺帝至正十七年（1357 年），红巾陷商州。陕西行台治书侍御史王思诚"会豫王……及省院官于安西王月鲁帖木儿邸"（《元史》卷一八三《王思诚传》）。可见这王宫仍未成废墟。这时上距月鲁帖木儿的被诛已 25 年，上距建造年月已 84 年。如果不是安西王后人仍住在这故宫中，便是由于当时沿用旧称。这王宫成为废址，当在元末农民起义之后。那时，这作为种族压迫和阶级压迫的象征的安西王府，很可能成为仇恨的对象，随同元朝的政权，遭到了毁灭。

这王府故址，保存得并不好，除了周围城墙和中轴线上的王宫台

---

① 杨宽：《中国历代尺度考》，商务印书馆，1955，第 81、87、108 页。

基之外，马哥·波罗所说的"许多伟壮的殿同美丽的房屋"，都已不易寻出痕迹来。王宫的台基，因为表面堆积层已遭严重破坏，连柱础的痕迹也被毁灭无余。但依照台基的平面和所出奠基石函的位置来推想，这台基上的宫殿，很可能是前后三进，像北京故宫的三大殿。奠基石函虽仅发现5件，很可能原有6件，成为3对，左右对称。如果只有5件，可能是三殿各有一件，前殿的两侧殿各有一件。上引的《蒙兀儿史记》说安西王宫"壮丽视皇居"（卷七六）。元大都的宫阙也是至元十年（1273年）开始建筑，至次年告成（见《元史》卷八《世祖本纪》）。大都宫阙的主殿是大明殿，据元人陶宗仪《辍耕录》宫阙制度条（卷二一）和明初萧洵《故宫遗录》（《日下旧闻考》卷三二）所载，殿基高可十尺，正殿十一间，东西二百尺，深一百二十尺。殿后为柱廊七间，深二百四十尺，广四十四尺。后连后宫，为寝室五间，东西夹室六间，后连香阁三间，东西一百四十尺（一作五十步，即一百五十尺），深五十尺。殿基绕以石阑，宫殿檐脊饰琉璃瓦。可见这大明殿的殿基上的建筑物，东西最广处为200尺，南北三个建筑物合共410尺，约为1与2之比。这次探勘出来的安西王宫的台基，广90米，深185米，也是1与2之比，比例相同。台基高3米，即元尺10尺左右，和大明殿的殿基"高可十尺"，完全相同，大明殿的200×410尺，合今62×127米，较安西王宫的台基为小，但建筑物之外，殿基上可能在宫殿外周至阶沿还留有空地，而安西王宫的台基可能在废弃后四周的夯土向外崩圮，复压的面积较原来的增大（探勘出来的平面图作椭圆形，也由于这缘故）。就围墙北面不开门这一点来推论，这殿坐北朝南。台基上的布局：前为朝会的正殿，中为柱廊或中殿，后为寝殿，略成工字形。吉谢列夫1957～1958年在蒙古人民共和国的和林以北60公里的康都依地方发掘一座元代（14世纪）的宫殿遗址，也是在台基上建筑有前、中、后三殿，中后二者间有柱廊①。安西王府故址殿基之外、围墙之内，当另有一些建筑物，可惜已无法复原了。

二　阿拉伯数码的幻方铁板

安西王府故址中阿拉伯数码的幻方铁板发现后，严敦杰曾根据它来撰写《阿拉伯数码字传到中国来的历史》②；李俨又撰写《阿拉伯输入的纵横图》③，系由数学方面来研究纵横图的组成的经过和以后推进的情形。我现在从另一角度（主要的是从考古学的角度）来谈一谈它。

幻方（Magic Square）一名方阵，也叫作纵横图。它的特点是将 n^2 个数字，排成正方形，每边为 n 个，使纵行、横行和对角斜线上的数字的总和都是相等的。我们这个幻方是六六图，

即纵横都是六个数字，无论纵、横、斜，总和都是 111（图4）。我国宋代以来所谓"洛书"，也便是一种三三幻方，和数是15。幻方现在是被视作可进行数理研究的纵横图，但在古代却是被视为奇幻莫测的幻方。我国的"洛书"原是道士们所用的"太乙下行九宫"，宋儒依据道士所说的一套拿来以解释《易经系辞》中的"洛出书"。这是由于幻方带有点神秘的气味。实则上古传说中的"洛书"，汉人或以为是八卦，或以为即《洪范》，诸说纷纭，但没有以为是三三纵横图的。另一方面，三三纵横图始见于《大戴礼记·明堂篇》，说："二九四，七五三，六一八。"（战国末至汉初的作品）。汉唐时称为

---

① 见《C. B. 吉谢列夫通讯院士在北京所作的学术报告》，《考古》1960 年第 2 期，第 50~51 页。

② 《数学通报》1957 年第 10 期。

③ 《文物参考资料》1958 年第 7 期。

"九宫"①。宋人才将二者等同起来。北宋时还有人以为"三三纵横图"是"河图",南宋起,才一致以为它是"洛书"。

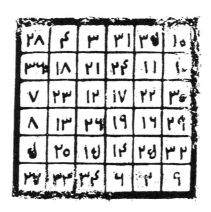

28	4	3	31	35	10
36	18	21	24	11	1
7	23	12	17	22	30
8	13	26	19	16	29
5	20	15	14	25	32
27	33	34	6	2	9

图 4　阿拉伯数码幻方拓片（上），释文（下）

幻方是数学中组合分析的一支，但是因为它的神秘色彩，宗教迷信便加以利用。现代埃及南部农民用四四幻方作为催生或诅咒的符②。现今印度人也常将幻方刻在金属物上或小石片上，挂在身边作

---

① 李俨：《中国古代数学史料》，中国科学图书仪器公司，1954，第 40~41 页。《大戴礼记》是戴德在公元前 1 世纪中叶所编成的。
② W. S. 布拉克曼：《上埃及的农民》，1927，第 190~191、205~206 页。

为护符①。伊斯兰世界相信幻方具有保护生命和医治疾病的巨大力量②。

我们这几件六六幻方，都是铸在正方形铁板上。铁板藏在石函内，埋在夯土台的房基中。它的作用，和埃及法老时代的"奠基埋藏"（Foundation Deposit）相同。后者在第十八王朝（公元前 16~前 14 世纪）便有了。重要建筑物奠基时，常在基地中埋藏一些压胜或辟邪的器物，以求保护这些建筑永久不受灾害③。我们这几件幻方铁板的埋藏，用意当是相同的。

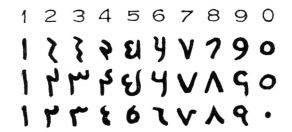

图 5　不同时代的阿拉伯数码的字形的比较

这几件幻方，都是用阿拉伯数码写的（图 3：1）。现代数学上通用的数码便是由阿拉伯数码（或印度—阿拉伯数码）传入欧洲后演变而成的。但是它在阿拉伯本土，也依着时代的推移而有所变化。如果取 10 世纪的和现代的阿拉伯数码④来和这次西安所发现的幻方上的数码相比较，当如图 5：图中第一行为今日通行数码，第二行为 10 世纪的东阿拉伯数码，第三行为西安出土 13 世纪幻方中数码，第四

① 《不列颠百科全书》第 14 卷，1953，第 627 页。
② 郑德坤：《几件有伊斯兰幻方的华瓷》，《亚洲艺术杂志》（英文，新加坡）1971（?）年第 1 期，第 151 页。
③ G. 马斯培罗：《埃及考古学手册》，1914，第 55 页。
④ 《不列颠百科全书》第 16 卷，1953，第 613 页。

行为现代的阿拉伯数码。由图 4 可以看出西安出土的幻方所用的十个数码，其中 5、6、9 是和第二行相同或相接近，2、3、4、8 是和第四行相同或相接近，而 1 和 7 是三者都相同的。这表示西安的一套数码是由 10 世纪到现代的中间过程形式，而接近于 10 世纪的，依照上面第一节所考证的，我们知道它们是 13 世纪 70 年代所埋藏的，它们的制作年代应当相去不远，可以假定为 13 世纪 50 年代到 70 年代。严敦杰、李俨两位同志以为是 13 至 14 世纪的，当时由于只知道它们是元代物。我们既已考定了安西王府的建筑年代，便可确定它们是元初（相当于南宋末年）的东西，不会晚到 14 世纪的。李俨以为"我国的纵横图曾列入宋代杨辉《续古摘奇算法》（1275 年）一书之内，可能在此图之前"①。我们既知这铁板是 1723 年奠基时埋入的，则杨书似应在此图之后。杨书是《杨辉算法》之一，序文中虽说本书的汇集是"诸家算法奇题及旧刊遗忘之文"，但可能有些幻方是杨辉的创获。纵使是旧法，也似乎离他的时代不会太远。我国古代的幻方，有了可能是全世界最早的幻方"九宫图"以后，长时期内没有什么发展。到了杨辉的书中，忽然发展到十几个纵横图，还讨论了构成的方法，突飞猛进。这是不是受到阿拉伯的纵横图传入的影响？此图与杨书中六六纵横图不同。但杨书中四四纵横图显然是受阿拉伯纵横图的影响，后者在阿拉伯的算书中比杨书较早出现三百来年（990 年）②。

根据这些数码，可以确知它们是阿拉伯的东西。上面第一节中已提到安西王阿难答是一个笃诚的回教徒，擅长于书写阿拉伯文字，而他的父亲安西王忙哥剌可能晚年也信崇回教，至少他的亲信中有回教徒。此外，《马哥·波罗游记》中说当时西安城内大多数人民都拜偶

① 李俨：《阿拉伯输入的纵横图》，《文物参考资料》1958 年第 7 期，第 19 页。
② S. 卡曼（Commann）：《中国幻方的演变》，《美国东方学会会志》（英文），第 80 卷（1960），第 116~124 页；又：《古代中国幻方》，《中国文化学志》（Sinologica）（英文），第 7 卷（1962）第 1 期，第 14~53 页。

像（即相信佛教），但也有少数奉景教的突厥人和若干回回教徒①。那么这几件阿拉伯数码的幻方，虽是毫无疑问地受了阿拉伯的影响，但是它们的铸造，仍有可能是西安当地回教徒书写出来交工匠铸造的，不一定原物非由阿拉伯国家输入不可。

这几件幻方铁板的发现，既可以作为研究阿拉伯数码演变史和数学史的资料，又可以提供研究当时的宗教和风俗的史料；同时，它们也是 13 世纪中西交通频繁的重要的物证。

补记：上海浦东明代陆氏墓出土的玉辟邪符②，一面是阿拉伯文《可兰经》的字句，另一面是古代阿拉伯数码的"幻方"。阿拉伯文的"万物非主，惟有真宰，穆罕默德为其使者"一语，是《可兰经》中一般称为"清真言"的一段文字。这"清真言"常常铸、刻于阿拉伯各国的铸币和墓碑上面。"幻方"在中国古籍中叫作"纵横图"。这块"幻方"上的数码，用现代通行的数码换写如下（图6）。

这里使用的数目，从 1 到 16，一共 16 个数目。它们分作四行排列，纵栏、横行和对角线，各 4 个数目，加起来都是 34。这是"纵横图"中的"四四图"，比"九宫图"（即"三三图"）为繁复，但比西安元代安西王府出土的"六六图"，稍为简单。这次的发现，不仅为明代中国同伊斯兰国家的文化交流史和中国数字史提供了新的物证，并且这"幻方"在这里是与《可兰经》的阿拉伯文"清真言"一样，都当作辟邪之用。所以这件古物也是明代伊斯兰教徒中民间信仰方面的一件物证。

1985 年 3 月 13 日

---

① 张星烺译《马哥孛罗游记》，第 225 页。
② 上海博物馆：《上海浦东明陆氏墓记述》，《考古》1985 年第 6 期，第 543 页，图版八。

8	11	14	1
13	2	7	12
3	16	9	6
10	5	4	15

图 6 用现代通行的数码换写的"幻方"数码

初版编后记

中国是世界文明发达最早的国家之一。中国具有悠久而灿烂的历史；在科学技术领域，也有光辉的成就。在浩如烟海的史籍中，有大量的关于科技史的史料。但是这些文献记载，其中绝大部分是出于文人学士之手。这些脱离生产活动的知识分子，许多是"四体不勤、五谷不分"的。所以古代科学技术的实际情况，有的根本没有被记录下来，有的略被提及，不够详细，并且常有错误。世界各国研究科技史的学者们，最近都很重视考古发现的实物资料。这些考古新发现，有的是久已失佚的文献记录，有的是古代遗留下来的遗迹和遗物。后者经过现代科学方法的分析，常常提供了较全面、较可靠的有关科技史的宝贵资料。

本书所收集的论文，一共十篇，都是结合考古新资料以研究中国科技史的某些问题。它们曾发表于1960～1976年的《考古学报》和《考古》上。这里的编次是依照论文的性质分类排列，并不依照发表年月的先后。

第一篇：《考古学和科技史》，可算是全书的"代序"。这篇内容，在表面上是介绍1966年以来我国有关科技史的考古新发现，实际上是想说明考古资料对于科技史研究工作的重要性；同时也是告诉考古工作的同行们，应该设法取得科技工作者协作，以解决考古学上的问题，有些同时也是科技史上的重要问题。

第二篇：《沈括和考古学》，是一篇通论性质的文章，介绍宋代科学家沈括对于考古学的贡献。沈括用自然科学的方法和观点来研究考古学。这篇是用新的观点来写中国考古学史中一个重要人物。从前叙述宋代考古学家的文章一般是不把沈括列入其中的。

第三篇：《从宣化辽墓的星图论二十八宿和黄道十二宫》，是关于天文学的。这篇利用辽墓壁画上的二十八宿和黄道十二宫，结合大量文献，以论证二十八宿起源于中国。这问题虽还不能完全解决，但已可得初步的结论。可以用以驳斥帝、修御用学者的谬论。

第四篇：《洛阳西汉壁画墓中的星象图》，也是关于天文学的。文中介绍我国已发现的星图中最早的一幅。同时也讨论关于对比今古星座的方法论问题。

第五篇：《元安西王府址和阿拉伯数码幻方》，是关于数学史的。这里讨论了中国幻方的历史，同时介绍中国引进阿拉伯的幻方和数码字的经过。

第六篇：《新疆新发现的古代丝织品》，是关于纺织史的。这篇根据 1959~1960 年新疆新发现的丝织品，以讨论汉唐时代的绮、锦和刺绣。研究它的织法和花纹，并且附带讨论汉唐时代的中西交通史。

第七篇：《我国古代蚕、桑、丝、绸的历史》，也是有关于纺织史的。这里研究我国汉代以及汉以前的有关于养蚕、植桑、缫丝和织绸的历史。对于汉代织机，作了新的复原；对于各种丝织品的组织，作了分析。

第八篇：《吐鲁番新发现的古代丝绸》，也是关于纺织史的。主要是介绍 1966~1969 年吐鲁番新发现的几件标本，作为上面两篇论文的补充。

第九篇：《晋周处墓出土的金属带饰的重新鉴定》，是关于冶金史的。这里对于引起国内国外注意的晋墓出土的金属带饰，作了探讨，确定了十几件带饰都是银制的，不是铝制的。至于小块铝片，可能是近代混进去的。

第十篇：《我国出土的蚀花的肉红石髓珠》，是关于化学史的。这里讨论石串珠蚀花的技术，以及这类串珠的年代和地理分布。

经过重新排列后，各篇末尾分别注明原载刊物的名称、期数和出版年月。各篇内容，仍照原来发表时的样子，仅作少量的文字修改。有的在篇末加了补记（如第一篇、第二篇、第七篇、第九篇），有的增添一些注释。有几篇在编辑体例方面作了些更动。

当前，在党中央关于科学工作的重要指示的鼓舞下，在全国科学大会召开之后，全国科技界正在掀起大搞研究的热潮的时候，我们更不应忘记我国古代在科技方面的光辉的成就。本书不过是一个初步的肤浅的工作。这次稍加整理后重行付印，只是想引起重视这方面的研究，加以促进。书中错误的地方一定不少，希望读者提出宝贵意见，批评指正。

附录　夏鼐先生对中国科技史的
　　　　考古学研究

杨　泓

夏鼐先生曾经谦虚地声明过："我是搞考古学的。对于中国科技史，可以说是一个门外汉，完全外行。"透过这一谦虚的声明，也可以反映出他对中国科技史方面进行的仍是考古学的研究，也就是创造性地利用各种考古学的资料，运用考古学的方法进行的。由于他在考古学方面造诣之深，对与考古学关系密切的许多学科了解之广，因此能够精辟地阐明中国古代在天文、数学、纺织、冶金、化学等科技领域中的许多光辉成就。[①] 同时，他还尽力促进考古学界和科技史学界之间学术上的密切联系，相互配合地取得了许多重要的研究成果。特别是在陶瓷史、冶金史等方面最为突出。以致一些国外的科学史学者把中国大陆上中国考古学家和中国科技史专家之间对于古代文物研究方面的密切合作，以及中国考古学家特别重视中国古物的技术史方面研究，都归功于夏鼐先生。[②] 在这方面，先生是当之无愧的。

夏鼐先生在《沈括和考古学》一文中，十分推崇沈括在冶金学方面的"实事求是的唯物主义思想""研究古器的制法和用法，不局限于表面的描述""注意各门学科的协作，不孤立地研究问题"等

---

① 夏鼐：《中国考古学和中国科技史》，《考古》1984 年第 5 期，第 427 页。
② 夏鼐：《中国考古学和中国科技史》，《考古》1984 年第 5 期，第 427 页。

等。其实他自己在治学中也同样具备上述特点，特别是以严谨的实事求是的科学态度，认真对待每一个学术问题，坚持真理，从不考虑个人得失。从下面的例子可以充分显示出一个坚持真理的正直学者的本色。

1972 年，河北省藁城商代遗址发现了一件铁刃青铜钺，铁刃经初步检验，被认定是人工炼铁。① 消息传开，在当时的政治条件下，就被宣传为铁器的使用是标志着中国历史进入阶级社会第一阶梯——奴隶社会的实物例证，认为这才符合马克思主义经典作家的指示，并预示着商代铁器将继续出土。但是，当那件标本发现之初，发现者曾拿到考古研究所请夏鼐先生看，当时他即指出，据肉眼观察，这是铁制的无疑。但是在人类能炼铁以前，还曾利用陨铁制器，这件是陨铁或人工炼铁，要找科技专家来鉴定。二者在人类文化发展史上的意义是大不相同的。并且嘱咐说，要特别注意其中的镍的含量，因为一般人工炼铁中很少能含镍达 5% 以上，都是 1% 以下。当报道这一发现的考古简报送到《考古》杂志要求发表时，编辑部诸先生认为根据夏先生意见应慎重从事，需有认真的科学鉴定，未敢贸然刊出。后来由于受到所谓"上面"和其他方面的压力，只得将该简报于 1973 年第 5 期刊出。夏先生看到校样后，认为至少应该加上几句编者附记，指明"藁城商代遗址出土的铁刃铜利器，是一个很有意思的发现。但是，根据已做过的化学分析和金相考察，似乎并不排斥这铁是陨铁的可能，还不能确定其'系古代冶炼的熟铁'"。当时编辑部认为不宜加"编者按"，而希望夏先生署名，于是在该简报后附有他署名的"读后记"。② 针对原简报所附冶金部钢铁研究院试验报告中的"金相观察小试样因已锈蚀看不到金属组织，但发现大量条带状夹杂物，并

---

① 河北省博物馆、文物管理处：《河北藁城台西村的商代遗址》，《考古》1973 年第 5 期，第 266~270 页。
② 见《考古》1973 年第 5 期，第 271 页。

且钺本身有分层现象，说明金属经过热变形。电子探针微区分析小试样含有硅酸盐（FeO）$_X$，（SiO$_2$）$_Y$ 和大块的氧化钙，条带状夹杂物，夹渣和渣子的化学成分都具有'熟铁'的特征"。夏先生指出，发现大量条带状夹物并有分层现象，只能证明金属经过热变形和锤打的，因之不是生铁（生铁锤打即碎），而不足以确定其为熟铁或陨铁。并指出大多数陨铁可以锤锻成器，这不仅有民族志的实例，还有人做过实验。又指出含镍较多是陨铁的特点，定量分析一个小试样是含镍1.76%，是一般冶炼的熟铁所罕见的，所以这方面还要再作分析。至于含有硅酸盐夹杂物和含锰很低，并不仅是"熟铁的特征"，陨铁也常如此。而石灰可能是埋进土中后沾污上去的。夏先生还指出简报中提到的流入美国的 1931 年浚县出土的两件铁刃铜利器于 1946 年发表后，"1954 年梅原末治加以研究，认为是冶炼的铁，并且还认为这两件发现是'划时代的事实'，但是后来做了科学分析，证明实是陨铁所制。"在阐述了以上理由后，他慎重地提出"我们以为这次所发现的青铜利器的铁刃是否系冶炼的熟铁，还有待进一步的分析研究。"夏先生的意见是有科学基础和说服力的，自然引起国内外学术界的重视。但是当时的政治气候极为险恶，所内所外都有人正罗织罪名，来"批判"夏先生，于是这一"读后记"就被作为他"反马克思主义""学阀作风""打击新生力量"等的证据。虽然如此，夏鼐先生仍旧坚定地认为这是一个需要深入分析的学术问题，继续安排重新鉴定事宜，请钢铁学院的柯俊先生主持这一鉴定工作。经过柯先生和钢院冶金史组同志的认真工作，证明这件青铜钺的铁刃确是用陨铁制成的，他们的鉴定报告《关于藁城商代铜钺铁刃的分析》，以"李众"笔名发表于《考古学报》1976 年第 2 期，结论是"藁城铜钺铁刃中没有人工冶铁所含的大量夹杂物，原材料镍估计在 6% 以上，钴含量在0.4% 以上。更为重要的是，尽管经过锻造和长期风化，铁刃中仍保留有高低镍、钴层状分布，高镍带风化前金属镍含量达到 12%，其至可能在 30% 以上。这种分层的高镍偏聚，只能发生在冷却极为缓慢的铁镍天体中。根据这些结果以及与陨铁、陨铁风化壳结构的对比，可以确定，藁城铜钺的铁刃不是人工冶炼的铁，而是用陨铁锻成的。"[1] 柯先生的科学结论，澄清了前此引起的混乱，为中国冶金史和中国考古学两方面都解决了一个重要问题。同时，也证实了夏鼐先生原来所作的论述正准确地指明商代铜钺上铁刃的性质，既表明了先生的渊博学识，也显示出先生实事求是，坚持真理的学风。

对中国科技史的考古学研究，是夏鼐先生生前最感兴趣的研究课题之一，从 20 世纪 50 年代后期到 80 年代初期，他完成的学术论文主要集中在两方面，其一是对中西交通史的研究，另外就是对中国科技史的研究。[2] 他并且将《考古学和科技史——最近我国有关科技史的考古新发现》《沈括与考古学》《从宣化辽墓的星图论二十八宿和黄道十二宫》《洛阳西汉壁画墓中的星象图》《元安西王府址和阿拉伯数码幻方》《新疆新发现的古代丝织品——绮、锦和刺绣》《我国古代蚕、桑、丝、绸的历史》《吐鲁番新发现的古代丝绸》《晋周处墓出土的金属带饰的重新鉴定》《我国出土的蚀花的肉红石髓珠》等十篇亲自修改编定为《考古学和科技史》一书，由科学出版社出版。[3] 提到该书的出版，还应介绍夏鼐先生在逆境中仍孜孜不倦地钻研学术的可贵精神。那本书开始编集是在 1975 年，当时正值"批儒评法"的高潮，他自己面临着新的"批判"，前景茫茫，但是先生并不为险恶的形势所动，致函科学出版社，提出准备将历年来的有关科技史方面的论文编集出版。我个人受科学出版社王玉生同志之托，协助夏先生做具体的编辑及配图等工作，面对当时所内对他不利的局

① 李众：《关于藁城商代铜钺铁刃的分析》，《考古学报》1976 年第 2 期，第 17~33 页。
② 王仲殊：《夏鼐先生传略》，《考古》1985 年第 8 期，第 681 页。
③ 夏鼐：《考古学和科技史》，科学出版社，1979。

面，我真为他担心，但他自己仍照常修改旧作并开展新的研究。这本书编成时已是"四人帮"被粉碎以后，他把新发表的《考古学和科技史》一文收入集内，作为全书的"代序"，并以该篇名为全书的书名，这时才得以正式列入考古学专刊甲种之中。该书出版以后，夏先生又继续发表了《另一件敦煌星图写本——〈敦煌星图乙本〉》《有关安阳殷墟玉器的几个问题》《中国考古学和中国科技史》《所谓玉璇玑不会是天文仪器》《〈梦溪笔谈〉中的喻皓木经》及《湖北铜绿山古铜矿》（与殷玮璋合写）等论文，完成了许多新的有关科技史的研究课题。下面想概要地介绍夏先生在上述一系列论文中的主要成果。

一

《中国考古学和中国科技史》和《考古学和科技史——最近我国有关科技史的考古新发现》是两篇综合性的研究论文，在前一篇中夏先生明确了考古学和科技史的定义，阐述了它们各自的特点以及它们之间的密切关系。后一篇则"在表面上是介绍自1966年以来我国有关科技史的考古新发现，实际上是想说明考古资料对于科技史研究工作的重要性；同时也是告诉考古工作的同行们，应该设法取得科技工作者协作，以解决考古学上的问题，有些同时也是科技史上的重要问题"①。因此这两篇对考古界的同行们，都是具有指导性的重要文章。

夏先生指出科学技术史便是自然科学和应用科学的历史，它应该算做社会科学中的历史科学，而不是自然科学。科学史家要有专业性的自然科学的训练，但是他研究的对象不是自然现象，而是作为社会

---

① 夏鼐：《考古学和科技史》，科学出版社，1979，第135页。

成员的人类对于自然界的认识的发展过程和人类关于这方面的知识的累积过程。现代的考古学是历史科学的一个部门，是利用古代留传下来的实物来研究古代人类的社会、经济、日常生活等各方面情况和它们的演化过程。至于二者的关系，科技史的"史"字是广义的历史，包括利用文献记载的狭义的历史和利用实物资料的考古学。因此其中许多方面是要依靠考古学提供实物标本和涉及标本的有关资料（例如标本的年代和出土情况等）；有时候需要合作，共同进行研究。另一方面考古学有很多地方要依靠科技史专家来帮忙解决，例如陶瓷史和冶金史中的问题，也便是科技史中有关部门的问题，只能提供资料请科技史专家或科技专家来加以鉴定和研究。在请科技史专家配合时，首先要明白提出想解决什么问题，其次必须实事求是地提供出土情况等资料。如果田野工作当时有疏忽或者不确切，最好自己加以更正，以免引出不够正确的结论。①

为了说明考古资料对于科技史研究工作的重要性，夏先生在《考古学和科技史》一文中择要综述了1966年至1977年初我国有关科技史的考古新发现，按（一）天文和历法；（二）数学和度量衡；（三）地学；（四）水利工程和交通工具；（五）纺织、陶瓷和冶金；（六）医学和药物学；（七）农业科学的顺序。在该文的补记里又补叙了有关铜绿山春秋炼铜竖炉和关于古代甲胄的综合研究。

二

夏鼐先生对有关天文学的考古资料的研究，集中表现在对古代星图的研究，对二十八宿和黄道十二宫的研究，以及对古天文仪器的辨伪。

---

① 夏鼐：《中国考古学和中国科技史》，《考古》1984年第5期，第428~430页。

晴朗的夜晚，万里长空，星辰灿烂。古代人民很早便注意到这些星辰的星移斗转的现象，因为这和生产实践的季节性活动有密切联系。后来将观测星辰的结果绘成星图。对于考古发现中的古代星图，夏鼐先生指出应分为两类："一类是天文学家所用的星图，它是根据恒星观测绘出天空中各星座的位置，一般绘制得比较准确，所反映的天象也比较完整。它和现代天文学上的星图，性质相同，只是由于没有望远镜的帮助，星数和星座数较少而已。"这类星图如现存的唐代敦煌星图、苏州宋代石刻天文图等。"另一类是为了宗教目的而作象征天空的星图和为了装饰用的个别星座的星图。"[①] 这一类多发现于古代的墓葬中。如汉画像石中的织女图像等，是为了装饰用的个别星座星图的例子，墓室顶部绘出或刻出的星图，是为了宗教目的而用以象征天空的，这种风俗在我国现存文献中最早出现于秦代。《史记·秦始皇本纪》记载秦始皇陵中，"上具天文，下具地理"，当是在墓室顶部绘画或线刻日、月、星象图。迄今发掘所得以洛阳西汉墓中星象图为最早。这些象征天空的星图又分两种，以唐、宋墓中二十八宿图为例，"其中一种，各宿的相对位置依实测图绘制，又绘有赤道，可以依之推算出观测年代。例如杭州吴越王钱元瓘墓中石刻星图"。"另一种是将二十八宿排成一圈，不管它们的相对距离，也没有绘出赤道。"例如新疆吐鲁番唐墓顶部的星图和宣化辽墓的星图，"它们是无法推测出观测年代的"[②]。

对于第一类星图，夏鼐先生近年对敦煌星图写本进行了研究，主要是现藏甘肃省敦煌县文化馆的《敦煌星图乙本》（编号为写经类58号），并兼及李约瑟博士已论述过的甲本（斯坦因敦煌卷子 S. 3326号）的有关问题。乙本现存部分是一残卷，原来可能和甲本一样，

---

① 夏鼐：《从宣化辽墓的星图论二十八宿和黄道十二宫》，《考古学报》1976年第2期。
② 夏鼐：《从宣化辽墓的星图论二十八宿和黄道十二宫》，《考古学报》1976年第2期。

在《紫微宫图》前面，还有几幅星图，绘上了当时观测过的全部"星官"，即"星座"（严格言之，我国星图中星应称为星官，因为有些只有一颗星，不能称为星座）。[①] 他将甲本、乙本与唐人王希明《丹元子步天歌》及《晋书》《隋书》两书内《天文志》中紫微宫一项内的星官名和星数一起，列成详细的对照一览表。通过比较它们之间的异同后，指出"敦煌两种星图的内容和《步天歌》最为相近，与《晋书》《隋书》两史的《天文志》差异较多，但都属于一个系统。"因为《晋书》《隋书》两史的《天文志》的"紫宫"（即紫微宫），共有36个星官，161颗星。《步天歌》的紫微宫一节中没有造父和钩星，它把这二者都改放在危宿中。但是它又多出了玄戈、天枪、天棓、八谷和太尊，所以它共有39个星官，163颗星（其中华盖缺少2颗星）。甲本和乙本的紫微宫图都没有造父和钩星。甲本也把这二者放在危宿，乙本失去危宿图，可能也同样处理。甲本和乙本都没有内厨和太尊，但是有玄戈、天枪、天棓和八谷，也与《步天歌》相同。至于甲、乙两本之间，虽大致相同也稍有差异，乙本在紫宫垣用一个封闭的圆圈来表示，在它外面另有一更大的同心圆，当是表示上规（内规）的，即天极上北极出地常见不隐的地方的界线。这图的星辰位置绘制得并不十分精确，但是根据传舍、八谷及文昌等星来推测，这星图的观测点的地理纬度约为北纬35°左右，即相当于西安洛阳等处。这图中圆心的星是北极第三星，"按第五星天枢代替第二星帝星为极星，一般认为隋唐之际；第二星帝星为极星，约在周初（公元前1000年），则第三星代替第二星帝星为极星，约为汉、魏时，如果这幅图是正确的话，那么这便是这星图的观测年代。"因此乙本由于"既照顾到紫微宫应列入的星座，又绘出上规（内规）

---

① 夏鼐：《另一件敦煌星图写本——〈敦煌星图乙本〉》，载李国豪等主编《中国科技史探索》，上海古籍出版社，1982，第143页。

的圆圈，使我们得以推测它的观测地点和年代，这是它胜于甲本的优点之一"①。它们之间的另一个差异，是图幅的上下二者适相颠倒。至于各星官的形状和位置，一般而论，甲、乙两本的图，都绘制得不很正确，但也没有很重大的错误。总之，乙本原来的蓝本，在星官数和星数方面，实稍胜于甲本的原本，但两个原本大同小异，是一个系统的两个不同本子。关于这两种星图的年代，甲本稍早，李约瑟认为抄写年代约在公元 940 年，即后晋天福年间，判断似乎偏晚了，根据甲本的字体和卷末雹神的图形，夏先生以为可能早到开元天宝时期（公元 8 世纪）。至于乙本，这写本正面是《唐人地志残卷》，据向达教授考证，当撰于天宝初年（8 世纪中叶），但抄写年代可能晚一些。星图抄在背面，其抄写时代当比正面还要晚，字体近于五代时（10世纪）写本，要比甲本晚一些，《中国古代天文文物图集》认为抄写时代约在晚唐五代时期（10 世纪上半叶）。由于上述对甲本和乙本的研究，夏先生对《步天歌》的年代和作者提出考证，指出王希明是唐开元时人，《步天歌》的歌辞撰述的时代不能早于李淳风活动的时代。因为初唐时（7 世纪）所撰的晋、隋二史的《天文志》中的紫微宫与《步天歌》和两种敦煌星图比较，可以看出它们之间的一些显著差异。又将《步天歌》与两种敦煌星图抄本相比较。则几乎完全相符合。如果《步天歌》是隋代作品，则这种现象很难解释。如果它是唐开元时作品，则这解释上的困难便不存在了。

对后一类古墓墓室内为宗教目的而作象征天空的星图，夏先生着重研究了发现年代最早的洛阳西汉壁画墓星图。该墓发掘于 1957 年，日、月、星象图发现于前室的顶脊上，它以彩色描绘在十二块长方砖上，由西向东，第一幅是太阳，第七幅是月亮兼星象，其余十幅都是

---

① 夏鼐：《另一件敦煌星图写本——〈敦煌星图乙本〉》，载李国豪等主编《中国科技史探索》，上海古籍出版社，1982，第 147 页。

星象图。都是用粉白涂地，然后用墨、朱二色以绘流云，用朱色圆点标出星辰。夏先生逐幅考证了所绘星座以后，指出："如果所推定的星座，大致不错，那么，我们可以说，这12幅的日、月、星象图，最东的一幅是太阳图，然后是'中宫'的北斗及其有关的五车和贯索；然后是二十八宿中东方的心、房，西方的毕、昴、参，北方的虚、危，南方的柳、鬼（或轸）等九宿，还插入月亮图和河鼓（及其有关的旗星）和织女"①。因此它并不是以十二个星座表示十二次（更不是十二宫），也不是象征十二时辰，而是汉代天官家所区分的"五宫"中每"宫"选取几个星座用以代表天体而已。我国古代的生产，以农业为主，劳动人民注意一年四季的更迭，以求不失农时，而四季的更迭，可以由观测赤道附近的某一恒星或星座在初昏时（或昧旦时）的"中天"作为标准，也可以由初昏时北斗的斗柄所指的方向作为标准。记载殷末周初的天文现象的《尧典》中，便有观测"四仲中星"的纪录。后来受了五行学说的影响，在四方之上又添"中宫"，成为"五宫"。而"四中星"也扩充到二十八宿，但仍分属"四宫"。洛阳西汉墓星图便是在这天文知识的基础上所绘成的，它提供了我国天文学史上的重要新资料。

夏先生对二十八宿和黄道十二宫的研究，是结合对宣化辽墓星图的考证进行的。1974年发掘的河北省宣化辽张世卿墓（死于辽天庆六年，即1116年）所绘星图，属前述第二类中的后一种，在室顶中央以铜镜为莲心的九瓣重瓣莲花周围，绕绘二十八宿，在其外边又环绕以西方传来但已中国化的"黄道十二宫"的图像。② 十二宫中的双子和室女，都是穿中国古代服装的汉人，宝瓶为中国式瓶子，双鱼作汉洗中双鱼游水状，说明画法和风格完全中国化了。这一星图的发

---

① 夏鼐：《洛阳西汉壁画墓中的星象图》，《考古》1965年第2期。
② 河北省文物管理处等：《河北宣化辽壁画墓发掘简报》，《文物》1975年第8期。

现，引起了夏先生的注意，认为对二十八宿这问题的进一步探讨，具有学术上的理论意义。由于明末西洋来华的耶稣会教士们，误认我国的二十八宿及与之相关的十二星次，便是巴比伦、希腊天文学的黄道十二宫的翻版。后来主张"中国文明西来说"的西洋汉学家，仍多袭这种错误说法。苏联的 JI. C. 瓦西里耶夫在讨论殷商文化元素时，还说什么中国在当时借用了西方的"黄道带"概念，仍袭"中国文明西来说"。因此这一问题的探讨也具有政治上的现实意义。① 经过研究，夏先生发表了《从宣化辽墓的星图论二十八宿和黄道十二宫》，结论主要是以下几点。（1）二十八宿的巴比伦起源论是没有根据的。中、印两国的二十八宿是同源的，而中国起源论比印度起源论具有更为充分的理由。（2）二十八宿体系在中国创立的年代，就文献记载而言，最早是战国中期（公元前 4 世纪）；但可以根据天文现象推算到公元前 8 到 6 世纪（620±100B. C.）。虽然可能创始更早，但是公元前 4 世纪以前的文献中只有个别的星宿名称，文献本身未足以证明这些星宿是已成体系的二十八宿的组成部分。（3）黄道十二宫体系，起源于巴比伦，完成于希腊；由希腊传入印度。后来这体系随着佛教传入中国，最早见于隋代所译的佛经中。十二宫图形的输入也已证明至晚可以早到唐代。但是在明代末年近代西洋天文学输入以前，这体系在中国始终未受重视，未能取代二十八宿和十二星次。（4）二十八宿和黄道十二宫，是和天文学中其他成果一样，最初起源于生产实践。中国和西方的劳动人民累积生产实践的长期经验，分别创立这两种体系来划分天球，以便于观测日、月、星辰等运行的位置，从而规定季节岁时，以便利于季节性的生产活动。后来这两种体系都曾被占星术所借用，以宣扬迷信的宿命论。这是天文学方面唯心主义和唯物主义的斗争的反映。（5）宣化辽墓中的星图，要放在这

---

① 夏鼐：《从宣化辽墓的星图论二十八宿和黄道十二宫》，《考古学报》1976 年第 2 期。

些历史背景中来考察研究，才有意义。对二十八宿起源这一聚讼已久的问题，用夏先生自己的话说："这篇利用辽墓壁画上的二十八宿和黄道十二宫，结合大量文献，以论证二十八宿起源于中国。这问题虽还不能完全解决，但已可得初步的结论。"① 因此对天文学史的研究的贡献是很大的。

通过上面两方面的研究，夏先生还提出了分析研究有关中国天文考古资料的方法论问题，并模范地做了示范。首先"天空上的星辰是客观存在的，但是它们本来并没有自行结合归队为不同的星座。所谓'星座'，是天文学者就星辰的排列布局，对比人神、动物、器物等的形象，或虚拟州国、百官等的列布，而想象出来的。我们古代天文学和西洋的天文学起源不同，所以关于星座的划分，除了少数的例外，也是并不相同的"。"所以我们只能利用我国古代星座作为对照之用，而不该采用西洋星座作对照"。② 其次古人绘星图"决不会是在一幅西洋的星图上乱选出几个星座作为点缀，也不会只是在我国古代的星图任意选拣几个星座，漫无目的。我们要问：它的用意到底是什么？它的选择标准是什么？"同时还要注意到一般墓室内星图的描绘者，不会自己便是一个天文学者；他大概是根据一个蓝本，依样画葫芦。因之会有某些方面走了样甚至发生遗漏，要把这些都考虑进去，才能得出比较完满的结果。最后还要注意古代各民族文化的相互影响，把外来的因素认识清楚，以研究它传入的时代，传播的原因和传入后的影响。

关于对古天文仪器的辨伪，夏先生的成果之一是指出所谓玉璇玑（也作"璇玑"）不会是天文仪器，澄清了自一百年前吴大澂至后来中外一些学者把外缘带有三节或四节叶状突起（即牙形）的玉璧都

---

① 夏鼐、殷玮璋：《湖北铜绿山古铜矿》，《考古学报》1982 年第 1 期，第 1~13 页。
② 夏鼐：《洛阳西汉壁画墓中的星象图》，《考古》1965 年第 2 期。

叫作"璇玑"，并认为是天文仪器所引起的混乱。根据近年的考古发掘资料，玉璧在中国出现很早。浙江河姆渡遗址曾出土过小璧（^{14}C年代，距今 6960±100 年）。新石器中期至晚期，如山东大汶口文化、龙山文化，浙江的良渚文化和甘肃的半山文化等，都有发现。它的用途是作为装饰品，可能也带有宗教或辟邪作用。至于被称为璇玑的实际是玉璧的一种，外缘带有三处作牙状突起的玉璧出现于龙山文化晚期，夏先生根据出土资料绘出牙璧的谱系图，清楚地说明了它的发展和演变。并指出典型的多齿三牙璧，目前在考古发掘中出土的只有一件，是在安阳小屯 232 号墓中，和玉制的鸟形饰物等同出，它的年代是商代后期，可能较妇好墓略早。根据发掘出土物的线索，典型的带齿三牙璧可能早到龙山文化晚期，但不会晚于西周。结论是"不管是简单的三牙璧或多齿三牙璧，都是装饰品，可能同时带有礼仪上或宗教上的意义。但是并不是天文仪器，更不能叫作'璇玑'"。另外，还应提到有关安徽阜阳西汉汝阴侯墓出土的式盘和占盘，开始有人把它们与另一件仪器一起都归为天文仪器[1]，夏先生知道后告诉他们应把这两件出土物分开，式盘与占盘并不能算为天文仪器，后来又让《考古》编辑部约请严敦杰先生写出专文论述了这件六壬式盘和这件太一九宫占盘。严文指出"六壬式和太一九宫占都是属于伪科学（Pseudo scieree）之类，但由于它和天文、历法都有密切的关联，因之研究科学史时，对这些材料也应给予应有的注意"[2]。

三

关于数学史方面的考古资料，夏先生在《考古学和科技史》一

---

[1] 安徽省文物工作队等：《阜阳双古堆西汉汝阴侯墓发掘简报》，《文物》1978 年第 8 期。

[2] 严敦杰：《关于西汉初期的式盘和占盘》，《考古》1978 年第 5 期，第 334~337 页。

文中着重介绍了当时已发现的两组最早的算筹实物标本，分别发现于陕西千阳县西汉墓和湖北江陵凤凰山 168 号西汉墓中，后一组是和砝码、天平衡杆等一起放在竹筒中的。[①] 算筹是我国在发明和使用算盘以前，普遍使用的一种帮助计算的工具，它的使用可以上溯到春秋时期或更早，而我国的算盘要到大约十一世纪才开始使用，十五世纪中叶才盛行。[②] 夏先生对数学史方面的研究，主要表现在讨论中国幻方的历史，并阐述中国引进阿拉伯的幻方和数码字的经过，那是通过对元安西王府址出土的阿拉伯数码幻方的研究进行的。

　　1957 年春，在西安元代安西王府故址的发掘工作中，在夯土台基中一件石函内发现四块幻方铁板，另一块幻方据说也出土于另一石函之中。[③] 夏先生对幻方作了考证，幻方是数学中组合分析的一支，但是因为它有神秘色彩，宗教迷信便加以利用。这几件六六幻方藏在石函内被埋于夯土台的房基中，是用为压胜或辟邪的器物，以求保护这些建筑物永久不受灾害。幻方埋于奠基时，即在十三世纪七十年代，故"它们的制作年代应当相去不远，可以假定为十三世纪五十年代到七十年代"。[④] 因此是元初（相当于南宋末年）的东西。取十世纪的和现代阿拉伯数码与幻方上数码相比较，可以看出幻方所用的十个数码中，5、6、9 三个与十世纪数码相同或相近，2、3、4、8 四个与现代阿拉伯数码相同或相接近，而 1 和 7 是三者都相同的，"这表示西安的一套数码是由十世纪到现代的中间过程形式，而接近于十世纪的。"可以作为研究阿拉伯数码演变史的资料。由于安西王忙哥刺之子阿难答是一个笃诚的回教徒，他本人可能晚年也崇信回教，至

---

① 宝鸡市博物馆等《千阳县西汉墓中出土算筹》，《考古》1976 年第 2 期，第 85～88 页；纪南城凤凰山一六八号汉墓发掘整理组《湖北江陵凤凰山一六八号汉墓发掘简报》，《文物》1975 年第 9 期，第 6 页。

② 夏鼐：《考古学和科技史》，科学出版社，1979，第 3 页。

③ 马得志：《西安元代安西王府勘查记》，《考古》1960 年第 5 期，第 20～23 页。

④ 夏鼐：《元安西王府址和阿拉伯数码幻方》，《考古》1960 年第 5 期。

少他的亲信中有回教徒，"那末这几件阿拉伯数码的幻方，虽是毫无疑问地受了阿拉伯的影响，但它们的铸造，仍有可能是西安当地回教徒书写出来交工铸造的，不一定原物非由阿拉伯国家输入不可"①。它们可以提供研究当时宗教和风俗的史料，同时也是十三世纪中西交通频繁的重要的物证。夏先生还指出幻方埋入的时间较宋代杨辉《续古摘奇算法》（1275 年）一书为早，"我国古代的幻方，有了可能是全世界最早的幻方'九宫图'以后，长时期没有什么发展。到了杨辉的书中，忽然发展到十几个纵横图，还讨论了构成的方法，突飞猛进。这是不是受到阿拉伯的纵横图传入的影响？此图与杨书中六六纵横图不同。但杨书中四四纵横图显然是受阿拉伯的影响，后者在阿拉伯的算书中比杨书较早出现三百来年（公元 990 年）"②。

四

对于中国古代纺织史的研究，夏鼐先生有着浓厚的兴趣，早在 20 世纪 60 年代初，根据 1959~1960 年新疆新发现的丝织品，他写出了《新疆新发现的古代丝织品——绮、锦和刺绣》，以讨论汉唐时代的绮、锦和刺绣。研究它的织法和花纹，并且附带讨论汉唐时代的中西交通史。到 20 世纪 70 年代初，他连续完成《我国古代蚕、桑、丝、绸的历史》和《吐鲁番新发现的古代丝绸》两篇文章。在前一篇文章中研究了我国汉代以及汉以前的关于养蚕、植桑、缫丝和织绸的历史。对于汉代织机，作了新的复原；对于各种丝织品的组织，作了分析。在后一篇文章中主要介绍 1966~1969 年间吐鲁番新发现的几件标本，作为《新疆新发现的古代丝织品》及《我国古代蚕、桑、

---

① 夏鼐：《元安西王府址和阿拉伯数码幻方》，《考古》1960 年第 5 期。
② 夏鼐：《元安西王府址和阿拉伯数码幻方》，《考古》1960 年第 5 期。

丝、绸的历史》二文的补充。此外，在《考古学和科技史》中，他
又介绍了西周丝织物等新发现的考古资料。后来他在去日本所做的讲
演《汉唐丝绸和丝绸之路》中，对他的上述成果作了概要的通俗性
的综合介绍。现将他对纺织史的研究成果，归纳为下述几方面加以
简介。

（一）夏先生指出，"中国是全世界一个最早饲养家蚕和缫丝制
绢的国家，长期以来曾经是从事这种手工业的唯一的国家，有人认为
丝绸或许是中国对于世界物质文化最大的一项贡献。"①

（二）根据考古发掘的结果，一般认为中国丝织物开始出现于中
国东南地区的良渚文化（约公元前 3300～前 2300 年）。到了商代，
中国丝织物便已达到相当高的水平，主要有三种织法：（1）普通的
平纹组织。（2）由经线显出畦纹的平纹组织。（3）由经线显花的文
绮，这便需要有简单的提花装置的织机。三种织物的丝线都是未加绞
拈的或拈度极轻的，这表示当时已经知道缫丝。殷代刺绣的实物也有
发现，花纹作菱形纹和折角波浪纹。② 西周的丝织物和刺绣也已发
现，丝织物和殷代相同，有简单的平纹组织，也有斜纹显花（菱形
图案）的变化组织的织物。③ 刺绣是采用辫绣的针法。到了战国时
代，又添了色泽鲜艳多彩的织锦，长沙左家塘战国中期墓中所发现的
织锦，是现今所能看到的我国织锦的最早实物，其染色据云有"石
染"（矿物染料）和"草染"（植物染料）两类。1982 年在江陵的一
座战国墓中（约公元前 4 世纪）发现了精美的织锦和刺绣。④

---

① 夏鼐：《汉唐丝绸和丝绸之路》，《中国文明的起源》第二章，文物出版社，1985，
　第 49 页。
② 夏鼐：《我国古代蚕、桑、丝、绸的历史》，《考古》1972 年第 2 期。
③ 夏鼐：《考古学和科技史——最近我国有关科技史的考古新发现》，《考古》1977
　年第 2 期。
④ 夏鼐：《汉唐丝绸和丝绸之路》，《中国文明的起源》第二章，文物出版社，1985，
　第 49 页。

（三）在西周和春秋的墓葬中发现过玉蚕，即雕刻成蚕形的玉饰。在五件战国铜器上有采桑图，其中四件壶都是公元前 5 世纪中叶至 4 世纪的，一件钫较晚些。三件上的桑树很高，采桑人要攀登树上采桑；另二件上的桑树和采桑人等高。如果绘者依照实物比例，则表明当时已能培养出矮株的"地桑"（或"鲁桑"），它是人工改良的结果。东汉画像石中也有采桑图，便是这种"地桑"。地桑不但低矮便利于摘采，并且叶多而嫩润，宜于饲蚕。① 同时汉代更讲究养蚕方法，东汉时崔寔的《四民月令》提到"治蚕室，除缲穴，具槌（阁架蚕箔的木柱）、持（蚕架横木）、箔（养蚕的竹筛）、笼（竹编的罩子）"，记载的养蚕方法，比前人更详细一些。因为讲究饲养的方法，所以汉代便有了优良的蚕丝。根据实测，汉代蚕丝的直径是 20~30 穆（一"穆"为 0.001 毫米），近代中国广州丝是 21.8，日本、叙利亚、法国为 27.7~31.7。最近长沙马王堆出土的丝，其原纤维（单丝）的直径为 6.15~9.25 穆，而近代中国丝为 6~18 穆。纵便由于年久老化而萎缩，但是毫无疑问，汉丝是相当纤细的。这是中国人对于养蚕技术长期而细心的考究饲养法的结果。为汉代丝绸业的发达，提供了优质原料。②

（四）汉代织机新的复原。东汉时代画像石上有几幅织机图可以依照来复原，特别是铜山洪楼发现的一件，参考后世和现今民间的简单织机，曾有人做过复原，但依照那一复原图织机是不能工作的。因此，夏先生又重新绘制了一幅汉代织机的复原图（图1）③，这是为平织物用的较简单的织机。这种织机有卷经线的轴和卷布帛的轴，还有为开梭口运动的"分经木"和"综片"，分开经线以便投梭。织机

---

① 夏鼐：《我国古代蚕、桑、丝、绸的历史》，《考古》1972 年第 2 期。
② 夏鼐：《汉唐丝绸和丝绸之路》，《中国文明的起源》第二章，文物出版社，1985，第 52 页。
③ 夏鼐：《我国古代蚕、桑、丝、绸的历史》，《考古》1972 年第 2 期。

下有脚踏板二片，用以提综片开梭口。有了脚踏板，提综的工作不必用手而用脚，可以腾出手来以打筘或投梭。东汉画像石上的织机都已有脚踏板，可见至迟东汉时中国的织机上已使用脚踏板（公元 1~2世纪），这是全世界织机上出现脚踏板最早的例子。欧洲要到公元 6世纪才开始采用，到 13 世纪才广泛流行。所以许多人相信织机上的脚踏板是中国人的发明，大概是和中国另一发明提花机一起输入西方。①

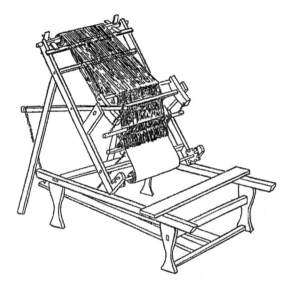

图1　汉代织机复原图

　　汉画像石上的织机，都是简单的织机，没有复杂的提花机。夏先生曾根据对于新疆出土汉代锦、绮等织物的观察，推测当时已有了提花机，可能是"提花线束"的形式，不是长方架子的"综框"形式。但是以后他又有新的看法，他说："最近我研究了马王堆汉墓的丝织

----

①　夏鼐：《汉唐丝绸和丝绸之路》，《中国文明的起源》第二章，文物出版社，1985，第 54~55 页。

物之后，我同意 H. B. 柏恩汉（Burhan）的意见，汉代提花织物可能是在普通织机上使用挑花棒织成花纹的。真正的提花机的出现可能稍晚。"至于和欧洲提花机的关系，他指出："欧洲方面最早使用提花机的时间，各家的意见不一致。有人以为始于六世纪，有人以为七世纪或更晚。但是也有人以为早在第三世纪时，波斯、拜占庭、叙利亚和埃及各国便已使用一种简单的提花机，而真正的提花机要到十二世纪才出现。他们对于提花机何时在欧洲开始使用，说法虽然不一致，但是都认为要较中国为晚，并且认为可能受了中国的影响。"①

（五）关于汉代织物的品种和织法，夏先生把重点放在考古发现实物的研究上，兼及有关的文献。汉代织物中以平纹组织的"素"或"纨"（又合称"纨素"）为最普通，这便是今日的绢。绢可分两种：一种是经纬线根数大略相同的一般平纹绢，密度每平方厘米为50~59根；另一种是经线密的畦纹绢，经线以每平方厘米 60~85根最普通，一般纬线多出约一倍。其次为罗纱，战国时已有的疏织的方孔纱，汉代也有，是平纹组织的方孔纱，经纬线密度有疏到 23.5×20根的，多用于冠帻。又出现了"罗纱组织"的提花罗纱。它的罗纱组织使用纠经法，织成后经、纬线都不易滑动。织工利用罗纱组织中纠经的变化，用一种纠经法织出孔眼较大的底地，用另一种纠经法织成孔眼较细的花纹，是提花的罗纱组织，在马王堆汉墓中曾有发现。汉代织物中最重要的是绮和锦。绮是斜纹起花的绸，其织法除了承继前代那种"类似经斜纹组织"（即底地平织而显花处是经斜织）之外，还有一种特别的织法，可称"汉绮组织"，它不但底地是平织，并且显花部分中，同每一根有浮线的经线相邻的另一根经线，也是平纹组织。这样增添一组平纹组织的经线，可以增加织物的坚牢程度，

---

① 夏鼐：《汉唐丝绸和丝绸之路》，《中国文明的起源》第二章，文物出版社，1985，第 55 页。

但又不影响花纹的外观。1959 年在民丰发现过两件汉绮，每平方厘
米经线 66 枚，纬线 26～36 枚。汉锦是五色缤纷的多彩织物，是汉代
织物最高水平的代表。它的织法是"经线起花的平纹重组织"。它与
绮的相同处是基本平纹组织和经线起花。但与绮有以下不同：
(1) 汉锦采用"重组织"（即复合组织），由两组或两组以上的经线
（其中轮流有一组作为表经，其余为里经）和一组纬线更迭交织而
成。(2) 纬线虽只有一组（只有一种颜色），却可依其作用分为交织
纬（即"明纬"）和花纹纬（即"夹纬"）。(3) 二或三色的经线，
每色各一根成为一副。织工利用夹纬将每副经线中表经和里经分开。
表经是需要显色以表现花纹的经线，里经是转到背里的其他颜色的经
线。这样便使表经成为飞数三的浮线（在转换不同颜色花纹的表经时，
也有飞线为二的）。因为每副经线所包括的不同颜色的里经不能过多，
如果一个花纹需要四色或四色以上，那便采用分区法，在同一区中一
般是在四色以下。花纹的循环（即一花纹单元的大小），其长度（经线
循环）常是横贯全幅（幅广约 45～50 厘米），一根纬线要和 5000 根以
上经线打交道。高度（纬线循环）不等，但都不过几厘米；便是这样，
有时也需要提花综数达 50 综左右。汉代还有一种高级的织锦，称为绒
圈锦，或称起绒锦或起毛锦，是 1971 年长沙马王堆一号汉墓中初次发
现的，1972 年武威磨嘴子 62 号西汉墓又有出土。这是经线显花起绒圈
的重组织。织时它需要有一种织入绒圈经内起填充成圈作用的假织纬
（即起圈纬）。它在织后便被抽掉。这种绒圈锦不仅具彩色花纹，还有
高出锦面约 0.7～0.8 毫米的绒圈。所以织物更显得厚实，而且花纹
美观，具有一种立体感效果。各种绒圈锦的织机，由于起绒圈的经线
用量较大，需要另配一经线轴。为了起绒圈又需要配备假织纬。这二
者都是汉代的创新。汉代的刺绣是和织锦齐名的，据新疆尼雅的几件
汉绣标本，都有非常精美的花纹，它们都是在单色细绢上用锁绣法
（或称辫绣法）绣上花纹的。汉绣也有使用平绣法的，但不多见。关于

染色，各种颜色的绢、罗纱、文绮，都可以织成后染色，而锦和绣则需要织或绣之前先把丝线染色。"汉锦有红、紫、绿、蓝、缁（黑）等各色。依照对于汉代丝织物所作的化学分析，我们知道染料中有茜草素（alizarine）和靛蓝（indigotin）。前者当由茜草（Rubia tinctorium）而来，后者取自木蓝属植物（indigofera）。媒染剂当为铁盐和铝盐（矾石）。如果和茜草素相结合，前者成绿色（复原状态）或褐色（氧化状态），后者成红色。"①

（六）汉代以后的重要丝织物，有敦煌石窟出土的北魏刺绣和唐代织物，还有新疆吐鲁番、巴楚发现的北朝至唐代的丝织物。唐代的织锦，除了像汉锦那样平纹经线显花的以外，织法逐渐采用了斜纹纬线显花法，最后完全采用斜纹纬锦的织法。这后者似乎是受了波斯锦织法的影响。花纹方面如猪头纹、双鸭纹、双骑士纹、联珠纹等，也是由于波斯锦的影响。印染方面，唐代盛行绞缬和蜡缬等制品。唐代还出现了用通经断纬技法织造的织花毛毯。巴楚发现的织花毛毯是迄今发现采用这种织法较早的一件；后来推广这种织法于丝织品，便成为宋朝以来著名的缂丝，或称刻丝。②

五

冶金史的研究，主要是铸铜和炼铁两个方面。关于古代炼铁方面，夏先生对藁城出土商代铜钺的铁刃应系陨铁的论断，在本文前面已有过较详细的叙述，此处从略。关于铸铜方面，根据湖北大冶铜绿山发掘的春秋至战国中、晚期的矿井，采掘工具、装载和提运用具和排水工具，以及发掘出的古代炼铜竖炉等资料，夏鼐先生写出《铜

① 夏鼐：《我国古代蚕、桑、丝、绸的历史》，《考古》1972年第2期。
② 夏鼐：《考古学和科技史——最近我国有关科技史的考古新发现》，《考古》1977年第2期。

绿山古铜矿的发掘》的论文，于 1980 年 6 月 2 日在纽约大都会博物馆召开的中国古代青铜器的学术讨论会上宣读。以后又增入 1980 年下半年及 1981 年发表的简报及论文的一些内容，补充了矿山部分。并在和王振铎先生谈话中受到启发后，夏先生设计了木辘轳的复原方案，并由白荣金做成复原的模型。其中炼炉部分又由主持发掘和模拟试验的殷玮璋重新写过，然后又和殷玮璋共同商量定稿。写成《湖北铜绿山古铜矿》一文后，加上了殷玮璋的名字发表于《考古学报》1982 年第 1 期。该文最后指出："铜绿山古铜矿的发现和发掘，对了解我国古代的社会生产，尤其是青铜业的生产具有重要意义。它证实了我国商周时代青铜器铸造业与采矿、冶炼业是分地进行的，并在采矿、冶炼和铸造业之间，甚至它们的内部都已有了分工。从铜绿山古铜矿获得的丰富资料，还说明东周时期的楚国在铜矿的开采和冶炼方面都已达到较高的水平，从而对于像曾侯乙墓出土的青铜器具，总重量达到十吨之多的惊人数字也就有了更深的理解。"[①]

　　其他有关冶金史方面的考古研究，最重要的是对西晋周处墓出土金属带饰的考察，以澄清西晋是否有铝的问题。关于这一问题。夏鼐先生在《中国考古学和中国科技史》的讲演中说了以下一段话，现录于下："1953 年江苏宜兴的西晋周处墓的发掘工作中，在人骨架中部，发现了十七件金属带饰（后来失落一件）。周处是元康七年（297 年）死的，墓砖有'元康七年……周前将军砖'字样。这墓早年曾经盗掘。这次打开后，曾有人进去看过，还取出一部分文物，后加封闭了两个多月才进行正式清理。据发掘报告，这些金属带饰大部分压在淤土下面，而另有一些碎片是'从淤土中尽可能拣出来的'。其中一碎片经鉴定是铝（或 85% 铝合金）。发掘者认为全部金属带饰都是铝，并且说：'像这样含有大量铝的合金，在我们工作中还是初

---

　　①　夏鼐、殷玮璋：《湖北铜绿山古铜矿》，《考古学报》1982 年第 1 期，第 12 页。

次发现，为我们研究晋代冶金术提出了新的资料"（《考古学报》1957 年 4 期 94 页）。我当时审稿，便写信告诉主持发掘工作者说，这不仅在他们工作中是初次发现，并且是全世界范围内初次发现这样早的铝制品。铝是不容易提炼的。炼铝法是十九世纪才发明的。所以我请他们寄一碎片来。我请应用物理所作光谱分析来鉴定，仍旧是铝。我们只好接受这种看法。但是 1962 年东北的沈时英同志对这批金属碎片的另一片作了化学分析，证明它是银。清华大学张子高教授加以调和，说铝制带饰中还出现银制的，二者并不矛盾。铝质带饰出现于西晋（公元三世纪末），这事仍应加以肯定。他还用化学方法而不用电解法，居然提炼出少量的铝。李约瑟教授不相信张教授这种化学方法古代能炼出实用的铝。但是李教授仍然相信中国考古工作不会有错误。我于 1972 年请人重加鉴定，结果证明现存的全部十六件完整的金属带饰都是银制的。而小块碎片中，有银的，也有铝的。我根据技术发展史和发掘记录，认为这两三（也可能原属于一片）碎片的铝，很可能是近来这古墓打开后混进去的。另一座相毗邻的同一家族的西晋墓中，清理时还发现过塑料纽扣。这时候，西晋有铝说已传闻于海内外。外国科学性杂志中都刊登过这消息。有一位瑞士人叫作德尼克（Erichvon Däniken）在一本叫作《众神之车》（英文，1968年出版）的书中大谈太空人（Spaceman）古代来过地球，带来过高度文明的产品。中国 3 世纪西晋墓中的铝制带饰，便是太空人带来的（1981 年上海科技出版社汉译本，第 27 页）。我的那篇重新鉴定的文章（见《考古》1972 年 4 期，第 34～39 页）发表后，许多人都接受我的说法，周处墓的铝碎片，有重大的后世混入的嫌疑，不能作为西晋有铝的证据。但是仍旧有人相信西晋有铝，这也没有办法。就这件事而论，对我们考古工作者的教训是：我们做考古发掘工作的人，要工作细致，记录翔实。如果科技专家鉴定的结果提出疑问，我们便应重新检查我们的工作中是否有疏忽的地方。因为发掘工作中小疏忽的地方是时常发生的事。"① 夏鼐先生这种慎重、诚实的治学态度，值得我们认真学习。在充分肯定中国古代科技成就对世界文明所作贡献的同时，必须坚持实事求是的原则，反对不切实际的虚夸。

<h1 style="text-align:center">六</h1>

古代的交通工具，主要是陆地用的车子和水上用的船舶。殷周时期的木质马车，虽有文献记载，但一直缺乏实物形象，因此过去的学者无法弄清它们的真实面貌。埋葬在车马坑中的殷周木车，车子的木质部分已经全部腐朽，仅在黄土中保留木痕，剥剔车子遗下的木痕，在 20 世纪 50 年代是一项极难掌握的田野考古技术。在中国首次成功地剥剔木车遗迹，正是由夏鼐先生亲自进行的。1950 年夏先生主持河南辉县琉璃阁战国墓地发掘时，亲自进行了第 131 号车马坑中木质车子遗迹的剥剔工作，在那座车马坑中成功地剥剔出十九辆完整程度不同的木车遗迹。夏先生并亲自撰写了《辉县发掘报告》中的《战国车马坑》一节，详尽地叙述了发掘经过和车马坑的形制，并根据出土木车遗迹阐述了车子的结构，从而绘出复原图和制成木车模型。这是我国第一次科学地复制的古代木质马车（图 2）。由于有了辉县的经验作指导，在以后的考古发掘中不断完成新的对殷周时期木车的剥剔工作，20 世纪 50~60 年代陆续于安阳大司空村、孝民屯发掘了殷代的车子，在陕西长安张家坡发掘了西周的车子，在河南陕县上村岭虢国墓地发掘了春秋车子，进一步对殷周车制有了较清楚的了解。它们的形制基本相同，都是一车二马或四马，独辕两轮，辐条 18 至 24 根，车舆后边开门。② 编写《长沙发掘报告》时，夏鼐先生又研

---

① 夏鼐：《中国考古学和中国科技史》，《考古》1984 年第 5 期，第 430 页。
② 参看夏鼐《考古学和科技史》，科学出版社，1979，第 6 页。

究了长沙 203 号西汉后期墓随葬的木车模型，亲自撰写了附录一《长沙 203 号墓出土的木车模型》，对四辆木车（第 1 号车残缺过甚，不能作进一步复原）模型作了复原，其中第 2 号和第 3 号都是汉代所谓轺车，第 4 号车大概是古代所谓"栈车"，第 5 号车没有发现车轮，辕木安装法也特殊，大概是大车的一种。

水上的交通工具是船舶，夏先生对有关古船的考古资料也很重视。在《考古学和科技史》中，他综合介绍了 20 世纪 60 年代后期到 70 年代发现的有关古代木船的资料，包括江苏如皋的唐船以及新发现的模型和图像（四川成都百花潭铜壶攻战图中的船、湖北江陵凤凰山西汉木船模型、内蒙古和林格尔东汉墓壁画、山东苍山画像石和四川郫县石棺上的图像以及云南晋宁铜鼓上的船形纹），着重介绍的是泉州的 13 世纪海船残骸和广州首次发现的一处规模巨大的秦汉之际的造船工场遗址。[①] 他指出："我国造船是有长久的历史，并且有独创之处（例如设置后舵，舱房互不渗水等）。"他以缜密的科学态度，反对一些人根据不确实的资料的附会。记得在 1976 年大连红旗造船厂送来一本油印的《中国造船史（古代部分）》的稿本要我提意见，当时夏鼐先生有些空闲，就拿去审阅。过了两天，他退回油印稿本时，附上了很详细的审阅意见。特别让我转告作者要认真核查史料，要实事求是地写历史，不能附和某些人去夸大猎奇。例如书稿中提到因秦始皇到处访求仙药，宛渠那里的老百姓进献一种螺舟，可入海底采药，这种舟，是一种能潜水的船。并因此得出"当时能造出这样的船，足见劳动人民对造船技术是很有研究的。"其根据是《拾遗记》。夏先生在审阅意见中特别指出："潜水艇式的'螺舟'，当时不会有的，《拾遗记》及荒诞不经的小说类，不可信。"

---

① 夏鼐《考古学和科技史》，科学出版社，1979，第 4~6 页。

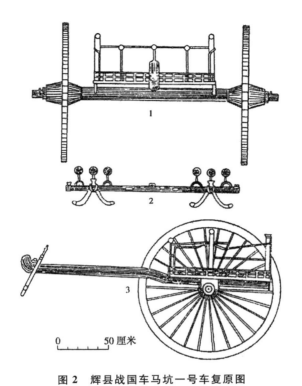

图 2　辉县战国车马坑一号车复原图

七

除了以上关于天文、数学、纺织、冶金、交通工具等方面的研究外，夏先生在他的许多考古论文中常常包含有关于科技史的研究。例如他对中国古代玉器的研究中，特别注意对玉器质料、产地和制玉工艺的分析。在讨论安阳殷墟玉器的质料时，指出"玉"在中国古代文献中是指一切湿润而有光泽的美石。而今日矿物学上，玉是专指软玉（nephrite）和硬玉（jadeite），是二者的总称。玉在今日中国有广、狭二义：广义的仍是泛指许多美石，包括汉白玉（细粒大理石）、玉髓（石髓）、密县玉（石英岩）、岫岩玉（蛇纹石，包括鲍文石）等，狭义的或比较严格的用法，也是专指软玉和硬玉。他认为"考古学中使用名词，应该要求科学性，所以我以为应采用矿物学的定名。只有南阳玉，我以为研究中国古代玉器时可以把它归入'玉'的范畴内。""为了叙述方便，可以在描述玉器的项目中附带叙述其他似玉的美石，但要尽量注明它们经科学鉴定是何种矿物。"①关于殷周玉器的工艺特点，他指出："由于玉质坚硬，所以玉工常就砾石形的玉料的原来形状和大小，设计造型，以省切削琢磨的劳力。遇到较大玉料，古代玉匠常把它们锯成薄片，然后将薄片周缘磨琢出轮廓线，再在一面或两面磨琢出花纹。到了后代，治玉技术提高，才会雕刻出自由设计的各种形状的玉器。古代的立体玉雕，在一定程度上常受原料的大小和形状的限制，这在讨论古代玉器制造技术和形状时应加注意的。殷周的玉器似乎大部分都是利用砾石形的玉料加工而成的。"②

夏鼐先生没有发表过专论古代兵器的研究论文，但是他在这一领域的学术造诣是极深的。我在写出《中国古代的甲胄》一文③草稿后，曾经先生审阅，他几乎是逐节逐段地提出详细的修改意见，甚至连注文的页数的错误也不放过。我按夏先生的指导重新写过，再将初稿送他审阅，他又对关于"明光铠"、马"当胸"、锁子甲等提出精辟的见解，并让我加入除汉族以外少数民族的贡献以及和中外文化交流有关的研究，我是按夏先生的意见完成该文的定稿，才得以发表

---

① 夏鼐：《有关安阳殷墟玉器的几个问题》，载中国社会科学院考古研究所编著《殷墟玉器》，文物出版社，1982，第2页。
② 夏鼐：《有关安阳殷墟玉器的几个问题》，载中国社会科学院考古研究所编著《殷墟玉器》，文物出版社，1982，第6页。
③ 发表于《考古学报》1976年第11期第19~44页，第2期第59~95页。后收入《中国古兵器论丛》，文物出版社，1980，第1~78页。

的。后来写成的《日本古坟时代甲胄及其和中国甲胄的关系》一文①，同样是经过夏先生仔细审阅后，才得以修改定稿的。至于我在分析古代兵器、复原古代马具等时遇到的许多难题，都是经夏先生启发后才得以解决的。

最后，还想再提一下夏鼐先生对利用自然科学来解决考古问题的努力。"碳十四断定年代法的发现和应用是被认为史前考古学的发展史上一场划时代的革命。"② 早在 1955 年，夏先生就撰文向中国考古界介绍放射性同位素在考古学上的应用。③ 以后，由于他的努力，使得本来在中国科学院原子能研究所任职的仇士华、蔡莲珍调来考古研究所，在夏先生的指导、帮助下建成碳十四实验室，七十年代初开始发表数据，"从前我们只能由地层学和类型学分析得出史前时期各文化的相对年代，现在可以由碳十四测定它们的绝对年代。这使中国的史前考古学的编年获得了一个新的框架。"④ 继考古所的实验室之后，在国内后来陆续建立了好几个实验室，也开始发表数据。到 1977 年，夏鼐先生综合分析了当时已发表的 134 个数据，结合丰富的发掘资料，写了《碳 14 测定年代和中国史前考古学》一文，就全国各地区新石器时代文化的年代序列进行全面、系统的探讨，对中国史前考古学的研究提出了重要的指导性的意见。⑤ 除碳十四年代测定外，在夏先生的部署和计划下，考古研究所还在实验室里开展化学分析、光谱分析、金相分析和热释光测定年代等项的工作，都取得了不少成绩。

后记：这篇文章是应石兴邦先生之约而写的，原本的目的是想用

① 发表于《考古》1985 年第 1 期，第 61~77 页。

② 中国社会科学院考古研究所编《新中国的考古发现和研究》，文物出版社，1984，"前言"第 2 页。

③ 夏鼐：《放射性同位素在考古学上的应用》，《考古通讯》1955 年第 4 期，第 73 页。

④ 夏鼐：《放射性同位素在考古学上的应用》，《考古通讯》1955 年第 4 期，第 73 页。

⑤ 夏鼐：《碳-14 测定年代和中国史前考古学》，《考古》1977 年第 4 期，第 217~232 页。

以纪念夏作铭师从事考古五十周年。原来和石先生商定，想在写成后请夏先生亲自过目。后来因我的右眼视网膜发生新的病变，文章的写作搁置下来。万没想到夏先生竟于 1985 年 6 月 19 日逝世，现在只有完成此文以寄托我的哀思，用以纪念夏先生。

我虽然在具体协助夏先生编《考古学和科技史》一书时，反复校阅过先生有关科技史的论文，但作为他的学生我还是很难学得先生治学之真谛，对科技史仍是门外汉，实无能力宣传先生的学术成就，更不敢妄加评论。因此，这篇文章只能是夏先生的有关论文的摘要的汇编，并在写时尽量沿用先生的原话，以免走样。由于水平所限，如有与先生原意不符的误述之处，应由我个人负责，并企望读者指正。

夏鼐先生有关科技史论著目录（部分，以发表先后为序）①

（一）《放射性同位素在考古学上的应用》，《考古通讯》1955 年第 4 期，第 73 页。

（二）《战国车马坑》，《辉县发掘报告》第一编第叁章附录，第 40~51 页，科学出版社，1956。

（三）《长沙 203 号墓出土的木车模型》，《长沙发掘报告》附录一，科学出版社，1957，第 139~153 页。

（四）《元安西王府址和阿拉伯数码幻方》，《考古》1960 年第 5 期。

（五）《新疆新发现的古代丝织品——绮、锦和刺绣》，《考古学报》1963 年第 1 期。

---

① 夏鼐先生曾写有《西洋种痘法初传中国补考》（《科学》1950 年第 4 期）和《略谈番薯和薯蓣》（《文物》1961 年第 8 期）二文，在编辑《考古学和科技史》一书时，我曾问夏先生为什么没有收入上述两篇，他明确指出这两篇不属于科技史的考古学研究，故不予收入，本目录遵照夏先生的意见，不收入该二文。但有些人并不尊重夏先生的意见，在后来编《夏鼐文集》时竟也将这两篇编入中国科技史的考古研究中，令人遗憾。

（六）《洛阳西汉壁画墓中的星象图》，《考古》1965年第2期。

（七）《我国古代蚕、桑、丝、绸的历史》，《考古》1972年第2期。

（八）《吐鲁番新发现的古代丝绸》（发表时署名"竺敏"），《考古》1972年第2期。

（九）《晋周处墓出土的金属带饰的重新鉴定》，《考古》1972年第4期。

（十）《沈括和考古学》，《考古学报》1974年第2期。

（十一）《我国出土的蚀花的肉红石髓珠》，《考古》1974年第6期。

（十二）《从宣化辽墓的星图论二十八宿和黄道十二宫》，《考古学报》1976年第2期。

（十三）《考古学和科技史——最近我国有关科技史的考古新发现》，《考古》1977年第2期。

（十四）《碳—14测定年代和中国史前考古学》，《考古》1977年第4期，第217~232页。

（十五）《考古学和科技史》，科学出版社，1979。

（十六）《梦溪笔谈中的喻皓木经》，《考古》1982年第1期。

（十七）《湖北铜绿山古铜矿》（与殷玮璋合写），《考古学报》1982年第1期，第1~13页。

（十八）《有关安阳殷墟玉器的几个问题》，载中国社会科学院考古研究所编著《殷墟玉器》，文物出版社，1982，第1~7页。

（十九）《另一件敦煌星图写本——〈敦煌星图乙本〉》，载李国豪等主编《中国科技史探索》，上海古籍出版社，1982，第143~153页。

（二十）《中国考古学和中国科技史》，《考古》1984年第5期，第427~431页。

（二十一）《所谓玉璇玑不会是天文仪器》，《考古学报》1984 年第 4 期，第 403~410 页。

（二十二）《汉唐丝绸和丝绸之路》，《中国文明的起源》第二章，中文版，文物出版社，1985，第 48~70 页；日文版，NHK 丛书第 453 种，日本放送出版协会，1984，第 97~134 页。

（本文原载《中国考古学研究论集》编委会编《中国考古学研究论集——纪念夏鼐先生考古五十周年》，三秦出版社，1987，第 15~30 页）

图书在版编目（CIP）数据

考古学和科技史／夏鼐著．--北京：社会科学文
献出版社，2023.8
ISBN 978-7-5228-1801-6

Ⅰ.①考…　Ⅱ.①夏…　Ⅲ.①考古学-研究-中国②
科学技术-技术史-中国-古代　Ⅳ.①K870.4②N092

中国国家版本馆 CIP 数据核字（2023）第 088297 号

考古学和科技史

著　　者／夏　鼐

出 版 人／冀祥德
组稿编辑／周　丽
责任编辑／李　淼
责任印制／王京美

出　　　版／社会科学文献出版社·城市和绿色发展分社（010）59367143
　　　　　　地址：北京市北三环中路甲 29 号院华龙大厦　邮编：100029
　　　　　　网址：www.ssap.com.cn
发　　　行／社会科学文献出版社（010）59367028
印　　　装／南京爱德印刷有限公司

规　　　格／开本：787mm×1092mm　1/16
　　　　　　印张：23.25　字数：313 千字
版　　　次／2023 年 8 月第 1 版　2023 年 8 月第 1 次印刷
书　　　号／ISBN 978-7-5228-1801-6
定　　　价／88.00 元

读者服务电话：4008918866